사모펀드
투자와 경영의 비밀

조엘, 노엘

그리고 그들이 만날 찬란한 미래 세대에게

The SECRET

of

사모펀드 투자와 경영의 비밀

김태엽 지음

PRIVATE EQUITY
INVESTMENT & MANAGEMENT

SAY KOREA

추천사

어펄마캐피탈은 APR의 초창기를 함께한 중요한 파트너였습니다. 김태엽 대표님은 기업과 산업을 바라보는 특별한 혜안을 가진 투자 구루이십니다. 더 높은 이상과 꿈을 가진 경영인들에게 이 책을 추천합니다.

_김병훈(APR 대표이사)

내가 아는 김태엽 대표는 정말 무엇이든 곧잘 하는 팔방미인이다. 그런 그의 20년 동안의 경험과 혜안을 녹여낸 책이 출간되었으니, 금융산업에 종사하거나 관심이 있는 이들이라면 반드시 읽어봐야 하지 않을까 싶다. 평소 그의 낙천적이고 활발한 성격처럼 거침없이 알기 쉽게 써내려간 글은 금융인과 기업인 모두에게 희망과 긍정의 에너지를 나눠준다.

_노재헌(변호사, 사단법인 뷰티플마인드 상임이사, 동아시아문화센터 원장)

사모펀드는 피바람과 칼부림이 난무하는 무림이다. 그런데도 내가 아는 한, 김태엽 대표는 그 안에서 사람 냄새를 잃지 않은 인물이다. 흔히 사모펀드의 세계는 "돈이 모든 것을 지배한다"라고들 한다. 그렇지만 끝내 돈을 지배하는 것도, 그래서 마지막까지 살아남을 존재도 '사람'이리라고, 나는 생각한다. 김태엽 대표가 쓴 이 책에서 우리는 '돈 냄새 나는 사람, 사람 냄새 나는 돈'을 모두 확인할 수 있을 것이다.

_안승찬(언더스탠딩 대표)

비즈니스맨은 비교우위를 점하기 위해 늘 전략적으로 신속하게 움직여야 한다. 비즈니스맨의 전장을 위험한 시가전에 비유한다면, 가까이서 본 사모펀드의 전장은 정글 속 게릴라전을 방불케 한다. 24시간 긴장을 놓을 틈이 없고, 코앞이 보이지 않는 곳에서 새로운 장애물 또는 기회가 불쑥불쑥 출현한다. 끊임없이 투자금이 보급되어야 하고, 투자한 기업들의 생사가 비교적 짧은 시간에 확인된다. 무엇보다도 금방이라도 숨이 넘어갈 듯한 기업을 살리려 끊임없이 노력해야 한다. 이 책은 정글전에서 생존하기 위한 필수 지침서다. PE 분야에 관심이 있는 사람뿐 아니라 매일같이 전쟁을 치르는 기업의 경영자들도 꼭 정독할 것을 권한다.

_이돈주(성균관대 GSB 석좌특임교수, 전 삼성전자 사장)

김태엽은 경영 컨설턴트에서 사모펀드 투자자로 변모하며 25년 넘게 성공적인 커리어를 이어가고 있다. 그런 그를 그동안 가까이서 지켜보며 어떤 순간에도 위트와 유머를 잃지 않는 배짱과 폐부를 찌르는 듯 날카로운 통찰에 깜짝 놀라곤 했다. 이 책에는 그가 직접 겪고 체득한 투자와 경영의 이치와 요체가 고스란히 담겨 있다. 마치 곁에 앉아 들려주는 것처럼 생생한 이야기들을 읽다 보면 이제까지와 달라진 자신을 확인하게 될 것이다.

_이철민(VIG 파트너스 대표)

짧게 한마디로 표현하겠다. "프라이빗에쿼티? 이 책 한 권이면 된다."

_윤종하(MBK 파트너스 부회장)

수십 년간 기본을 잃지 않기란 결코 쉬운 일이 아니다. 김태엽 대표는 오랫동안 사모펀드에 몸담으며 늘 업의 기본에 충실해왔고, 이제는 업계의 장인이라 불러도 손색이 없다고 본다. 그런 사람이 사모펀드에 관한 책을 써냈다. 나 역시 금융인의 한 사람으로서 사모펀드가 내부에서 어떻게 운영되는지 늘 궁금했는데, 그런 사람들을 만족시킬 만한 책이 마침내 출간되었으니 기쁜 일이 아닐 수 없다. 사모펀드에 대해 알고 싶은 사람 모두에게 추천한다.

_장영한(로셈트레이딩 대표)

업계의 현역이자 사모펀드 운용사의 대표로서 김태엽은 '사모펀드'라는 복잡한 주제를 아주 간단하면서도 흥미로운 방식으로 이야기한다. 자신이 참여한 수많은 거래와 사람들과의 만남을 소재로 사모펀드가 현실에서 어떻게 작동하며 결과를 만들어내는지 이해하기 쉽게 설명한 책이다. 게다가 저자의 인간적인 매력이 듬뿍 담겨 있어 누구에게나 추천할 만하다.

_최영상(메타넷그룹 회장)

기라성 같은 인재들이 포진해 있어도, 수많은 자금이 투입되더라도 기업은 구조조정 위기에 빠질 수 있다. 그런데 그런 기업들을 인수한 사모펀드는 대체 어떻게 경영을 다시 정상으로 되돌려놓는지 참 궁금하지 않을 수 없었다. 아무리 사모펀드 업계에 똑똑한 사람들이 많아도 해당 분야에 경험도 일천하고 업의 특성상 주어진 시간도 많지 않을 텐데, 그 어려운 미션을 성공시키는 비결은 과연 무엇일까? 김태엽 대표가 쓴 이 책을 읽으면서 그 해답을 단지 아는 것에 그치지 않고 여실하게 느낄 수 있었다. 서점에는 앞으로도 수많은 경영 이론서가 명멸하겠지만, 이 책은 사업의 발전과 경영 정상화를 희망하는 경영자와 실무자 모두에게 아주 오랫동안 필독서가 될 것이다.

_한용빈(현대차그룹 부사장)

차례

2부 경쟁력 있는 인재와 조직을 위한 사모펀드의 조언

일러두기

* 인명은 'A, B, C …', 사명은 '㉮, ㉯, ㉰ …'로 표시했습니다.
* 위 표시는 꼭지마다 다른 사람, 다른 회사를 가리킵니다.

들어가며

지난해에 생전 처음 보는 번호로 연락이 왔다. 그런 팔자인지 늘 여기저기서 중년 아저씨들에게 연락이 오고, 또 내가 연락하는 일도 다반사여서 새삼스럽지는 않았다. 투자 또는 커리어에 관련된 일이겠거니 하고 흔쾌히 미팅에 응했다.

돌이켜보면 그날의 미팅은 내 인생의 한 획을 긋는 만남이 아니었는가 싶다. 그동안 내가 써온 글들이 사모펀드私募Fund, Private Equity Fund가 궁금한 사람들에게 반드시 필요한 안내서가 될 것이라는, 그날부터 1년 가까운 설득에 힘입어 마침내 출간할 결심을 했다. 시간이 지나 정말로 한 권의 책이 만들어졌고, 나는 내 이름에 '작가'라는 타이틀을 추가하게 됐다.

책을 출간한 이유를 조금 더 자세히 풀어보자면 (돈 때문이 아니고) 다음과 같다.

첫째, 사모펀드 업계란 꼭 특별한 사람들만 일하는 곳이 아니라는 점을 말하고 싶었다. 흙수저, 나무수저, 플라스틱 수저 누구라도 이 일을 할 수 있다. 그 산증인이 나다. 나는 대구에서 나고 자랐고, 집안은 IMF때 쫄딱 망해 10원도 물려받지 않았다. 그런데도 20년 가까이 이 일을 해오고 있다. 사모펀드 업계에 뛰어들어보고 싶은 사람들에게 꿈꾸고 노력하는 만큼 할 수 있다는 자신감을 주는 것, 그리고 그 방법에 관해 하나의 힌트를 주는 게 나의 가장 큰 목적이다. 이 업계에서 잘해나간다면 월급쟁이는 물론이거니와 웬만한 사업을 하는 사람들보다도 훨씬 많은 부와 명성, 지식을 얻을 수 있다는 점 또한 알리고 싶었다.

둘째, 나에게 길을 보여주고 수많은 가르침을 주었던 선배님들과 동료들처럼, 나도 내 지식과 지혜를 모아 완성한 비밀 지도를 내 후배 모험자들에게 전하고 싶었다. M펀드의 Y 부회장 형님은 내가 컨설턴트로 지내다가 사모펀드 업계로 경력을 전환하는 것을 고민할 때 '돈 받으며 배울 수 있는 천우의 기회이니 조건 따지지 말고 가라' 고 조언해주셨다. D펀드의 J형님은 내가 인터뷰를 준비할 때마다 늘 자기 일처럼 챙겨주셨다. H펀드의 L대표님은 사모펀드의 길을 적극적으로 추천하고 용기를 북돋워주셨다. S펀드의 K선배님(작은 형님)과 Y선배님(큰 형님)은 파이낸스를 잘 안다고 생각했던 내 착각을 깨주셨다. 회사를 분석하는 눈과 조직을 다루는 손맛을 가르쳐준 B사의 Y형님과 R형님, 재무의 기초를 다져준 L형님과 J형님, 내가 떠난 자리를 든든히 지켜준 친구 B, 그리고 프로페셔널로서의 인생 동반자(그리고 내 골프의 동반자)가 되어준 K형님 등등의 면면이 떠오른다. 돌아보면 이런 인연들 덕분에 지금의 내가 있게 됐다. 이토록 넘치게 받은 내리사랑을 내 글을 읽는 누군가에게도 전달하고 싶은 마음이 책을 내게 된 두 번째 이유다.

셋째, 베일에 싸여 있으면서 그동안 세간에 좋지 않은 이미지가 쌓여 툭하면 욕을 먹는 사모펀드에 관한 오해와 억울함을 조금이라도 풀어보고자 했다. 사모펀드도 그 종류가 다양하고, 그들이 하는 일도 사람들의 인식과는 사뭇 다르다. 이 책 전체를 통해 그 사실을 확인할 수 있을 것이다.

글의 힘은 때때로 말의 힘을 뛰어넘는다. 그동안 가져온 편협한 생각과 선입견을 나만의 글로 차분히 정리하다 보니 투자에 대한 철학과 전략이 새롭게 정리되는 신비한 경험을 했다. 중년의 19년 차 사모펀드 매니저인 나도 몇 년째 퀀트와 주식 운용, 부동산, 메자닌이라는, 사모펀드와 겹친 듯 겹치지 않은 투자의 길을 배우고 있다. 2년 전 시작한 사모신용 투자팀에 이어, 김태엽이라는 이름으로 다양한 투자의 영역을 섭렵해보자는 꿈을 이루기 위해 나는 오늘도 달리고 있다. 앞으로도 새로워진 나의 모습을 꼭 보여드릴 테니, 이 책을 읽은 여러분도 어제보다 더 나은 투자자, 경영자, 임직원이 되시기를 바란다. (그리고 꼭 돈방석에 앉으시길 바란다.)

노력하고 즐기는 삶을 사는 모든 독자들께 이렇게 시작 인사를 올린다.

2024년 가을 어느 날

김태엽

서문

사모펀드 업계에 뛰어들고 싶은 꿈나무를 위하여

지난 20년 가까운 세월 동안 가장 많이 들었던 질문이 있다. 투자할 만한 기업? 아니다. 쓸 만한 경영진? 그것도 아니다. 무엇인고 하니, 바로 "어떻게 하면 사모펀드 매니저가 될 수 있을까?" 되시겠다. 자매품으로 "어떻게 하면 내 아들딸을 사모펀드 매니저로 키워볼 수 있을까?"도 있다.

사모펀드 매니저가 되는 방법에 관해 이야기하기에 앞서, 사모펀드 매니저에 대한 잘못된 소문이 여기저기에 퍼져 있으므로 이것부터 하나하나 바로잡아볼까 한다.

"이번엔 몇이나 잘랐어?"
: 사모펀드의 기업 인수 = 구조조정?

흔히 사모펀드가 기업을 인수하면 사람부터 왕창 자르고 사업은 조각조각 해체해 알짜배기를 다 팔아먹는다고들 얘기한다. 기업 노조원들뿐 아니라 내 주변인들 중에도 이렇게 생각하는 사람들이 있다. (아버지!!) 하지만 이는 예전에 영화나 드라마 속에 등장하던 벌처캐피털Vulture Capital의 강렬한 기억 때문이다. 영화 〈프리티우먼〉에 출연한 리처드 기어의 배역이 바로 그것이다. 참고로 나는 리처드 기어와 하는 일은 물론이거니와 생김새조차 닮은 구석이 없다. 명심하시길 바란다.

벌처캐피털을 아주 간단하게 설명하면, 부실화된 사업을 장부상의 자산가격 이하(PBR＜1)로 인수해서 회사의 청산 또는 자산 매각을 통해 돈을 버는 투자 형태를 말한다. 국내에서 사모펀드라는 용어의 정의 자체가 '사적Private으로 자금을 모집Funding하여 펀드를 조성해서 투자하는 행위'이고 보면, 넓은 의미에서 벌처캐피털도 분명 사모펀드의 범주에 속한다.

그러나 내가 업으로 삼고 있는 통상적인 사모펀드는 기업의 경영권을 인수하거나 기업에 투자함으로써, 신사업을 추진하거나 기존 사업을 확장해서 성장시키거나 곪은 부분을 도려내거나 고치고, 이후에 사업을 통으로 다 매각하거나 아니면 상장 후 부분 매각을 진행한다. '사모펀드가 기업을 인수하거나 투자하면 대규모 인력 감축이 벌어진다'는 소문은 기업가치를 성장시켜 매각함으로써 돈을 버는 사모펀드들에게는 아주 억울한 누명이다. 실제로 내가 지난 약 20년간 투자한 기업들 가운데 투자를 전후하여 회사의 임직원 수가 줄었던 적은 단언컨대 한 번도 없다!

물론 필요 없는 인력을 내보내거나 쓸모없는 사업, 놀고 있는 자산을 매각하는 일은 당연히 벌어진다. 이른바 '밥값 못하는 자산'을 팔아서 밥값으로 바꾸는 것은 사모펀드의 필수 업무다. 혹시 사모펀드가 주주로 들어왔다고 잠이 안 오는 분이 있다면, 이는 내 마음 한구석에 내가 조직의 똥차임을 인정하는 양심의 소리인 것이다.

"요즘 뜨는 사업 좀 찍어줘"
: 사모펀드 = 주식투자 전문가?

사모펀드는 뜰 만한 사업에 미리 투자한 다음 이를 조직적으로 띄운다는 오해도 있다. 주도주나 대장주를 1~2년 전에 미리 찍은 다음 투자한다는 것이다. 그러나 기본적으로 사모펀드는 상대적으로 저평가된 기회를 찾아내 4~5년간 관리하여 가치 개선의 기회를 도모하는 적극적인 가치투자자일 뿐이다. 심지어 나 같은 펀드매니저들은 주식투자가 금지되어 있거나 극도로 제한되어 있으므로 기술적 분석이 중요한 단기 주식투자에서는 멍텅구리에 가깝다. 또 우리는

'대중의 심리'를 읽는 것보다는 '소수의 거래자'에 대한 협상에 특화되어 있어 '화끈한 한 방'보다는 '꾸준한 우량주'를 만들어낼 가능성이 크다. '모 아니면 도' 성향인 투자자들에게 사모펀드는 재미없는 투자로 보일 것이다.

"이번 딜로 돈 좀 만졌겠네?"
: 사모펀드 = 떼돈?

사모펀드 매니저가 '발굴-투자-매각'까지 성공적인 투자회수Exit를 이루어내면 일반적인 월급쟁이보다 훨씬 큰돈을 버는 것은 사실이다. 그러나 이는 어디까지나 엑시트가 성공적으로 마무리되었음을 전제로 한다. 기업을 인수한 시점에는 그냥 시원하게 돈만 쓴 것이고, 보통 4~5년 정도 걸려 매각을 성사시키기까지는 투자금을 회수하지 못한다. 게다가 의무출자GP Commitment라고 하여, 사모펀드가 기업에 투자를 집행하는 경우 전체 투자금의 1~2%를 사모펀드 매니저나 사모펀드 운용사General Partner, GP가 직접 현찰을 넣게 함으로써 이해관계를 일치시키도록 의무화하고 있다. 예를 들어 2,000억 원짜리 기업을 인수하는 프로젝트가 있다면, 인수 시점에서 1,000억 원은 빌린다고 치고, 남은 투자금 1,000억 원의 1~2%인 10~20억 원은 현찰로 내야 한다. 사모펀드 매니저는 딜을 하나 할 때마다 영혼을 끌어모으고 마이너스 통장을 갈아넣어서 자기 돈을

10억씩 가져다 넣어야 하는 것이다. 자, 우리 주변의 어려운 사모펀드 매니저들에게 따뜻한 컵라면 한 사발씩 돌려보자.

사모펀드 매니저의 핵심 업무 다섯 가지

한 가지 더, 사모펀드 매니저가 맡는 업무가 무엇인지도 한번 살펴보자. 적어도 무슨 업무를 하는지는 제대로 알아두어야 하지 않겠는가. 사모펀드의 핵심 업무는 대략 다음의 다섯 가지로 정리할 수 있다.

① 돈 모으기Fund raising

② 투자 기업 찾기Origination

③ 투자 실행하기Execution

④ 투자 관리하기Portfolio Management

⑤ 매각하기Exit

다섯 가지 중 가장 쉬운 업무는 무엇일까? 바로 ③번, '투자 실행하기'다. 여기에는 통상적인 기업투자에서 기본이 되는 스킬이 쓰인다. 이는 M&A를 실행할 때 앞뒤로 있는 많은 자문사들, 특히 투자은행Investment Bank, IB, 회계법인, 컨설턴트, 독립계 자문사, 대기업 인수 팀, 로펌 M&A 팀 등에서 1~3년 정도 혹독한 트레이닝을 받으면 기계적으로 할 수 있는 일이다. 엑셀로 가치평가 모델을 만들고, 산업 분석 리포트를 내고, 기업 실사를 가는 등의 작업이 여기에 속하고, 사모펀드 주니어들이 처음 들어와서 시간을 쏟아붓는 업무에 해당한다.

그러면 제일 어려운 업무는 뭘까? 내 생각에는 ①번, '돈 모으기'다. 사모펀드에 투자해주는 기관들을 보통 LP Limited Partner라고 부르는데, 사모펀드 매니저들에게는 자영업자로 치면 건물주님, 유튜버로 치면 광고주님만큼 중요하다. LP는 펀드매니저 또는 GP를 믿고 짧게는 7년 길게는 10년씩 운용할 돈을 맡겨준다. 우리도 LP 기관별로 최소 100억 원, 통상 300~1,000억 원씩 맡아오고 있으니 그에 따른 책임감과 신용의 중요성은 지금부터 내일 모레 새벽까지 계속 이야기해도 모자람이 없다. (감사합니다, LP 여러분. 제가 사랑하는 거 아시죵?)

투자 자금을 모집할 때 특정 투자 프로젝트를 가지고 하는 펀딩을 프로젝트 펀드 Project Fund 또는 타깃 펀드 Target Fund라고 부른다. 이 경우엔 운용역의 신뢰도에 조금 하자가 있어도 프로젝트 자체가 좋으면 투자해주는 LP들이 있다. 반면에 블라인드 펀드 Blind Fund는 오직 운용역의 과거 성과를 기반으로 프로젝트와 무관하게 미리 투자를 확약 Commit 해주는 경우다. 블라인드 펀드야말로 사모펀드의 진정한 꽃이다. 이렇게 '투자가 확정되기 전'에 조성된 펀드는 그 운용역 또는 매니저들에게 조성 금액의 1~2% 정도를 매년 관리 보수로 지급한다. 즉 2,000억 원짜리 펀드를 만든다고 치면, 운용역은 20~40억 원을 자기 주머니에서 의무출자하고, 대신 관리 수수료로 매년 20~40억 원을 받아 직원들 월급도 주고, 월세도 내고, 출장도 다니고, 깨진 딜의 실사비도 충당하는 것이다.

사람들 사이에는 ②번 '투자 기업 찾기'가 제일 어려운 것이 아닌가 하는 인식이 있다. 물론 인생을 바꾸는 한 방을 발굴하는 것은 어려울 것이나, 우리 같은 사모펀드는 10년이나 되는 펀드 만기 동안 통상 연 수익률이 18~25% 정도 되는 투자 건을 '꾸준히' 발굴하는 데 초점을 둔다. 횡재로 발굴하는 구조는 연속성이 없으므로 오히려 안전한 투자 건을 잡아서 꾸준히 키우는 것이 중요하다. 나도 종종 회사 직원들에게 투자할 기업을 찾는 게 제일 쉽다고 잔소리하는데, 막말로 남들보다 5~10%만 더 줘도 들어오는 게 딜이기 때문이다. 투자할 기업을 찾아야 한다는 압박감 때문에 비싼 딜에 덜컥 사인하거나 애매한 딜을 꿀꺽하면 5년 이상의 고생길이 열리기 마련이다. 그래서 세기의 주식투자 대가들이 주장하는 '감정의 통제'가 사모펀드에서도 매우 중요하다.

누가 어떻게 사모펀드 매니저가 되는가

자, 긴 서론을 지나 드디어 본론이다. 사모펀드 매니저가 되려면 어떻게 해야 하는지, 누가 사모펀드 매니저를 할 수 있는 것인지 한 번 내 극도로 편협한 시각에서 풀어보겠다.

외국계와 국내 사모펀드를 모두 경험해본 내가 보기에 면접이나 입사 시점에서 후보자가 지녀야 할 기본기나 자질 및 경험을 정리하면 다음과 같다.

① 기본 요건

- 최우수 등급의 학벌
- 가치평가 기술: 회계, 엑셀, 재무관리

② 우대 요건

- 투자 경험: 투자자 또는 사업가
- EQ: 대인관계, 조직 관리
- 호기심: 산업 트렌드

③ 성공 요건

- 사업가 기질(투자자 <사업가): 비판적 사고, 베팅
- 의리와 끈기

하나씩 설명해보겠다. 첫 번째는 기본 요건이다.

사모펀드 매니저의 학벌은 국내에서는 SKY 출신, 유학파로는 특히 미국 탑 20 학교 출신이 대부분을 차지한다. 사모펀드는 극소수의 사람들이 대규모의 자금을 장기로 묶어놓고 투자하는 것이기 때문에 투자자들이 이름있는 학교, 오래된 펀드, 오랫동안 함께한 팀을 선호하는 경향이 강하다. 이에 따라 사모펀드 업계도 아주 보수적이고 폐쇄적이다. 그나마 내가 처음 투자를 시작한 때에 비하면 국내에서 활동하는 펀드들의 개수는 30배 이상 늘었고, 그만큼 사모펀드 운용역의 숫자도 늘어났다. 경영권 인수 외에도 단순 투자를 하는 기관과 부동산, 인프라 같은 것까지 포함하면 사모펀드의 저변은 꽤 많이 확대되었다고 볼 수 있다. 그럼에도 불구하고 업계 자체가 폐쇄적인 성향이 강하여 학벌 측면에서 진입장벽이 있다. 우리도 매니저 1명당 대략 2~3천억 원 정도 운용하는데, 사람을 마냥 늘릴 수가 없다. 이런 경향은 우리나라뿐 아니라 미국, 유럽, 일본 등도 마찬가지다.

기술 측면에서 보면 공인회계사CPA와 공인재무분석사CFA가 가장 써먹을 만한 자격증으로 보이는데, 재미있는 것은 나를 포함해 대다수 사모펀드 매니저들이 자격증이라고 하면 운전면허증 하나 달랑 들고 (아, 그래도 나는 1종 수동이다.) 이 업계에 뛰어든 경우가 대부분이라는 점이다. 그렇지만 자격증이 없을 뿐 재무제표를 읽는 법, 엑셀을 능수능란하게 다루는 법, 기업가치를 측정하고 추정하기 위한 가치평가 모델링을 하는 법은 미리 배우고 들어온다. (개인적으로는 회계사나 세무사 자격증보다도 엑셀 실력과 체력이 더 중요하다고 본다.)

이런 맥락에서 사모펀드 업계에는 M&A 뱅커, 즉 IB 출신이 많다. 그곳에서는 앞서 말한 기술들을 첫 1~2년간 아주 혹독하게 가르친다. 나 역시 IB 출신을 선호하고, 이들은 주니어 레벨에서 좋은 적응력을 보여준다. 물론 단점도 있다. 투자한 회사들을 경영하다 보면 재무 외에도 마케팅, 인사/노무, 생산 같은 토픽들도 매우 중요한데, 거래Transaction 위주로 트레이닝을 받은 IB 출신들은 시니어가 될수록 이런 부분에서 어려움을 겪는다. 이 단계에서 강점을 발휘하는 이들은 컨설턴트나 구조조정 전문 회계사 출신들이다. 거꾸로 컨설턴트 출신들은 기초적인 숫자에 약한 경우가 많고 자본시장에서의 상장 및 자금 조달에 관한 경험이 적다는 것이 단점이다.

소수 정예로 움직이는 산업 특성상 사모펀드에 입사하여 기술을 배울 만한 시간적 여유는 별로 없다. 기업의 가치를 추정하고 파악하는 기초 기술을 이미 충분히 익힌 상태에서 진입해야 이후 3년간 산업을 분석하는 법, 경영하는 법, 조직을 관리하는 법, 기업의 장단점을 파악하는 법, 공장 라인 보는 법, 노조와 이야기하는 법, 세법, 상법, 증권거래법, 상장 규정, 상속 및 증여세법, 자본시장법, 폭탄주 마는 법, 노래방 에코 조작하는 법, 대리운전 기사 잽싸게 부르는 법 등에 숙달할 수 있다. 나 역시 전략 컨설팅 회사인 BCG에서 국내외

그룹들을 대상으로 자회사 구조조정과 매각, 인수 그리고 인사 조직 개편에 관한 경험을 쌓은 뒤 사모펀드 업계로 이직했다. 만약 경력직으로 이직하고 싶다면 이런 눈높이에 본인을 맞추어보고 내 위치가 어디쯤인지 체크해보아야 한다.

두 번째는 우대 요건이다.

기본기를 갖추었다면 면접 기회 정도는 잡을 수 있을 것이다. 여기서 자신에게 투자 적성과 경험이 있고, 새로운 사람과 원만한 관계를 쉽게 맺어갈 수 있으면서, 여러 산업에 관한 호기심과 인사이트가 있는지에 따라 초기 당락이 결정된다.

내가 가장 중요하게 생각하는 요건은 '투자자로서의 적성'이다. 기본 조건을 맞추다 보면 M&A 기술자들이 후보자로 남는 경우가 많은데, 이 가운데 투자자로서의 본능과 인성 및 경험이 갖추어진 사람은 반의반도 되지 않는다. 이때 투자 경험이란 꼭 거창한 창업이나 주식투자만을 의미하는 것이 아니다. 5평짜리 오피스텔이건, 비트코인이건, ETF 펀드건, 투자에 자기 돈을 담가보고 투자의 쓴맛과 단맛을 맛본 사람이라야 사모펀드의 투자에도 잘 적응할 가능성이 있다. 나는 기술은 많이 아는데 정작 실전 경험이 없는 수다쟁이는 극도로 기피한다. 이런 이들은 우리 회사에서의 '실수'를 바탕으로 다른 곳에 가서 활약하거나, 똥만 싸둔 채 '이 길은 내 길이 아닌가 보다'며 투자업계를 떠날 가능성이 크다. 애초에 자기 돈 1억 원도 투자해보지 않은 애송이가 소중한 고객님의 돈 수천억 원을 받아서 굴린다는 것은 헛소리에 불과하다. 나는 이런 후보자는 절대 뽑지 않는다.

후보자의 지적 능력과 관련하여 나는 IQ보다는 EQ를 훨씬 중요하게 본다. IQ는 학벌로 갈음하고, 대면 미팅과 평판 조회를 통해 EQ를 확인한다. 대인관계와 커뮤니케이션 능력이 좋은 사람은 투자자인 LP와도 쉽게 인연을 맺고, 새로운 딜을 발굴할 때도 창업주를 찾아가서 뻔뻔하게 조르기도 하고, 어려운 시점에 경영진들과 소주 한 잔 나누면서 극복 의지를 다질 수도 있다. EQ는 앞서 말한 사모펀드 매니저의 핵심 업무인 '돈 모으기, 투자 기업 찾기, 투자 관리하기'에 모두 필수적인 자질이다. 또 소수 정예인 팀 특성상 남을 배려하지 않는 독불장군이나 눈치 없는 천재는 팀워크를 좀먹는 원인이 된다. 특히 후자의 경우 상대적으로 자기 장부Book를 운영하는 트레이딩에는 효과적일 수 있으나, 경영권을 인수해서 장기로 끌고 나가야 하는 바이아웃 사모펀드에는 독 같은 존재가 된다. S대 출신에 미국 명문대 MBA를 졸업하고 전 세계 최고의 IB, 컨설팅 회사를 경험한 천재 매니저들이 딜 하나 제대로 하지 못하고 회사를 떠나는 경우를 종종 봐왔다. 어째서였는지 피드백을 보면 하나같이 '어깨뽕이 너무 심해서' 딜을 주기 싫었다는, 참으로 실소를 금할 수 없는 이유가 대부분이었다. 자고로 벼와 사모펀드 매니저는 알이 실할수록 고개를 숙여야 한다.

호기심과 상상력은 투자업에서 알파Alpha를 만들어낼 가능성이 있는 자질이다. 새로운 것을 지속적으로 배우고 흡수하려는 태도는 비슷비슷한 시도를 하려는 사모펀드들 사이에서 빛나는 무기가 될 수 있다. 보통은 호기심이 반드시 필요한 것은 아니지만, 사모펀드 분야 가운데 호기심이 필수인 투자업이 있으니 바로 벤처캐피털Venture Capital, VC이다. 벤처캐피털은 내가 하는 경영권 인수와는 투자금의 규모나 투자하는 기업의 규모, 그리고 그 기업의 성장 속도 등에 확연한 차이가 있다. 보통 사모펀드가 펀드당 10개 이하의 기업에 투자하는 반면 벤처캐피털은 펀드별로 20개 이상 기업에 투자하는 경우가 빈번하다. 투자 판단 또한 복잡한 모델링이나 재무분석보다는 산업의 성장성과 창업주의 비전에 더 중점을 둔다. 분석력보다 호기심이 더 월등한 친구들은 사모펀드보다는 벤처캐피털을 추천한다.

마지막 세 번째는 성공 요건이다. 이제까지 사모펀드 업계에 진입하기 위한 요건을 이야기했다면, 이제부터 할 이야기는 사모펀드 업계에서 성공할 수 있는 조건이라 하겠다.

경영권 인수를 주로 하는 사모펀드의 경우 '사업가 기질'은 큰 성공을 위한 매우 중요한 요소가 된다. 구체적으로 풀면 다음과 같다.

- 사업 아이템을 찾으며 했던 고민들
- 규제, 세금, 인력 관리 등 실제 창업을 하면서 겪는 제반 문제에 관한 경험
- 직원들에게 월급을 주어야 하는 압박감
- 매월 통장에 꽂히는 월급을 버리고 내 돈으로 새로운 것에 배팅하는 과감성

대기업 사업개발팀이나 신사업팀 출신 후보자의 면접을 종종 보는데, 전반적으로 나쁘진 않지만 이 업계의 빈번한 야근과 과도한 멀티태스킹에 '뜨악' 하는 경우도 있다. 여러 산업에 대한 호기심과 멀티태스킹을 즐기기보다 한 가지 분야에 파고드는 기질이 있는 사람은 사모펀드가 고용하는 전문경영진으로 빠지곤 한다. 내 생각에 이는 커리어로서도 투자자로서도 매우 좋은 옵션이며, 실제로 나도 몇 해 전부터 사모펀드 매니저 출신 전문경영진을 고용하면서 아주 만족스러워하고 있다.

사모펀드 업계에서 매니저로 성공하고 싶은 사람은 엉덩이가 무거워야 한다. 펀드 특성상 설립부터 청산까지 짧으면 6년에서 길면 10년씩 걸린다. 그 정도 시간을 진득하게 기다려야 엑시트할 때 나오는 성과 보수Carried Interest를 받아서 꼬마 빌딩 정도는 세울 수 있게 된다. 사모펀드의 성과 보수는 통상 최소 투자 수익률Hurdle Rate

인 7~10%를 초과하는 이익의 15~20%를 가져가는 구조인데, 연 20% 정도 수익을 내는 펀드라면 3,000억 원짜리 펀드를 운용하고서 대략 300억 원 정도의 성과 보수를 챙길 수 있다.

내가 아는 어떤 분은 지금은 아시아에서 톱 10에 들어가는 펀드로 성장한 어느 사모펀드사의 극 초기 직원으로 들어갔는데, 중간에 승진의 유혹을 이기지 못하고 4년 단위로 회사를 옮겼다. 종종 술자리에서 자기가 첫 펀드에서 그냥 눌러앉아 있었으면 지금 월급쟁이 대표이사를 맡은 회사의 시가총액 정도를 보너스로 모았을 것이라고 푸념하던 얘기가 아직도 생생하다. IB 출신 운용역 가운데서도 승진이나 월급 욕심에 회사를 자주 옮겨 다니려는 이들이 있는데, 이는 팀워크나 성과 보수 면에서 본인에게 큰 이익이 되지 않는다. 나 역시 첫 커리어였던 국내 사모펀드에서 3년도 안 되어 옮기는 바람에 자본보다는 신용카드 영수증을 더 많이 모았다. 한마디로 말해서 좋은 씨를 뿌려놓고 엉덩이를 들썩거리면 남아 있던 사람들에게 보너스를 헌납한 꼴밖에 되지 않는다는 것이다.

물론 기업을 인수해서 장기로 운영하다 보면 위기의 순간은 반드시 오고, 회사가 어려움에 빠지는 일들이 여러 번 발생한다. 내 주변에도 이런 시기를 이기지 못하고 중간에 날름 이직하는 매니저들이 생기고는 했다. 하지만 이 업계는 좁디좁아서 한번 도망갔다는 꼬리표가 붙고 나면 이런 매니저에게는 LP들이 절대 돈을 맡기지 않는다. 결국 콩알만 한 자기 펀드를 지인들의 돈을 조금씩 모아 운용하다가 사라지는 경우가 태반이다.

사모펀드 업계에 들어와서 이처럼 긴 투자금 회수 기간, 큰 리스크, '노가다'성 노동 등을 막상 알고 나면 '괜히 들어왔다'고 후회하는 매니저들을 종종 보게 된다. 게다가 욕심 많은 펀드 오너가 성과보수를 나눠주지 않고 독식하는 사례를 몇 번 겪고 나면 아예 커리어를 접고 이민을 가버리거나, 오너에게 소송까지 제기하는 경우도 있다. 하지만 이런 단점들에도 불구하고 사모펀드는 투자자라면 한 번쯤 꼭 시도해볼 것을 추천할 만큼 보람차고 스릴 있는 곳이라고 말씀드릴 수 있겠다.

투자를 전문으로 하는 사모펀드에게도 '사람'에 대한 투자는 가장 불확실하고 어려운 투자다. 나는 팀원들을 볼 때 '10년 이상의 비전이 있는지' 투자자로서의 싹수를 판단하려는 경향이 매우 강하다. 하지만 반대로 같은 투자업 가운데서 트레이더들의 경우 시즌제로 움직이는 스포츠 선수들처럼 거액의 계약금을 받고 이직하는 경우가 빈번하게 있다. 투자에 정답은 없다. 어느 쪽이든 자기와 적성에 맞는 방향을 찾아서 밀고 나가면 된다.

다만 어느 쪽이 되었건, 나는 우리 모두 꼭 투자를 시작했으면 하는 바람이 있다. 100세 시대, 합계출산율 0.68(2024년)인 국가에서 앞으로 우리가 근로자가 아닌 투자자가 되어야 할 시기가 반드시 오게 되어 있다. 그때를 위해서라도 오늘 당장 투자자가 될 준비를 해야 한다.

한 가지 더 바람이 있다면 젊은 세대에서 이제까지보다 더 많은 훌륭한 투자자가 나왔으면 하는 것이다. 내가 바쁜 업무 시간을 쪼개고 금쪽같은 휴일을 할애하여 책을 써온 것도 실은 이 때문이다. 이 업계에 훌륭한 후배님들이 많이 나와서 투자의 저변을 더욱 넓히고, 성공해서 돈도 많이 벌고, 또 후진을 양성해서 아시아 시장을, 나아가 전 세계 금융 시장을 꿀꺽 삼키고 K-사모펀드 열풍을 한번 불러일으켰으면 하는 작은 상상을, 나는 하고 있다.

1부

21세기 자본시장의 연금술사, 사모펀드

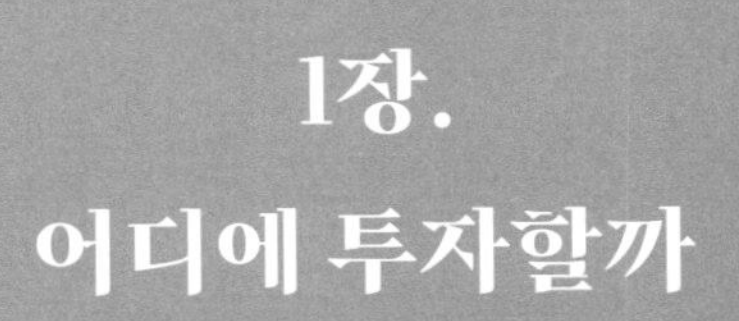

1장. 어디에 투자할까

강남빌딩보다 더 똘똘한 회사 고르기

강남빌딩이라는 말에 낚이셨다면 잘 오셨다. 김 군아, 손님 받아라~.

여름 하면 떠오르는 과채는 단연코 수박이다. 그런데 요즘 수박을 사려면 주춤하게 된다. 한 통 가격이 3만 원을 훌쩍 넘는 탓이다. '그래도 여름은 수박이지…' 하며 마음을 다잡으면 곧바로 다음 고비가 찾아온다. '이 중에 어떤 놈을 골라야 하지?' 꼭지가 단단한 놈이 좋은 놈인지, 손가락으로 통통 튀겨봤을 때 소리가 영롱한 놈이 좋은 놈인지, 때깔이 윤이 나고 줄무늬가 차인표 눈썹처럼 부리부리한 게 좋은 놈인지, 속을 들여다볼 수가 없으니 통 알 수가 없다.

기업을 고르는 일 역시 마찬가지다. 겉만 대충 보아서는 이게 살만한 기업인지 알 수 없다. 남들이 좋다고 하는 회사를 마구 샀다가는 정리도 안 되는 누더기 같은 그룹이 될뿐더러, 막상 사놓고 나니 빛 좋은 개살구인 경우가 허다하다. 그럴 때는 꼭 나에게 전화를 걸어 물어보시라…가 아니고 스스로 기업을 고르는 선구안을 길러야 한다. 기업을 고를 때 중요한 것은 나한테 딱 맞는, 그리고 깔끔한 회사를 찾는 것이다.

그러면 어떻게 그런 회사를 골라낼 수 있을까? 이제부터 인수하기에 적절한 회사를 고르는 기준이 무엇인지 알아보자.

경쟁력 있는 경영진이 안착해 있는가

PE 일을 하다 보면 정말 별의별 회사들을 다 검토한다. 그러다 보면 정말 인생에 두 번은 만나지 않을 것 같은 사업모델도 꽤 자주 만나게 되는데, 이렇게 잠깐 스쳤다가 흘러간 추억 속의 그녀, 아니 회사나 사업모델의 소식이 나중에 귀에 들어올 때가 있다. 그럴 때면 '오호라, 이렇게 잘 컸구나' 또는 '아, 그때 투자했으면 완전 물릴 뻔했구나'라고 탄식 또는 안도의 한숨을 쉰 적이 한두 번이 아니다. 재미있는 사실은 잘 큰 회사의 경우 당시 성공과 인기의 원인이 그대로 유지되는 경우는 상당히 드물다는 점이다. 변화하는 트렌드에 맞게 잘 적응하는지가 생존에는 더 중요했다.

몇 해 전 B2C 브랜드 사업에 꽂혀서 국내의 내로라하는 회사들은 죄다 박박 긁어서 만나고 다닌 적이 있다. 반년쯤 지났을 무렵, 뜻밖에 가까이서 귀인을 만났다. A는 내 친한 고향 선배의 대학교 동기였는데, 그분이 내가 훑고 다닌 회사 중 하나인 ㉮기업의 대표이사로 가게 되었다는 얘기를 들었다. 오지랖 하면 나 아닌가. 날름 가서 인사를 드리고 "형님" 하며 넙죽 엎드렸다.

처음에 업계 전문가와의 인터뷰 목적으로 시작된 A와의 친분은 지인 관계를 넘어 흡사 팬과 아이돌의 관계로 발전했다. 이후 계획이 급진전되어 당시 성장 정체에 시달리고 있던 ㉮기업을 창업주인 B 회장님으로부터 인수해보기로 하고 큰 그림을 그리기 시작했다. 이 무렵 B 회장님과도 친해져서 서로 멀리건Mulligun도 주고받고 OK도 드리는 사이가 되었다. 이것이 비극의 시작이었다.

B 회장님은 카리스마가 넘치고, 골프도 좋아하고, 키도 크고 얼굴도 훈훈한(그리고 머리숱도 많은), 이른바 다 가지신 분이었다. 나이도 젊은 편이어서 사실상 큰형님 뻘이었는데, 젊은 나이에 창업에 성공하여 다양한 브랜드를 론칭하면서 성공의 '줄버디'를 이어오고 있었다. 특히 내가 높이 평가했던 부분은 그분의 지칠 줄 모르는 열정이었다. 처음 시작한 브랜드들이 B 회장님의 흰머리와 함께 늙어가자, 그분은 브랜드에 새로운 성장호르몬을 주입하고 자신의 인생도 2막을 그려보기 위해 A를 삼고초려로 모셨다. 이런 용단에 반해 나는 B

회장님에게도 팬심이 생겼다.

그렇게 한참 ㉮회사를 자주 들락거리며 A 대표와 함께 MBO Management Buyout*를 신나게 진행하던 중, 나는 특이한 일을 경험했다. A 대표의 회의실에서 무슨 얘기를 나누려고만 하면 매번 B 회장님이 "A 대표~" 하면서 불쑥 나타나 감 놔라 배 놔라 하시는 것이다. 애초에 B 회장님은 소수 지분을 유지하면서 정신적 지주로 남아 있기로 한 터였다. 창업주의 인사이트가 매우 중요하다는 점에는 동의하지만, 당시 2020년을 바라보던 우리에게 B 창업주의 '90년대 감성' 전략은 좀 맞지 않아 보였다. 우리는 실사와 인수 후 전략 수립을 동시에 진행하고 있었는데, 그렇게 B 회장님의 간섭이 계속해서 들어오자 시간이 끝없이 늘어지는 불상사가 벌어졌다. A 대표와 함께 신규 브랜드를 론칭하고 중국 시장을 중심으로 성장을 도모해보려던 우리의 계획은 결국 회장님의 '새로운 광고모델 전략'에 침몰했고, "A 대표, 내가 해볼 테니 나 믿고 그냥 투자해" 한마디에 경영권 인수는 물 건너갔다.

나야 눈꽃만큼 많은 딜 중 하나일 뿐이니 며칠 가슴앓이를 하고 툴툴 털고 일어났지만, A 대표에게 이번 일은 청천벽력 같은 일이었다. 그 가슴앓이가 컸는지 A 대표는 얼마 있다가 다른 브랜드 기업

* 현직 경영진이 주도하여 회사를 인수하는 방법.

인 ㈏기업의 대표로 자리를 옮겼다. 나는 ㈎기업의 투자 기회를 놓친 것보다 A 대표를 놓친 것이 훨씬 가슴 아팠다. 슬픈 예감은 틀린 적이 없어서, 그때까지만 해도 그럭저럭 돈을 벌던 ㈏기업은 A 대표가 취임하자마자 새로운 브랜드를 론칭하며 6년 동안 3배 이상의 성장을 이루어냈다.

그러면 ㈎기업은 어떻게 됐을까? B 회장님의 간섭은 새로운 전문 경영진이 들어와도 여전하여 경영진의 조기 퇴사가 반복됐다. 당연히 회사의 주력 브랜드는 노쇠한 가운데 새로운 브랜드와 제품이 나오질 않았다. 한때 사고 싶을 만큼 괜찮았던 ㈎기업은 결국 전략적 변화의 타이밍을 놓치고 적자의 나락에 빠졌다.

좋은 회사를 고르는 기준으로 '좋은 사업모델' 대신 '좋은 경영진'을 이야기하는 이유를 의아하게 생각하시는 독자가 있을 수 있겠다. 그러나 생각해보면 누구나 말짱 꽝인 사업을 인수 대상으로 고려하지는 않을 것이기 때문에, 일정 수준 이상의 사업을 구축하고 있다면 나는 단연코 첫 번째 기준으로 '경영진의 경쟁력'을 본다. 사업모델은 시기와 유행, 기술의 발전에 따라 변화하고 진화하기 마련이다. 기업에는 이런 변화의 흐름을 읽고 장기적 안목으로 사업을 끌고 나갈 수 있는 경영진이 꼭 필요하다. 전 세계적으로 초강력 인플레이션, 물류 대란과 지정학적 불안을 겪고 있는 지금도 깔끔하고 강력한 경영진이 있는 회사는 늠름하게 잘 살아남고 있다. 기업을 인수할 때 자산도 물론 중요하지만, (특히 대출의 개념에서 본다면) 경영진의 근본적인 경쟁력을 꿰뚫어 보는 것이야말로 '선수들'이 하는 M&A다.

그럼 선수들이 '있는 척'하는 경우는 어떻게 발라낼 수 있을까? 나는 다음의 지극히 개인적이고 편협한 꼼수로 폭탄을 피해왔다. 독자께서는 각자의 편견을 갖고 읽어주시길 바란다.

① 창업주나 대주주, 주요 경영진이 은퇴 전에 자서전을 썼는가?

본인 돈으로 자서전을 쓰거나, 자서전 급 인터뷰를 해서 특집 기사를 내거나, 유튜브 방송활동을 하는 분들은 나의 기피 대상 1호다. 그런 분들은 정치적 야망이 있거나 회사보다 자기 브랜드가 더 중요한 사람으로 인식한다. 이른바 '내 말이 진리'라는 과오에 빠지기 쉬운 캐릭터이고, 과한 카리스마 때문에 신세대인 발랄한 경영진들이 오래 붙어 있지 않는다. 또 종종 위기의 순간에 과감한 경영 판단을 그르치는 경우가 있다.

② 비서가 옷이나 가방을 들고 회사 문 앞까지 따라 내려오는가?

이건 조직 문화를 보는 방법이다. 대기업 재벌 가문의 후예들은 딴 세상 사람들이라 치고, 전문경영인이나 어지간한 회사의 비교적 젊은 2세 혹은 3세 오너 경영인이 퇴근 때마다 자기 가방도 자기 손으로 들고 다니지 않는 회사라면 그야말로 '별로'다. 물론 이런 회사를 통으로 사서 조직 문화를 싹 바꾸고 이른바 '꼰대 문화'에 찌든 세대를 발라내면 엄청나게 좋은 회사가 될 수도 있다. 그러나 이런 작업은 신제품을 론칭하는 것보다 더 시간이 걸리고 까다롭다. '꼰대 문화'에 빠진 기득권층 경영진들이 엄청난 견제를 해오기 때문이다. 이럴 바에는 차라리 사업부를 분리해서 인수하는 편이 낫다. 또 내 경험에 따르면 빠릿빠릿하고 야망 있는 신세대 경영진은 이런 조직 문화에서 오래 버티지 못한다. 즉 선수들이 살아남아 있을 가능성이 작다.

③ 문 앞에 서성거릴 때 직원들이 인사하며 용건을 물어보는가?

내가 현장 실사를 가면 꼭 확인하는 것 중 하나다. 일부러 약속 시간보다 조금 일찍 가서 문 앞에서 알짱거려본다. 이럴 때 직원들이 쌩하고 모른 척 지나가는 회사들이 있는가 하면, 쪼르르 나와서 "누굴 만나러 오셨어요?", "도와드릴 일이 있을까요?"라고 물어보는 직원들이 있는 회사가 있다. 이런 경험을 통해 조직 문화가 얼마나 유연한지 또는 얼마나 권위적인지 확인할 수 있다.

진짜 돈Cashflow을 벌고 있는가

경영진이 좋다면 다음엔 뭘 보고 인수할 기업을 골라야 할까? 당연히 돈을 잘 버는 기업이어야 한다. 그런데 여기서 '돈을 번다'는 게 무엇을 의미하는지 한번 자세히 들여다볼 필요가 있다.

아주 예전에 정말 투자를 잘 모를 때 했던, 지금 생각해도 속이 아픈 투자가 있다. ㉰회사는 에너지 관련 특허를 바탕으로 장비를 팔던, 기술 집약적이고 수출 지향적인 회사였다. 당시만 해도 관련한 기술 표준들이 만들어지고 있을 시점이어서, ㉰회사는 특허를 기반으로 전 세계 대형 에너지 및 발전 회사들에 납품한다는 점을 높게 평가받아 여러 PE들의 러브콜을 받았다. ㉰회사는 박사 출신 경영진을 중심으로 기술력을 앞세워 투자 자금을 받아 대규모 증설을 진행했고, 회사의 상각전영업이익EBITDA* 은 차근차근 쌓여 올라가고(있는 것처럼 보이고) 있었다.

당시 딜 팀 막내였던 나는 회사의 수출 의존도가 생각보다 높다는 점 때문에 무리를 무릅쓰고 해외를 돌아다니며 고객사들을 직접 만나보았다. 아직 머리가 풍성하던 30대의 나를 고객사들은 하나같이 반겨주었고, 입이 마르게 ㉰회사를 칭찬했다. 또 자기네 회사 내부 공정을 직접 보여주기도 하고 창업기를 자랑스럽게 설명해주기도 했다. '음, 고객들과 사이가 아주 좋네'라고 생각했는데, 아뿔싸. 나의

*Earnings Before Interest, Taxes, Depreciation and Amortization. 법인세·이자·감가상각비 차감 전 영업이익. 기업이 영업활동을 통해 벌어들인 현금 창출 능력을 나타내는 수익성 지표. 기업의 실제 가치를 평가하는 중요한 기준이다.

실수였다.

투자한 지 반년쯤 지났을까, 실사할 때도 어쩐지 이상해보였던 숫자들이 틀어지기 시작하는 것을 알아챘다. EBITDA 마진율이 20%가 넘고 매출 YoY*가 15% 이상씩 커나가고 있는데 회사의 현금은 말라가기 시작한 것이다. 야금야금 매달 늘어가고 있는 매출채권 회전율, 그리고 급속도로 증가한 원재료 및 생산 중 재고. '이게 뭐지?' 뭔가 싸한 느낌이 들었다.

그 '사이 좋던' 고객들로부터 주문이 늘면서 ㉰회사의 장부상 매출은 늘어난 것처럼 보였으나, 알고 보니 제품을 받아 가고 나서 대금은 6~10개월이 지나고서야 주는 계약을 맺고 있었다. 제품을 만들어 보내야 하니 원재료 구매 대금이 빠져나가고, CAPA 증설을 예상하고 미리 받아둔 (그런데 선금은 거의 못 받은 이상한) 주문에 대응하느라 생산 공정 기계들을 왕창 사두었는데, 정작 건설 중인 제2공장은 설계 오류와 공정 오류를 거듭하며 완공 기일이 계속 늘어졌다. 그 와중에 ㉰회사는 앞서 지은 설비들을 정률법**으로 상각해서, 즉 EBITDA 중 유무형 감가상각비D&A 비중을 크게 해서 마치 현금이익이 늘어난 것처럼 회계 '뻥카'를 치고 있었다!

또 경쟁사보다 높은 마진으로 판매하고 있다는 '기술 집약의 결

---

*Year on Year. 전년 동기 대비 증감율.

**고정자산의 기초 장부가액(미상각잔액)에 일정한 상각률을 곱하여 감가상각비를 산출하는 방법.

정체'인 제품은, 사실상 구매하는 고객들한테 돈을 느긋하게 받아서 벤더 파이낸싱Vendor Financing*을 제공하는 방식으로 영업하고 있었고, 원재료 변동성이 큰 사업의 특성상 고객들은 제품 공급가를 미리 고정하는 헤징Hedging의 형태로 ㉰회사의 이익을 갉아먹고 있었다. 즉 '사이가 좋아 보였던' 고객들은 실제로는 꿀을 빨던 고객들이었고, 머리 좋은 박사님들로 구성된 경영진은 기술은 좋을망정 사업은 젬병인 순진한 호구였다. (그런 회사에 돈을 투자한 나는 호구 중의 호구라고 말할 수 있겠다.)

나중에 결국 손실 없이 투자를 회수하긴 했으나, 몇 년이 지난 후 ㉰회사는 감사법인의 의견 거절을 여러 차례 거치고 지금은 상장 폐지되어 시장에서 사라진 회사가 되었다. 이때의 경험으로 나는 회사를 들여다볼 때 '진짜 현금'을 반드시 확인하는 습관이 생겼다.

자, 그러면 '진짜 현금'과 '뻥카 현금'은 어떻게 구분할 수 있을까? 자세한 건 적절한 회계법인 및 자문사 그리고 인수팀을 쓰셔야 하지만, 그래도 어디 가서 인수 좀 한다고 폼 잡아보실 분들을 위해 꼼수를 나누어보겠다.

* 제품 공급자가 구매자에게 제품 구매를 위한 금융을 제공하는 것. 구매자가 대금을 즉시 지급하지 않고 할부 또는 유예하게 해줌으로써 자금 부담을 줄여준다. 구매자는 저리로 자금을 확보하는 것과 같은 효과를 볼 수 있다.

① 현금 전환 비율Cash Conversion Ratio, CCR = (EBITDA - CAPEX) / EBITDA

EBITDA만 보지 말고, EBITDA에서 사업 계획상 반영된, 혹은 지난 2~3년간 실제 집행한 자본적 지출CAPEX*을 뺀 금액의 비율을 보는 것이다. 이건 D&A 가지고 장난치는 걸 꿰뚫어 보는 방법이다. 예를 들어 EBITDA가 매년 100억 원이라 해도, 그 EBITDA를 만들기 위해 매년 80억 원씩 CAPEX를 투자해야 한다면 (그리고 그 CAPEX의 실제 사용 연수가 4년 이내라면 더욱이!) 현금 전환율은 고작 20%인 것이다. 참고로 나는 현금 전환율이 60% 이상인 기업을 선호하고, 70% 후반대라고 하면 특상급 꽃등심으로 취급한다.

② 운전자본 회전일수Working Capital Days

사업에서 가장 좋은 형태는 Negative Working Capital, 즉 고객들에게 선금을 먼저 받고 물건은 천천히 주는 것이다. 이것은 업의 특성 또는 제품과 서비스의 경쟁력에 달려 있다. 외식업은 이 사업 형태의 대표적인 경우다. 예를 들어 레스토랑에 가서 스테이크와 와인을 주문한 뒤 현금이나 신용카드로 결제하는지, 3개월 어음을 끊는지(이건 해외 토픽감이다.) 생각해보면 쉽다. 레스토랑은 고객들에게

---

*Capital expenditures. 자본적 지출. 기업이 영업활동을 위해 사용하고 있는 자산, 공장, 건물, 기술, 장비 등의 유형자산을 취득하기 위해 지출한 비용 또는 투자금액을 이른다.

는 현금을 받고, 원재료 공급처에는 짧게는 2주, 길게는 3개월 어음 결제를 한다. 재고로 사둔 식자재들도 대부분 2~3일, 길어봐야 1주일 안에 다 써야 하기 때문에 장기채용 재고의 개념이 없다. 결국 잘 돌아가는 레스토랑은 늘 현금이 넉넉하게 차 있게 된다. 이런 점을 악용한 사업모델도 있다. 최근 문제가 된 티켓몬스터와 위메프 사태처럼, 온라인 커머스 또는 여행사들이 선금을 받고 제품과 서비스를 나중에 제공하는 경우 남의 돈이 내 통장에 머무는 신비한 경험을 한다. 이럴 때 '손이 가요 손이 가' 하면 쇠고랑에 손이 간다.

대다수 사업은 운전자본이 어느 정도 잠기게 된다. 이때 재고기일이 관리 가능한 수준이라는 전제하에 매출채권Account Receivable, AR과 매입채무Account Payable, AP의 기일, 즉 받을 돈과 줄 돈의 기일이 얼마나 되는지 봐야 한다. 줄 돈은 금방 주는데 받을 돈은 금방 받지 못하면 '을 비즈니스'다. 반대로 줄 돈은 천천히 주고 받을 돈은 금방 받을 수 있으면 상대적으로 좋은 사업이다. 나는 AR이 AP보다 30일 이상 길면 후진 사업으로 친다. 후지면 싸게 사면 된다.

최근에 스타트업 또는 고성장의 적자 사업에 투자하는 기회가 많이 돌아다니고 있다. 시대의 흐름이 그러하니 나도 투자의 대상으로는 염두에 두고 실제로 투자도 여러 차례 집행하고 있지만, 사실 이런 적자 기업들을 인수하는 데 상당한 거부감이 있다. 종국적으로 어떻게 돈을 벌지 머리와 가슴으로 이해되지 않는다면, 그리고 인수

합병에 능하지 않은 '엠린이M&A 어린이'라면 정신 건강을 위해 멀리 하시길 바란다.

회사의 가격이 적절한가?

경쟁력 있는 경영진이 붙어 있고 현금도 알차게 벌고 있는 회사가 (놀랍게도 아직 팔리지 않고 여러분 앞에) 딱 나와 있다고 하자. 이제는 정말 사도 될까? 아니다. 여기엔 마지막 함정이 아가리를 딱 벌리고 있다.

나에게도 명품 시계를 차고 스포츠카를 몰며 광란의 질주로 스트레스를 풀던, 철은 없고 머리는 풍성하던 젊은 시절이 있었다. 컨설턴트 시절, 그놈의 차가 뭐라고 나는 악착같이 월급을 모아 사브SAAB라는, 지금은 없어져버린 스웨덴 브랜드의 중고 자동차를 드림카로 마련했다. 스웨덴의 대재벌가인 발렌베리 가문이 보유한 회사라는 후광, 항공기를 만들던 회사의 헤리티지, 마치 비행기의 콕핏을 연상케 하는 인테리어에 오른쪽 기어 박스 근처에 키를 넣어서 시동을 거는 유니크함. 사브는 내 청춘의 전성기를 상징하던 마스코트였다. 야근에 시달린 몸을 차에 싣고 압구정을 한 바퀴 돌면 머리카락 사이사이로 들어오던 그 상쾌한 공기.

그러나 나와 사브의 관계는 사실 장밋빛이 아니었다. 당시로서도 상당히 구하기 힘든 차를 생각보다 저렴한 가격에 샀다고 좋아했지만, 곧 두 달에 한 번꼴로 정비소를 찾아야 했다. 급기야 운전 중에 파워스티어링 벨트가 끊어져서 큰 사고가 날 뻔한 일을 겪고는 1년 만에 애증의 관계를 과감히 청산했다. 그 무렵까지 야금야금 나간 정비 비용이며 부품값을 따져보니 새 차를 사서 몰다가 판 것 대비 큰 차이가 없었다. 결국 싼 게 비지떡이었다.

기업 인수도 마찬가지다. 통상 인수를 위한 가치평가Valuation를 할 때 이런저런 배수Multiple를 들어 가격을 제안하는데, 그중에서도 제일 무난하게 쓰이는 배수가 EVEnterprise Value, 기업 가치/EBITDA다. 이는 기업의 자본과 순부채를 더한 총가치(Market Cap + Net Debt)를 현금흐름과 가장 유사하다고 불리는 EBITDA로 나눈 것이다. 내가 본격적으로 투자를 시작한 2000년도 중반만 해도 평균 7~8배로 거래되던 기업들이 요즘은 10배를 전후하여 거래되는 경우가 종종 있다. 만약 이 기업이 연간 100억 원 정도의 EBITDA를 만드는 회사라면 대략 900억 원에서 1,100억 원 정도에 인수하면 평타는 쳤다고 할 수 있겠다.

그런데 실상은 이렇게 간단하지 않다. EBITDA는 어떤 EBITDA인가? 작년 EBITDA인가, 올해 말 예상 EBITDA인가? D&A에서 상각 기준은 무엇으로 잡아야 하나? 이때 배수는 9배가 맞나, 11배가 맞나? 이렇듯 세부적으로 들어가면 골치 아픈 일들이 기다리고 있다. 여기서 중요한 것은, '두 가지 뻥카 EBITDA'를 어떻게 발라낼 것인가, 그리고 '뺑카 멀티플'에 어떻게 대응할 것인가다. 한번 사례를 보자.

㉣기업은 건설장비 제조 및 유통을 주력으로 하는 회사였다. 한국에서는 톱 3 안에 들며 안락하게 사업하고, 글로벌 시장에서는 10위권 내에는 들었지만 위로는 미국, 유럽, 일본 기업에, 밑으로는 대만, 중국, 인도 기업에 시달리는 전형적인 한국형 제조업을 영위하고 있었다. 이 기업은 가성비를 무기로 한국에서 만든 완성품을 미국과 유럽에 수출했다. 제조업 마진이라는 게 워낙 박해서 5~6%대 영업이익을 간신히 지켰는데, 다행히 설비가 적당히 오래되어 감가상각이 이루어진 덕에 현금 전환율이 60% 후반 정도로 준수했다. 나는 열심히 어르고 달래서 EV/EBITDA 기준 7배 수준의, 비교적 괜찮은 값에 인수할 수 있었다.

투자한 지 4년쯤 되었을까? 뜻하지 않은 기회가 찾아왔다. 경쟁사들에 핵심 부품 중 하나를 조달하던 회사에 큰 화재가 발생해 갑자기 전 세계 시장에 짧지 않은 기간 동안 공급 부족이 발생했다. 나는 하늘이 내린 기회라고 생각했다. 경영진과 합심하여 적극적으로 수출선을 뚫고, 경쟁사들이 물건을 대지 못하는 동안 해외 유통사들을 포섭해서 공격적인 매출채권 조건을 제시해 시장 점유율을 빠르게 올렸다. 제품의 품질이 평준화되어 있었고 기능별 차이가 크게 없었던지라 이렇게 빼앗은 고객사들은 이후로도 잘 유지되었다. 이때 나는 급격하게 성장한 EBITDA를 기준으로 ㉣기업을 잽싸게 팔아먹고 의기양양해했다.

다시 4년쯤 지났을 무렵, 우리에게 ㉣기업을 인수한 곳이 다시 ㉣기업을 매각할 수도 있다는 소식이 들려왔다. 흠, 내가 잘 아는 회사, 잘 아는 산업인데 한 번 더 해볼까? 그런데 이게 웬일?! ㉣기업의 EBITDA는 우리가 팔았을 때보다 다시 2배 이상 더 올라갔으며 5~6%를 전전하던 마진율도 거의 10% 가까이 올라 있는 것이 아닌가? 여기에 원하는 배수를 들어보니 거의 10배에 가까운 EV/EBITDA를 요구하고 있었다. 눈이 아니라 뇌가 튀어나올 지경이었다. 도대체 무슨 일이 있었던 것일까? 나는 숫자를 뒤적이고 경영진들에게 전화를 돌리기 시작했다.

실적 개선의 원인은 생각보다 간단한 곳에서 찾을 수 있었다. 우리가 ㉣기업을 인수했던 시절, 완성품의 제조 마진이 워낙 짜서 혹시 교체 부품들 가운데 마진이 괜찮은 놈들이 있을지 경영진과 함께 훑어본 적이 있었다. 이때 외주로 조달해서 유통사에게 배송시켰던 소모성 교체 부품들은 본사에서 직접 관리하기엔 물류와 생산 공정 등이 워낙 까다롭고 귀찮아 그냥 계획만 세우다 중단했다. 그런데 이 케케묵은 계획을 새로운 주주가 들어와 경영진들과 다시 검토하고, 마진이 높은 소모성 부품들을 직접 생산하거나 더 싸게 외주 생산하여 본사가 고객사에 직접 공급함으로써 매출과 마진을 동시에 올린 것이었다. 이를테면 과거의 ㉣기업이 완성품 프린터를 만들어 5% 마진을 남기던 회사라고 하자. 그리고 경쟁사들의 공급이 주춤한 틈을 타 점유율을 끌어올렸다고 하자. 다시 만난 ㉣기업은 열심히 깔아놓은 시장에 20~30% 마진을 남기는 단순 제조품이자 소모품인 잉크 카트리지를 열심히 팔아먹으면서 매출의 빈도와 마진의 질적 수준을 올려둔 셈이었다! 아, 탄식이 흘러나왔다. 게으른 자여, 가난해지는 벌을 받을지어다!

자, 내 어두운 흑역사는 얼른 기억에서 지워버리시고, '뺑카'와 진짜배기 EBITDA를 분석하는 문제로 되돌아오자. (고소하다고 킥킥 웃는 분들, 그만 웃고 얼른 다시 집중하시길 바란다.)

① 반복되는 EBITDA를 찾아낼 것

매년 반복 빈도가 높고, 지속 가능하며, 매출의 대상이 다수인 곳에서 나오는 EBITDA는 상대적으로 높은 멀티플을 줄 수 있다면, 특정 고객에서 수주 형태로 발생하고 한 번에 대규모로 발생한 매출에서 나오는 EBITDA는 멀티플과 퀄리티의 측면에서 그리 좋은 평가를 받기 어렵다. 전자에 해당하는 산업에는 유통업, 필수소비재, CAPEX가 많이 들어가지 않는 소모성 부품 제조업, 불특정 다수의 고객이 들어와서 정기적으로 소비하는 플랫폼 형태 기업들이 있다. 자잘한 매출이 많고 구매빈도가 높은 제품이 다수 있어 구매자가 마진을 일일이 파악하기는 힘들지만 지속적인 매출이 발생한다. 후자의 산업에는 건설업, 조선업, CAPEX 사이클이 있는 부품업 등이 있다. 대형 수주를 기반으로 매출과 이익이 발생한다.

② CAPEX가 선반영되었거나 지속적으로 투자되고 있는 상태에서의 EBITDA일 것

EBITDA를 가장 빨리 올리는 꼼수 중 하나가 투자를 멈추는 것이다. 제조업 또는 기술 집약, 마케팅 집약적이어서 고정비가 높은 사업모델들에서 종종 발견되는 꼼수다. 매각 전에 한두 해 동안 비용 집행을 멈추거나, 다음 제품 라인을 위한 CAPEX 투자를 하지 않은 채 기존 생산 설비를 최대로 돌려서 EBITDA의 현금 전환율이 높은 사업인 것처럼 분칠을 하는 것이다. 이런 꼼수는 비교적 발견하기 쉽다. 가동률, 증설 계획, 과거 CAPEX/OPEX* 추이 등을 반영해서 EBITDA의 구성, 즉 영업이익과 감가상각비 및 고정자산/고정비성 비용 간 비중 추이를 살피면 된다. 매출이 성장한다고 계획을 잡아두고는 고정자산이나 개발비 혹은 절대적인 마케팅 비용의 증가가 없다면 '뻥카'라고 보시면 되겠다. 이런 회사들을 싸다고 덥석 물면 내가 샀던 사브처럼 처음에 아꼈다고 생각한 돈이 뒤에서 더 들어가

*Operating Expenditure. 업무 지출 또는 운영비로 갖춰진 설비를 유지하고 운영하는 데 드는 제반 비용. 인건비·재료비·수선유지비와 같은 직접비와 제세공과금 등의 간접비로 구성돼 있다.

게 된다.

멀티플을 따질 때 주의할 점

멀티플은 귀에 걸면 귀걸이고 코에 걸면 코걸이다. 기준을 잡지 않으면 결론이 나지 않는다. 앞서 이야기한 것처럼 제일 무난한 멀티플은 EV/EBITDA인데, 대충 7배면 좋고, 10배면 오케이, 12배를 넘어가면 고민을 해봐야 한다. 물론 산업마다 통용되는 EBITDA의 범위가 다르다는 점을 고려해야 한다. 화장품이나 제약업처럼 15배 전후의 EV/EBITDA 멀티플이 통용되는 산업이 있는가 하면, 자동차 산업처럼 4~5배에 거래되는 것이 통상인 경우가 있다. 그래서 멀티플을 계산할 때 가장 많이 취하는 방법은 동종기업들의 거래 수준, 즉 과거 경영권 거래 가격 및 상장된 기업들의 거래 기준가격을 파악하는 것이다. 멋있는 말로 'Transaction and Trading Comparable Analysis'라고 하는데, 부동산으로 치면 실거래가 분석인 셈이다.

이때 주의할 점은 비교 대상을 잘 찾아야 한다는 점이다. 그렇다면 어떤 기업을 비교 대상으로 삼아야 할까?

① 사업모델이 비슷한 기업

같은 제조업 분야라 해도 브랜드가 있는 완성품을 만드는 회사와 외주 조립 생산을 해주는 회사는 근본적으로 다르다. 직접 생산하는

지 외주로 생산하는지, 그리고 생산을 주로 하는지 기술을 주로 개발하는지 등에 따라 같은 반도체, 자동차 부품, 의류 제조, 제약사라도 각기 다른 멀티플을 적용해야 한다.

② 매출 규모/사이즈가 비슷한 기업

덩치가 큰 회사일수록 멀티플이 높다. 시장 지배력이 있고 더 안정적이어서 기술 개발을 할 여유가 많다. 가끔 매출 1,000억 원짜리 회사 오너가 오셔서 유럽에 있는 10조 원짜리 회사 이름을 들먹이며 그 가격만큼 받아야겠다고 하는 경우가 있는데, 흠… '할많하않'이다.

③ 마진 구조와 흐름이 비슷한 기업

기술력과 브랜드력이 더 큰 회사가 더 큰 마진을 남긴다. 당연히 마진이 높은 회사가 멀티플을 더 높게 받는다. 그런데 단기적으로 보면 마진이 빠져서 이익이 줄어들었는데, 주가는 아직 그 자리에 있어서 마치 후진 회사가 더 비싸게 거래되는 것처럼 보이는 경우가 있다. 이 때문에 멀티플을 비교할 땐 과거의 흐름까지 고려해야 하며 최소 3개년은 지켜보고 판단해야 한다.

④ 매출성장률이 비슷한 기업

동일한 사업모델에 비슷한 마진 구조를 가진 기업이더라도 매출

성장률이 높다면 당연히 그 멀티플을 높이 쳐줘야 한다. 이때 매출 성장률의 근본적인 원인이 꾸준하고 반복적인 것인지 일시적인 것인지 파악해야 한다는 점은 두 번 말하면 입이 아프다.

⑤ 자산 구성이 비슷한 기업

자산 생산성을 볼 때 간과하기 쉬운 것이 어떤 자산을 이용해 매출을 만들고 있는가 하는 점이다. 자체 생산인지 외주 생산인지, 외주인 경우에도 R&D를 직접 해서 설계한 제품을 생산만 맡기는지 아니면 외부에서 추천된 제품이나 서비스 자체를 평가해서 유통하는지 살펴볼 필요가 있다. 이 경우 어느 것이 딱 좋다고 판단하기 어려울 수 있지만 생산 설비와 기술 개발 인력, 그리고 유통 조직이 내재화된, 자산이 제법 있는 회사를 인수하는 편이 좋다. 그러면 새로운 제품을 만들거나, 공정을 뜯어고치거나, 외주화 혹은 딜러화해서 몸집을 가볍게 가지고 갈 업사이드가 있다. 그런데 이미 이런 것들이 밖으로 다 빠져나가 있으면 투입자산 대비 생산성은 아주 높아 보이지만 결정적으로 회사가 힘들어지거나 주춤할 때 기댈 구석이 없어지기 쉽다. 물론 나처럼 투자를 업으로 삼는 사람들은 자산을 많이 필요로 하지 않는 사업Asset Light Business을 더 선호할 때도 있다. 각자의 수준에 맞추어 인수하면 된다.

기업을 고르는 선구안에 관해 길게 이야기했다. 또 나의 흑역사와 아픈 기억들도 많이 드러냈다. 탈모남에게 고민과 스트레스가 얼마나 위험한 것인지 아신다면, 내가 이 글을 쓰면서 얼마나 큰 위험을 무릅썼는지 아실 것이다. 그렇지만 이 글이 도움이 될 양이면 한 몸 불사를 결심이다.

이렇게 고생해서 적었지만, 글로 읽는 것과 실전으로 부딪치는 것은 또 다른 이야기다. 하지만 '도망가지 마시라'고 말씀드리고 싶다. 기업을 고르는 안목을 우선 길러두면, 내가 운영하는 기업 또는 내가 속해 있는 기업은 '살 만한 회사'인지 돌아보게 된다. 조직을 깔끔히 다듬고 주변의 꼰대를 멀리하고 반복 가능한 매출과 이익 구조로 매일매일 바꾸는 노력을 하다 보면 어느새 누구나 눈독을 들이는 기업이 되어 있을 것이다.

사모펀드는 어떻게 흙 속의 진주를 찾아낼까

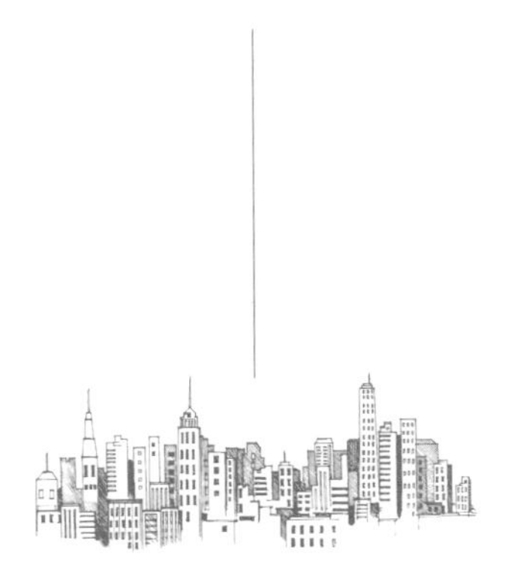

"아니, 김 대표. 어떻게 그런 회사들을 찾은 거야?"

"대체 사모펀드는 그런 회사들이 잘될 줄 어떻게 알고 산 거야?"

뉴스에서 '사모펀드가 무슨무슨 회사에 투자해서 수년 만에 몇 배를 벌었네'라는 이야기를 들어본 적이 있을 것이다. 아는 회장 형님, 누님들도 신문을 보다가 이런 기사를 보면 사모펀드는 그렇게 좋은 회사를 어떻게 콕 집어서 샀는지, 무슨 타임머신이라도 있는지 자꾸만 물어보곤 한다.

'흙 속의 진주'를 찾는 방법? 당연히 있다. 그것도 매우 가까이. 우리가 어릴 적부터 어머니께 귀가 닳도록 들어온 말, 바로 '공부'다. 공부밖에 없다. 끈질기게 공부, 죽을 때까지 공부, 죽어서도 공부. 그리고 과감하게 지를 것.

이렇게 이야기하면 잘 와닿지 않을 줄 알고 있다. '국영수 중심으로 평소 예습과 복습을 잘하면 된다'라는 말만 듣고 모든 수험생이 서울대에 갈 실력을 쌓을 수 없듯, 미래에 떼돈을 벌어줄 회사와 섹터를 미리 찾아내려면 공부 이상의 무언가가 필요하다.

흙 속에 숨은 진주 같은 회사를 찾는 비법 공식. 이제부터 하나씩 풀어보겠다.

아는 것에서부터 시작하라

가장 중요한 첫 번째 공식은 '남들보다 쥐꼬리만큼이라도 더 잘 아는 것에서부터 시작하라'다. 주의사항. 영원히 그곳에 머무르라는 소리가 아니다. 일단 '시작'을 그렇게 하라는 것이다.

사모펀드들도 비슷한 접근을 한다. 다만 두 가지 극단이 있는데, 인프라나 부동산 관련 서비스 회사 같은 곳만 파는 섹터 전문형 펀드가 있는가 하면, 내가 속한 어펄마캐피털처럼 돈이 되면 섹터를 가리지 않고 투자하는 Generalist/Sector-agnostic 종합형 펀드도 있다. 종합형이라 하더라도 소비재를 중심으로 투자한다거나, B2B를 중심으로 투자하거나, 경영권만 골라서 하는 등 잘하는 분야를 찾아가는 모습이 나타난다. 내 경우엔 몇몇 섹터에 전문성을 갖추되 그에 국한되지는 않으려고 노력하는데, 일단 우리나라가 특정 섹터만 투자하기에는 시장이 너무 작고, 그 섹터가 과열되거나 망가지면 펀드 전체의 수익률이 함께 망가지기 때문이다. 자고로 분산 투자가 중요하다.

아무튼 문제는 '내가 잘 아는 분야에서 투자 대상을 어떻게 찾을 수 있을까?' 하는 부분이다. 사모펀드들은 투자 대상을 찾을 때 기존에 투자된 회사들을 중심으로 다음 조건에 해당하는 업체를 물색한다.

① 공급처와 구매자를 살핀다.
② '제조-유통-서비스-마케팅' 중에서 '갑'을 찾는다.
③ 가격 파괴, 서비스 파괴자를 찾는다.

예를 들어 중국집을 하는 A씨가 난데없이 가게를 접고 사모펀드 업계로 투신하여 기업 투자를 시작했다고 하자. 앞서 말한 조건을 조합하면 A씨의 옵션은 다음과 같다.

● ① 공급자 + ② 제조공급자 + ③ 서비스 파괴자
: 춘장 업체 중 저칼로리&고단백 춘장 납품 업체, 짬뽕 국물이나

짜장면 소스와 야채를 미리 익혀 밀봉한 레토르트 밀키트 B2B 공급회사, 밀가루면 가운데 칼로리가 낮은 냉동 생면 공급업체 등

- ① 구매자 + ②유통/서비스 '갑' + ③ 서비스 파괴자

: B2C 배달업체/플랫폼 탑 2, 국내 최대 짜장면/짬뽕 B2C 밀키트 제조/유통/판매회사 등

- ① 공급자 + ②제조/유통 '갑'

: 국내를 거의 독점하는 1~2위 춘장 납품 회사, 국내 과점 단무지 회사, 국내 1위 중식 전문 냉동 해산물 공급회사 등

A씨가 경험과 지식을 살려 이러한 회사들을 알아보고 투자한다면 그럴듯해 보일 것이다. 그런데 만약 A씨가 뜬금없이 인공지능 개발 회사에 투자하거나 반도체 장비 회사를 인수한다면? 딱 봐도 불안하지 않은가?

돈을 내고 전문가에게 물어보라

잘 아는 사업에서 시작하랬다고 언제까지 그 사업에만 머물러야 하는 것은 아니다. 내가 알고 지내는 30대 후반 사장 부부는 창업주인 아버지에게 수십 년 된 내연기관 자동차 부품 하청 회사를 물려

받았다. 이후 사세를 키워 동유럽에 공장을 짓더니, 제품군을 금속에서 플라스틱으로, 다음은 복합소재로 넓히고, 결국 전기차 부품까지 생산하기 시작하면서 딱 12년 만에 매출을 조 단위로 키워냈다. 그들을 보며 나는 '저주받은 나쁜 산업'이란 없고, '안 되는 건 안 해서 그렇다'는 말에 격하게 동의하지 않을 수 없었다.

이 글을 읽는 분들 가운데는 지금 그 산업에서 당장 탈출하고 싶은 분들도 있고 산업 내에서 어떻게 분야를 확장해나가야 할지 궁금한 분도 있을 것이다. 그럴 때 쓰는 방법이 있다. 바로 '돈 내고 사 먹는 것'.

'싼 게 비지떡'은 꼭 형태가 있는 제품에만 통용되는 원칙이 아니다. 아니, 오히려 무형의 서비스가 가격에 따른 품질 차이가 더욱 극명하다. 때로 신사업을 꿈꾸는 회장님, 사장님들이 골프 치다 멀리건 한두 번 주면서 향후 10년 뒤 뜰 산업의 선도 회사를 소개받았다고 희희낙락하시는 경우를 볼 때마다 가슴이 철렁한다. 또 수많은 '투자 전문가'라는 사람들이 케이블의 이런저런 채널, 유튜브의 무슨무슨 TV에서 "여기가 뜬다, 저기 투자해라" 하는 이야기를 들을 때마다 혀를 끌끌 차게 된다. 이런 이야기는 그냥 '재미로 즐겁게' 들으면 될 일이다. 고백하자면 나도 이런 사람들의 입담이 SNL만큼이나 재미있다. 그렇지만 피땀 흘려 번 돈으로 큰마음 먹고 다른 산업으로 외도하겠다고 결심한 만큼, 게임비는 합당하게 지급하는 게 제대로 된 서비스를 받고 올바른 정보를 얻는 지름길이다.

그렇다면 돈을 내고 전문가를 쓰는 방법에는 어떤 것들이 있을까?

① 미리 염두에 둔 섹터가 있다면 전문가 집단 인터뷰 서비스를 이용한다.
② 국제적으로 이름 있는 컨설팅 회사를 고용해서 신사업 '아이디어'를 발굴한다.
③ 적당한 사모펀드에 출자해서 섹터와 회사를 같이 고른다.
④ 투자 이력Track Record이 믿을 만한 사모펀드 자체에 투자하거나 팀을 통으로 사 온다.

이걸 쌈짓돈 투자로 바꾸어 쓰면 이렇다.

① 증권사 리서치 리포트를 사서 보고 잘나간다고 주장하는 섹터들을 공부한다.
② 투자 자문사나 프라이빗 뱅커들의 자산 관리 서비스를 받아본다.
③ 투자사에 일임하거나, 인공지능이라고 주장하는 프로그램의 추천을 받는 서비스를 이용한다.

④ 개인 투자 조합에 출자해서 전문가라고 주장하는 자에게 통으로 맡긴다.

결국 내가 전문가가 되기 전까지는 나 아닌 다른 어떤 전문가가 내 돈을 적당히 받고 맡아주는 방식이다. 딱 들어봐도 웬만한 중견 그룹 이상에서는 시도하기 귀찮다거나 수익을 나누어야 한다는 점에서 정말 꺼리는 방법으로 보이지 않는가? 아무튼 이렇게 수단과 방법을 가리지 않고 섹터나 회사를 찾아내 투자한 다음, 그렇게 돈을 벌면 그게 나의 투자 이력이 된다. 여태 업비트, 하이브, 크래프톤 등 기라성 같은 수십 배짜리 투자 성공사례가 나올 때마다 벌써 5년 전, 10년 전에 이 떡잎들을 알아보고 투자했다는 개인 투자자를 수십 명 넘게 만났다. 이런 분들을 뵐 때마다 나는 축하해 마지않는데, 가만히 이야기를 들어보면 지인이나 선후배가 "나만 믿고 일단 10억만 넣어봐"라고 하여 얼떨결에 얻어걸린 경우도 적지 않았다. 하지만 이렇게 우연에서 시작했더라도 좋은 투자 경험들이 쌓이고 이름도 알려지다 보면 거꾸로 흙 묻은 진주들이 끌려오기 시작한다. 이렇게 하나하나 투자 이력을 쌓아나가는 것이 숨은 진주를 더욱 자주 만날 수 있는 진짜 비법이다.

미래에 투자할지 현재에 투자할지 고르라

본인의 성향을 아는 것은 투자의 가장 중요한 첫걸음이다. 이를 모르면 "오빠는 내 마음이 뭔지 그렇게 몰라?"와 맞먹는, '뭘 보여줘도 다 마땅찮은' 상황이 무한 반복되는 아주 골치 아픈 일이 벌어진다. 반대로 자신을 잘 알면 서로 다른 성향을 조화시킬 수도 있다. 나를 예로 들면 업으로 삼고 있는 사모펀드가 5~7년에 이르는 비교적 중장기의 가치투자Fundamental Investment이다 보니, 개인적 투자에서는 스트레스도 풀고 재미도 추구할 겸 극도로 투기적이고 위험을 추구하는 트레이더 성향을 추구하고 있다. (물론 전체 자산의 5~10% 한도 내에서만 실시한다.)

그러면 자신의 본성에 맞는 투자는 과연 무엇일까?

① 미래형 투자: 아직 낯설지만 뭔가 있어 보이고 앞날이 창창할 것 같은, 그렇지만 큰돈을 만지려면 한동안 투자가 필요한 경우.
② 현재형 투자: 누구나 들어본 적 있고 지금 돈을 잘 벌고 있는, 그렇지만 어디 가서 트렌디하다는 소리는 들을 수 없고 경영진들의 나이도 많은 편이어서 고리타분해 보이는 경우.

투자 성향은 대체로 이 둘 중 하나에 속하게 된다. 지금 돈을 잘 벌고 있으면서 미래도 창창해 보이는 사업이라면 모두가 원할 테니 가격이 매우 비쌀 것이고, 그런 사업을 잡을 기회는 좀처럼 없을 테니 성향이라 부르기 어렵다. 현실적인 선택은 미래 또는 현재형 가운데 상대적으로 조금 작고 싸면서 그럭저럭 돈을 잘 버는 사업을 잡는 것이다. 이때 미래형 투자 성향이라면 규모를 조금 작게 하고 경영진이나 창업주랑 같은 배를 타는 구조를 취하고, 현재형 투자 성향이라면 비슷한 상장사들의 주가와 비교해 최대한 합리적인 가격에 투자하는 것에 초반 에너지를 쓰면 된다.

현재형 투자의 경우 규모가 커질수록 그 매력도와 시장 장악력은 기하급수적으로 올라간다. 내가 사랑하는 크리스피롤을 만드는 모 과자회사는 매출성장률 15%에 영업이익은 20%가 넘는데도 애들 과자나 만드는 동네 회사인지라 미래 성장축으로는 곤란하겠다는 누명을 종종 쓴다. 그런데 이런 동네 과자회사들을 2,000개 정도 모아 놓은 스위스 기업 네슬레는 시가총액 400조 원 정도에 PER은 31배 정도를 받고 있다. 삼성전자와 시총은 비슷하나 PER은 늘 2배 정도 높게 유지되고 있는데, 코리아 디스카운트 때문이 아니라 역사적 ROE 기준으로 봐도 네슬레는 19% 수준으로 삼성전자보다 50%가량 높다. PBR도 은행마냥 1.1배를 전전긍긍하는 삼성전자보다 6배 수준을 꾸준히 평가받는다. 그야말로 부러워서 배 아픈 회사가 아닐 수 없다.

인공지능은 1도 안 들어가는 초콜릿 과자 회사가 컴퓨터, 자율주

행차, 우주선 등 첨단산업 어디나 빠지지 않는 삼성전자보다 더 높이 평가받는 현실을 억울해할 일은 아니다. 이유는 거의 90년 전에 만든 레시피로 지금까지도 전 세계 미취학 아동부터 40대 중반 아빠들의 입맛까지 모조리 사로잡는 킷캣의 마법을 2나노짜리 반도체 따위가 따라잡을 수 없기 때문이다, 여러분!

물론 이렇게 오래 묵은 구수한 산업보다는 상큼한 미래 산업이 더 매력적으로 보일 것이다. 이는 요즘 뜬 것들, 최근에 발견한 정보들을 더 중요하게 간주하는 인간의 인지적 오류인 '최신 편향'이 그 원인이다. '4차산업-바이오-플랫폼-O2O-엔터테인먼트-메타버스-2차전지-인공지능'으로 이어지는 최신 유행어 트렌드가 IPO 시장을 주름잡고 있는 현상이 이를 보여준다.

최신 트렌드에 민감한 분이라면 회사가 고속 성장을 지향하는 초기 단계에서 소수 지분을 투자하는 것도 해볼 만하다. 이때는 반드시 '떼로 몰려다니면서' 투자하기를 권하는데, 필수적으로 트렌디한 투자일 수밖에 없는 이런 유형은 나와 동조하는 지갑들이 많으면 많을수록 '투심'이라는 보이지 않는 손을 만들어낼 수 있기 때문이다.

이런 투심의 형성을 위해 나도 꼭 챙겨 보는 것이 있으니, 연말마다 '202○년 트렌드', '트렌드 코리아 어쩌고', 'CES가 뽑은 어쩌고', '잭슨홀 어쩌고' 등 여러 매체에서 트렌드를 요약해 내놓는 리포트다. 물론 이런 리포트들을 다 읽는 것은 유튜버들에게 맡기고 나는 요약의 요약본을 찾아 훑어본다. 여기에 로펌이나 회계법인에서 종종 보내주는 우리나라의 정부 과제와 국가 지원사업 영역 관련 리포트를 훑어보고 트렌드와 겹치는 게 있다면 그 섹터를 2~3년간 유심히 파보면 된다.

첫 투자는 실패하기 쉽다는 사실을 인정하라

신사업 또는 새로운 영역에 투자를 하겠다고 한번 결심했다면 적어도 6개월 이내에 그 결심에 맞는 투자를 단 10만 원이라도 해야 한다. 아무리 돌다리도 두드려보고 건넌다고 하지만 6개월 넘게 두드리고만 있다면 강을 건널 생각이 없는 것이다. 당연히 강 건너에 있는 좋은 투자 건들은 이미 모두 남의 차지가 되고 난 뒤다. 이런 분들은 그냥 투자가 안 맞는 분이다.

그러면 이게 나쁜 일인가? 전혀 그렇지 않다. 투자를 결심하고도 망설이는 이유는 마음 깊은 불안감이 욕심이나 야심보다 크기 때문이다. 그렇다면 그냥 지금 하는 사업을 더 확장하거나, 아니면 (죽었다 깨도 원금이 보장될 것 같은) 채권형 투자 또는 (만질 수 있으니 마음의 평화를 가져다줄 것 같은데 세금 내고 나면 아무것도 남지 않아서 자본이득 Capital Gain을 더 절실하게 만드는) 유형자산형 투자에 집중하면 된다. 그것도 나쁘지 않다. 그냥 주식만 안 하면 된다.

6개월 이전에 배포 좋게 첫 투자를 실시한 분들께는 저주 아닌 저주를 남기겠다.

"당신의 첫 투자는 망하는 게 당연하다."

투자를 한 번도 안 해본 사람이 6개월 정도 공부한다고 덜컥 큰돈을 만질 만큼 사모펀드(혹은 기업 인수) 일은 호락호락하지 않다. 그렇게 쉬웠다면 나는 이미 은퇴해서 탱자탱자 놀고 있을 것이다. 아니, 그 반대다. 너도나도 이 업계에 들어와서 없어져야 할 산업이 되고 나는 다른 직장을 알아보고 있지 않을까?

그러면 망할 게 뻔한데 왜 첫 투자를 6개월 내로 하라느니 그렇지 않으면 투자가 안 맞느니 잔소리냐고? 이유는 간단하다. 재밌다. 조심히 잘하면 돈도 많이 벌 수 있다. 폼도 난다!

워런 버핏과 함께 내가 가장 존경하는 투자의 신 중 한 사람이 리처드 데니스Richard Dennis 옹이다. 그가 귀가 닳도록 강조한 것이 '리스크관리'인데, 이길 수 있는 판에 들어와서 돈을 벌기 위해서는 그 게임판에 끝까지 남아 있는 것이 중요하다는 이야기였다. 한두 번 투자하여 돈과 체면을 잃고 '아, 투자는 내 길이 아닌가 보다' 하고 실망하거나, 아무 생각 없이 여기저기 투자했다가 원금까지 홀라당 다 까먹어버린다면 자의든 타의든 간에 투자를 아예 접어버리게 된다. 돈을 벌 기회 자체를 손에서 놓아버리는 것은 그 어떤 리스크보다도 무서운 일이다.

그래서 새로운 투자를 시도할 때는 자본금의 최대 5%를 넘지 않는 한도 내에서 하기를 권한다. 어디에 투자하건, 어떤 성향이건 최소한 20번은 게임을 해볼 수 있어야 하는 것이다. 만약 그중 두 번 정도만 원금의 10배를 번다면, 즉 피터 린치Peter Lynch 옹이 말한 '텐배거Tenbagger'가 된다면 나머지 18개의 투자가 털리더라도 원금은 건질 수 있는 것이다!

모든 사람이 투자자가 될 필요는 없다. 그렇지만 기나긴 인생길에 꼭 한 번은 투자자의 길을 걸어보시기를 바란다. 내가 애정하는 골프와 투자는 많은 면에서 공통의 매력이 넘치지만, 그중에서도 백미를 꼽으라면 경험과 근성, 멘털을 무기로 자기보다 열 살, 스무 살 어린 근육질 훈남들의 엉덩이를 가볍게 걷어차줄 수 있다는 점이다. 자자손손 물려주고도 넘칠 만큼 많은 돈을 벌었을 아흔 살 넘은 버핏 옹도 일본 상장사 개요를 전부 읽고 공부할 만큼 에너지가 남아 있다. 베른하르트 랑거Bernhard Langer 옹은 60대 중반의 나이에도 골프 챔피언스투어에서 16년 연속 우승 기록을 갈아치웠다. 우리도 세월의 무게를 짐이 아닌 또 다른 커리어를 위한 초석으로 만들 수 있다.

일어나라, 아저씨들이여! 일어나라, 노안老眼들이여!, 일어나서 정복하라, 눈먼 돈들을!

당신의 회사를 팔아드립니다

요즘 종종 SNS로 DM을 받는데, 그 내용들이 심히 무겁다. 절반 정도는 이런 내용이다.

"아버지가 이제 70이신데요. 앞으로 제가 회사를 물려받아야 할 텐데, 어떻게 하면 좋죠?"

여기에 "이야~ 굿럭입니다. 금수저 부럽습니다. 꼭 물려받으시고 세금 낼 돈 잘 마련하세요. 파이팅입니다."라고 대답하면 눈치 없는 사람으로 취급받는다. DM을 보낸 사람은 회사를 물려받기로 했는데, 막상 들여다보니 관리가 엉망이어서 영 답이 나오지 않으니 조언을 구한 것이다.

이럴 때는 두 가지 선택지가 있다.

첫 번째는 경영을 좀 안다면 점령군으로 들어가서 회사를 한번 까보는 것이다. 다만 이게 잘 안 풀리는 경우엔 현 오너인 아버지 또는 어머니와 사이가 틀어지고, 또 보통은 중간에서 눈치 보던 오래된 경영진들이 현 오너의 편을 들면서 2세를 따돌리는 일이 벌어진다. 더 최악의 시나리오는 현 오너가 승계를 위해 2세를 회사로 불러들이고 그 옆에 믿을 만한 경영진 하나를 붙이는데, 그 사람이 오너의 스파이 노릇을 하다가 2세한테 들키는 것이다. 이 경우에 회사는 아주 활발한 정치판이 되고 사업은 산과 들을 배회하게 된다. 내가 아는 몇몇 기업이 실제로 이런 일을 겪고 있는데, 현 오너와 2세를 같이 아는 (나 같은) 사람은 새우등이 터지게 된다.

두 번째는 그냥 팔아버리는 것이다. 공교롭게도 요즘은 이런 조언을 더 많이 한다. 물론 내가 이 일을 하고 있기 때문이기도 하지만, 사실 기존 오너가 목숨 바쳐 지키고 싶어 하는 그 사업이 제삼자가 보면 솔직히 참 애매한 사업인 경우가 적지 않다. 이런 매각 결정도 결국 2세와 현 오너 사이에 치열한 논쟁과 다툼을 불러일으키는데, 그나마 이 경우엔 결론이 비교적 쉽게 난다. 회사를 물려받아야 할 사람이 받지 않겠다고 뻗대면 결국에는 팔아서 현금으로 상속하는 수밖에 없기 때문이다. 특히 최대주주의 지분 승계 시 60%에 달하는 우리나라의 상속세는 회사를 물려주는 대신 차라리 팔아서 현금으로 물려주자는 의사결정을 내리는 데 큰 몫을 한다. 우리 아버지도 경상도에서 조그만 사업을 하셨는데, 나는 대학교를 졸업할 때 절대로 물려받지 않겠다고 일찌감치 선언했다. 지금은 사촌형이 경영하고 있고 덕분에 가정에 평화가 아주 잘 유지되고 있다.

자, 팔아버리자. 깔끔하게 현찰로 받고 원하는 인생을 사시면 된다. 끝.

여기서 끝이 아니리라 짐작하고 계신 것, 잘 알고 있다. 예상하신 대로 이제부터 '회사를 어떻게 팔 것인가?'에 대한 이야기를 해보자.

회사를 어떻게 팔 것인가

먼저 질문 하나를 해보겠다. 다음 중 어떤 회사가 더 탐이 나는가?

① 매년 3%씩 크면서 영업이익은 5%정도 나는, 업력은 20년 정도 되고 업황에 들쭉날쭉함이 별로 없는 지루한 금속 제조업. 기업가치는 평균 당기순이익의 10배(PER = 10x).

② 매년 15%씩 크면서 영업이익은 -1%에서 1% 정도로 가끔 적자가 나는, 앞으로 증설하는 데 300억 원 정도 자금이 더 필요한 IT

산업. 아직 이익이 없으니 기업가치는 올해 말 매출의 2.5배(PSR forward = 2.5x).

③ 지난 2년간 30%씩 성장하고 영업이익은 15% 정도인, 젊은 사람들이 아주 좋아하는 핫한 액세서리 브랜드. 앞으로 해외 진출이 필요. 가격은 올해 말 예상 당기순이익의 25배(PER forward = 25x).

셋 모두 100% 지분 매각에 800억 원 정도를 요구한다. 자, 여러분의 선택은 무엇인가?

② 또는 ③을 선택한 분들은 축하드린다. 크게 흥하거나 크게 망할 것이다. 이 M&A가 첫 번째 딜이라면 70~80% 확률로 말아먹을 것이다. 이런 분들께 왜 ②나 ③을 선택했냐고 물어보면 "이쪽이 더 섹시해보이고, ①은 재미도 없고 전망도 밝지 않아 보여서"라고 대답한다.

그런데 재미있는 건, ①의 사업이 제조업이 아니라 에너지 공급, 인프라, 과일 유통 등 뭔가 라이선스가 연계된 사업이고, 물려주기 딱 좋은 사업이라는 생각이 들기 시작하면 갑자기 가격이 두세 배로 뛰면서 매력적으로 보이기 시작한다는 점이다.

여기서 주목할 사실은 첫째로 사람들은 본인의 능력과 관계없이

'섹시해보이는가?'를 기업 인수에도 적용한다는 점, 둘째로 기업가치에 대한 기준은 극도로 주관적이기 때문에 어떻게 포장하느냐에 따라 얼마든지 바뀔 수 있다는 점이다.

이러한 사실을 우리의 회사를 팔아먹을 때 어떻게 써먹을 수 있는지 알아보자.

옵션 1. 회사를 통으로 팔기

제일 간단한 방법이다. 매각 대상에 경영진도 포함되어 있어서 회사를 사는 사람은 당장 자신이 경영하지 않아도 되고, 필요한 인허가나 거래처도 다 구축되어 있다. (덤으로 노조도 같이 드린다.) 회사 자체의 전망이 나쁘지 않고 창업주가 떠나도 회사를 경영할 만한 적당한 수준의 경영진이 구축되어 있다면, 그리고 거래처들이 어지간한 일로는 꿈쩍도 하지 않을 곳이라면 통매각이 제일 좋다. 회사의 잠재적인 우발부채에서도 완전히 해방될 수 있다.

절차는 이렇다. 우선 매각 자문사를 정한다. 그리고 실제로 회사의 자산은 얼마인지, 사업 계획은 어떤지, 인허가는 맞게 받아두었는지, 우발부채는 정말 없는지 회계법인과 법무법인을 미리 고용해 스스로 먼저 실사해본다. 이 결과를 바탕으로 자산 소개서Information Memorandum, IM를 만들고, 자문사가 잠재 인수자를 접촉하게 하여 매각을 진행하면 된다.

자문 비용을 아까워하시는 분들이 종종 있는데(아, 쏘리. 거의 100%다.), 좋은 자문사는 안 팔릴 회사도 팔아주고 팔릴 회사는 5~10%를 더 받아준다. 아까운 수수료는 이 돈으로 내면 된다. 또 법무 비용이나 세무 자문 비용을 어설프게 아끼면 매각 후 감방 또는 세금 폭탄이 기다릴 수 있으니 통 크게 가시는 걸 권한다. 보통 매각은 계획부터 종결까지 1~2년 정도 걸린다는 점도 참고하시길 바란다.

참 쉽좋? 자, 지금부터는 난이도를 좀 높여보자.

옵션 2. 사업부 분할 매각

사업을 통으로 매각하는 것은 사실 운이 좋은 경우다. 상당수는 회사를 통으로 팔 만한 상황이 아닌 경우가 많다. 수많은 '회장님'들이 회사를 팔게 되더라도 직함에 딸린 것까지는 포기하지 못한다. 매일 출근하면서 '회장님' 소리를 들어야 하고, 어디 가서 회장 대접도 받아야 하고, 기사 딸린 차를 타고, 회사 카드로 골프도 쳐야 한다. 게다가 회사에 사돈의 팔촌의 친척 동생까지 입사해서 월급을 받고 있다면 지분이 없는 이 사람들의 앞날을 위해서라도 마음 약한 우리 회장님들은 회사를 통으로 팔지 못한다.

이럴 때 가능한 방법은 투자자들이 이해하기 쉬운 자산 또는 사업부만 뜯어서 파는 것이다. 자산을 파는 것은 2세가 회사를 물려받을 마음과 지분이 이미 조금 있고, 50%가 넘는 배당세와 의료보험료 등을 낼 마음의 준비가 되어 있을 때 가능하다. (물론 막상 그 청구서를 받으면 예상보다 더 마음이 아프다.)

당장 팔아서 현금화할 수 있는 잉여 자산, 예를 들어 땅이나 건물, 창고, 개발권, 인허가권, 투자 자산 등이 없는 경우(즉, 대다수의 경우)에는 사업부를 팔아야 하는데, 이때는 어떤 사업을 팔아야 하는가가 관건이 되겠다. 제일 중요한 원칙은 '팔릴 만한 사업을 팔아야 한다'는 것이다. 종종 아무도 원하지 않는 적자 사업을 자기 본전 생각해서 "앞으로 턴어라운드를 잘 하면 몇천억 원짜리 사업이 될 테니 나한테 천억 원에 사" 이러는 양반들이 계신데, 그 사업을 사서 몇천억 원짜리로 만들었다면 사 간 사람이 잘 키운 것이다. 지금 그 값을 쳐서 웃돈을 내라고 말하는 것은 놀부 심보에 불과하다.

어떤 회사가 잘 팔리는가

여기에서 앞서 던진 질문으로 돌아가자. ①~③까지 세 가지 유형 중 어떤 회사가 더 탐이 나는지 질문했다. 그렇다면 셋 가운데 어떤 유형이 '팔릴 만한 사업'일까?

① 유형 사업

실제로 회사를 사고팔다 보면 제일 먼저 팔 수 있는 사업은 바로 ① 유형의 사업이다. 즉 꾸준하고 안정적이며 비교적 변동성이 적은,

외부에서 경영진을 쉽게 구할 수도 있고 2~3년 뒤의 미래를 누구나 보편타당하게 예측할 수 있는 사업이다.

이런 사업을 제값에 팔려면 적당한 구매자를 찾아줄 좋은 자문사를 정해야 한다. 적당한 구매자란 이 사업을 인수함으로써 독점적 지위를 갖게 되거나, 증설 대신 인수를 통해 미래의 투자금액을 줄일 수 있거나, 창고나 사무동 등 잉여 자산을 다른 목적으로 개발할 수 있을 만한 자를 말한다.

사업부 분할을 통한 매각은 시간이 꽤 걸리는데, 그 사이에 다음의 세부 사항을 미리 고려해야 한다.

- 인허가 관련: 분할된 사업부의 인허가, 브랜드 사용 가능성, 전기/수처리/폐기물 처리 등 관련 인프라 분할 가능성 등
- 사람 관련: 노조 분리 가능 여부, 중복 역할을 하는 핵심 인력의 잔류 가능성, 위로금/퇴직급여충당금 이슈 등
- 금융 거래 관련: 사업부별 부채 분할 가능성, 상거래 채권자의 동의 여부, 매출채권 회수 가능성(분할 후에도 꼭 매출채권 입금을 엉뚱한 회사로 하는 거래처가 있다!), 세금 환급금 귀속 주체 등
- 분할 구조에 따른 세금 관련: 사업부 매각 대금이 어떻게 주주단으로 올라갈지에 대한 사전 세무 검토 등(인적 분할 vs 물적 분할)

사업부 분할 매각은 파는 이의 입장에서 의외로 다양한 장점이 있다. 팔아도 남는 회사가 있으니 경영을 지속할 수 있고, 상장보다도 확실하게 현찰이 들어온다! 그렇지만 사업부를 매각할 때는 특히 노조와 인허가 이슈가 종종 발목을 잡고는 하므로 이를 위한 충분한 사전 작업이 필요하다. 사업부 분할 매각을 3~6개월의 단기간 내에 해결하는 일은 (우리 어펄마처럼) 경험 있는 전문가가 잘 해낼 수 있다.

② 유형 사업

①보다 난이도가 한 단계 높은 매각 건이다. 사업 전망은 좋아 보이지만 돈이 더 들어가야 하고, 투자하지 않으면 까먹지는 않겠지만 계륵이 되어버린다. 그러면서도 가격은 상당히 비싸다.

최근에 2차전지 사업에 대한 관심이 끓어오르면서 양극재, 음극재, 동박, 케이스, 전해질, 대체재, 포장용기, 검사기기, 제조설비, 폐기설비, 재활용 설비, 재재활용 어쩌고 사돈의 팔촌까지 온갖 사업들이 나오고 있는데, 대부분 전통 화학 제조업, 전력/에너지 기업, 기계설비 기업, 반도체 공정 설비/후공정 기업, 그리고 자동차 부품 기업들의 신사업으로 여기저기서 자라나고 있어 나도 그 깊이와 숫자를 가늠하기 힘들다.

이런 새싹들 가운데 다행히 매출 또는 수주잔고가 있고 작게나마 이익을 내는 곳이면 요즘 같은 시절에 여기저기 자문사들이 붙어 상장하자고 졸라대고 있을 것이다. 이렇게 상장의 길로 가면 전문경영인을 유치하고 또 상장의 대가를 핵심 인재와 나눌 수 있기 때문에 사업을 유지하는 것도 나쁘지 않은 선택이다. 그런데도 이걸 팔겠다고 결심했다면 오너의 마음속에 이 사업을 상장시키기까지 전망이 불확실해서 또는 추가 투자(현금!)가 필요해서 두려움이 있거나, 그때까지 혼자 해낼 자신이 없고 열정과 체력이 떨어지고 있어 불안하기 때문이다.

그렇다면 이렇게 '가능성은 있지만 아직은 새싹인 사업부'는 어떻게 팔아야 할까?

제일 간단한 방법은 성장형 사모펀드나 벤처캐피털 같은 투자자 또는 관심을 보이는 잠재적 동업자를 찾아 투자금을 확보하고, 새싹을 키워 매출과 이익이 어느 정도 올라오면 매각하거나 IPO를 해보는 것이다.

여기서도 적절한 자문사의 활약이 중요한데, 먼저 경영권 인수를 고집하는 사모펀드를 대상으로 구주舊株 매각이 포함된 투자 유치를 진행할 것인지 아니면 말랑말랑한 성장형 투자를 하는 기관 중에서 이 섹터에 이해가 있는 투자자를 찾을지에 대한 판단과, 다음으로 투자를 유치하는 조건에서 어느 수준까지 오너가 '책임'을 져줄지에 대한 협상도 자문사가 찰지게 리드해줄 수 있기 때문이다.

이런 구조에서는 솔직하게 조건부 매각이 제일 현실적이다. 투자

유치에 1년, 어색하지만 필요한 동거 기간에 4~5년 정도 쓰는 동안, 창업주와 2세 사이의 감정 및 지분정리를 할 시간적 여유가 생기고, 그사이 창업주가 떠나더라도 경영진을 키워볼 여유도 생긴다. 다만 여기서도 성장 자금을 제공한 기관은 경영권 없는 투자를 했기 때문에 기업가치에 대한 할인을 요구할 것이고, 최대주주는 반대로 팔기로 약속까지 했으니 첫 딜에 최대한 이익을 남기고 싶은 욕망이 솟을 텐데, 이건 딱 잘라 얘기해서 과욕이다. 이 때문에 기업가치와 '창업주가 처음에 약속한 미래가 오지 않았을 경우'에 대한 안전장치를 서로 나누고 중간에서 만나는 경우가 합리적이다. 즉 어느 정도 수익을 보장해줄 각오를 해야 한다.

③ 유형 사업

마지막은 ③ 유형의 사업이다. 이게 파는 사람 입장에서는 제일 억울한 케이스다. 돈도 잘 벌고 성장도 잘하고 나름 핫한 사업이라고 생각하는데, 막상 이걸 사 갈 사람은 잘 해낼 자신이 없어 매력이 떨어질 수 있다. 소위 '뜨고 있는' B2C 제품에서 이런 현상이 종종 보인다. B2B 제품 중에서는 독특한 IP를 기반으로 시장점유율을 60% 이상 가지고 있으면서 니치 마켓에 제품을 공급하는 곳이 이런 억울함을 겪곤 한다.

사실 인수자 입장에서는 매력이 낮은 것이 당연하다. ③ 유형은 사업의 성장에 창업자의 인사이트가 아주 많이 작용하는 사업모델을 갖고 있다. 게다가 그 유행의 파도가 높을수록 유행이 꺼졌을 때의 골도 깊은 법이므로, 이를 잘 아는 투자자일수록 '오픈발'에 대한 두려움이 크다.

파는 사람 입장에서는 자기가 하면 앞으로 연 20~30%씩 몇 년은 더 쑥쑥 키울 수 있을 것처럼 보이고, 다음 세대 모델이나 아이템도 (자기 머릿속에서) 마련된 사업을 헐값에 넘기기란 어려운 일이다. 특히 여러 브랜드를 운영하면서 그중 하나만 똑 떼어 판다면 브랜드 마케팅, 연구 개발, 생산, 유통 등 다양한 공통 기능 중 제한적인 부분만 뜯어 팔 수밖에 없다. 이런 케이스는 진행 자체가 아주 힘든 미션이 된다.

그렇다면 사기도 어렵고 팔기는 더 어려운 이런 사업부를 왜 파느냐는 질문이 생길 것이다. 맨 처음에 이야기한 것처럼 창업주는 2세에게 회사를 물려주려 하지만, 2세가 회사를 물려받을 생각이 전혀 없고 설득도 통하지 않는 경우, 결국은 회사를 매각하여 현금을 물려줄 수밖에 없기 때문이다.

이때 회사를 매각하는 방법은 두 가지다.

● 업자에게 판다.

업계 내에서 거의 동일한 사업을 영위하는 경쟁자를 찾아 내가 키운 브랜드 및 제품 기술을 넘기는 것이다. 거래 결과로 경쟁자가 독점적인 지위를 확립할 수 있게 된다면 비싼 돈을 뜯어낼 수 있다.

다만 이 경우는 실사 과정에서 내가 가진 기술과 약점 그리고 제일 중요한 핵심 인력들의 면면이 다 까발려진다는 위험이 있다. 상호 간에 신뢰가 부족한 경우 끝까지 성사되기가 어렵다.

● 얌전한 FIFinancial Investor에게 판다.

조금 더 현실적인 대안으로, 창업주의 비전에 어느 정도 동의하면서 당장에 경영할 욕심은 없는, 비교적 수동적인 투자자를 찾는 것이다. 이런 경우 투자자는 투자 기간 동안 창업주가 사업을 계속 경영해주기를 조건으로 내거는 경우가 많다. 그동안 창업주는 자기 머릿속에 있는 신비한 차세대 사업 계획을 한 단계 더 구체화할 수 있고, 사업부는 독립된 회사의 모습을 갖추는 데 집중할 수 있다는 점에서 투자자가 어느 정도 안전장치를 확보할 수 있다.

다만 이 경우 파는 사람 입장에서 애매한 점은 앞서 언급한 것처럼 첫 딜에 창업주의 구주 매출(지분 매각) 규모가 극히 제한됨으로써 경영권 프리미엄에 대한 욕심이 충분히 채워지지 않는다는 데 있다. 최초 투자를 유치할 때 기업가치에 대한 창업주의 기대감(즉 경영권은 언젠가는 팔 테니 지금 내 지분을 넘기거나 투자를 받을 때도 그 가치를 인정해달라는 욕심)과, 경영을 지속하면서 돈까지 먼저 챙겼는데 무슨 경영권 프리미엄이냐 하는 투자자의 입장 사이에 줄다리기가 벌어진다.

이럴 때 창업주에게 드리는 내 조언은 '욕심을 버리라' 되시겠다. 아까우면 혼자 사업을 더 키워서 ① 유형 사업으로 만들어 팔면 된다. 이런 구조에서 1차 거래의 구주 매출 규모는 '세금 납부 후 2세가 상속세를 지급할 수 있을 정도의 현금 + 창업주의 은퇴 플랜을 위한 부동산 구매 자금' 정도가 적당하다. (물론 2세한테 뭔가 남겨준다는 전제 하의 얘기다. 그리고 잊지 말아야 할 점이 있는데, 사업부를 매각하더라도 회사는 여전히 남아 있다는 것이다!)

내 것은 늘 아깝기 마련이다. 그러나 내 것이 남한테도 아까울지는 까봐야 한다. 창업주는 욕심을 조금 내려두고 2세들의 의견을 들어주고, 2세들도 귀와 가슴을 열고 창업주들을 이해해보자. 늘 뜻대로만 되지 않는 것이 인생이다. 인생 2막, 3막이 조금 일찍 찾아왔다고 생각하고 그간 고생한 경영진들, 그리고 앞으로 고생할 투자자들도 같이 품어서 가자. 아무래도 아니라면, 싹 파시는 것도 방법이다. 그리고 나와 같이 LA에서 골프를 즐기는 것도 나쁘지 않다! 언제든 콜이다, 여러분!

2장.
어떻게 비싸게 만들까

사모펀드는 어떻게 한계산업에서 돈을 벌까

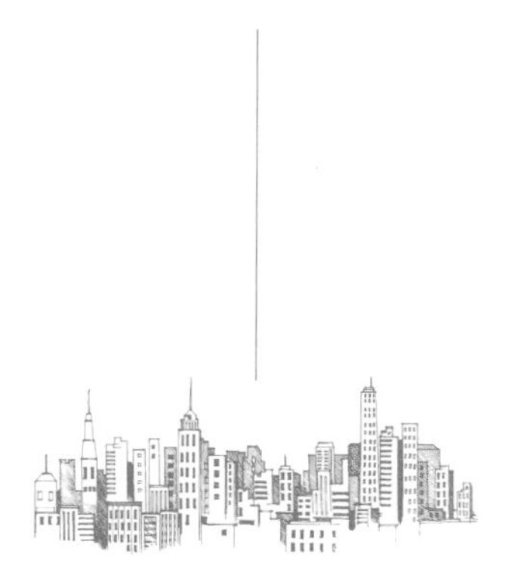

지난 1년 사이 몸 여기저기서 비명을 지르고 있다. 4번과 5번 척추 사이 디스크가 찢어지고 엘보는 나아질 기미를 보이지 않는다. 그런데도 '쇠질'을 멈추지 않았더니 손목을 넘어 이제 손가락마저 시큰거린다. 그렇다. 곧 나의 검은 머리가 더 이상 유지되리라는 보장이 없는 한계 상황이 온 것이다!

우리네 사업도 마찬가지다. 합계출산율이 0.7%를 밑돌고 GDP 성장률도 2% 중반인, 전 세계 평균 이하에서 빌빌거리는 나라에서 사업을 하는 우리는 그야말로 성장의 한계에 다다르고 있다.

그런데 궁금하지 않은가? 재벌 그룹들은 한계사업이라고 판단한 회사나 사업부를 사모펀드에 팔아먹는데, 그걸 잡은 사모펀드들은 대체 어떻게 떼돈을 버는 것인지? 그래서 이번에 풀어놓을 이야기는 우리 같은 사모펀드들이 한계산업에서 돈을 버는 방법 되시겠다.

한계산업에서 돈을 버는 공식

일단 한계산업이 무엇인지 정의해보자. 우선 내가 보기에 GDP 성장률 이하의 속도로 크는 산업은 확실히 한계산업으로 분류할 수 있을 것 같다. 2024년 7월에 기획재정부가 전망한 GDP 증가율은 2.6%였다. 그러면 4%쯤 성장하는 사업은 고성장 산업에 속할까? 그렇지도 않은 것 같다. 체감상 마이너스 통장 이자율인 5~7%보다 낮게 성장하는 사업은 상당히 후지게 느껴진다.

그런데 이렇게 7% 미만의 성장률을 보이는 사업의 가치를 끌어올리는 방법이 있으니, 바로 '독과점'이다. 한계산업에 속하더라도 완전 독과점 형태를 구축하면 아무나 들어올 수 없는 철밥통 사업으로 변신한다! 그렇다면 우리의 한계사업을 철밥통 사업으로 바꾸는 비법은 과연 무엇일까?

① 돈을 버는 사업을 중심으로 줄여라.

가장 먼저 해야 할 일은 이 사업이 앞으로 돈을 벌 수 있는 사업인지 판단하는 것이다. 전반적으로 업계의 성장이 멈췄는데 이익도 내지 못한다면 답은 간단하다. 당장 팔아야 한다. 팔 수 있을 때 팔아야 한다. 아니면 망한다. 그렇지만 내 경험에 따르면, 아무리 후진 한계기업이라 해도 돈을 벌어들이는 아이템 한두 개쯤은 있다. 그렇지 않았다면 벌써 망했을 테니까. 그러면 그 아이템들을 살리고 나머지는 싹 다 접으면 된다. 그러면 나의 사업은 장래가 좀 불투명하지만 최소한의 이익은 나는 사업이 된다. 핵심은 '줄여서 이익을 내는 것'이다. 확장이나 인수나 신사업 진출이 아니다, 여러분!

여러 해 전에 우리 회사가 투자했던 금속 나사 회사가 있었다. 당시 개당 4원 정도 하는 후지디후진 소형 나사 사업에 노조가 생기고 원재료 가격이 올라가면서 너도나도 팔아버리고 싶어 하는 후진 사업이라는 오명이 씌워졌다. 한편으로 금속 가공은 멋있는 합금 사업이라는 패러다임이 퍼졌다. 그때 우리는 아시아와 미국에 있는 아주 오래된 공장 세 군데를 하나로 묶어서 소형 나사 및 금속 가공 전문 기업으로 정돈했다. 이후 우리가 납품하고 있던 고객사가 레드 오션인 핸드폰 사업에 진출한다고 하여 손해를 무릅쓰고 납품해주었는데, 웬케 고객사는 승승장구하여 태블릿까지 출시했고, 얼마 뒤에는 시계도 만들기 시작했다. 이 고객사가 신사업에 진출하며 내건 브랜드는 '아이폰'이었다. 애플은 아무도 신경쓰지 않던 소형 나사 사업에 성장을 몰고 왔다. 우리 회사는 20%대의 영업이익률을 기록했고, 지금은 미국계 공구회사의 자회사가 되었다.

② **시장의 톱 2가 되어라.**

성적은 보잘것없지만 밥값은 대충 하는, 영업이익 2~3% 정도가 나오는 사업으로 가지치기를 완료했다고 하자. 그러면 두 번째로 할 일은 업계 내의 경쟁 상황을 파악하는 것이다. 고만고만한 사업이 업계에서 4위 미만이라면 접어야 한다. 만약 3~4등을 다투는 정도라면 치킨 게임을 하는 한이 있더라도 경쟁업체를 죽여서 2등으로 올라설지, 아니면 잽싸게 2등이나 1등에게 사업을 팔고 튈 것인지 결정해야 한다. 운 좋게 2등에 올라선다면 철밥통이 될 수 있다. 사업을 팔았다면 본전에 플러스 알파 정도는 건질 것이다. 다만 한계산업이므로 팔 수 있는 기회의 유통기한이 그리 길지는 않다. 그런데 만약 경쟁업체가 접을 것 같다면 그 시점을 기다리는 것도 방법이다. 그 위기를 이용해서 거래처/고객사/유통채널/영업 및 기술 인력을 빼앗아 오는 것도 좋은 전략이 된다.

한계산업에도 장점이 있으니, 그 산업의 후짐과 초기 투자 비용 때문에 누구도 신규로 진출하지 않는다는 것이다. 그러나 중국의 어느 나사 빠진 공급자라면 진출할 수도 있다. 따라서 해외 업자의 진입이 가능한지 인허가, 물류비, 제조 원가 중 인건비 비중 등을 체크해야 한다.

어쨌든 궁극적인 목표는 10년 내로 그 한계산업에서 1등이나 2등이 되는 것이다. 3등은 의미가 없다. 시간이 지나면 1등은 승승장구하고, 2등은 간신히 이익을 내고, 3등 이하는 모두 망하는 경우를 나는 수없이 봐왔다.

③ 10년을 버틸 승계 계획을 만들어라.

한계기업을 굳이 끌고 나갈 셈이라면, 사업 자체는 후지더라도 그걸 운영하는 사람은 차세대로 준비해야 한다. 쉽게 말해 회사 내에 40대 임원이 없거나, 기술 집약도가 높은 편인데 그 기술자들이 모두 60대라면 팔아야 한다. 팔아서 본전이라도 건져야 한다. 30~40대 임원을 꼬실 수 없는 사업이라면 시장의 2~3위에게 날름 파는 게 정신 건강과 만수무강에 도움이 된다.

한계사업을 정리할 때 주의할 점

한계기업을 돈 버는 기업으로 바꾸는 (무모한) 시도를 할 때 명심할 점이 몇 가지 있다.

① 팔 수 있을 때 욕심을 내지 마라.

아무리 후진 한계사업이라도 시장성이 잠깐 좋을 때가 있다. 우리나라 코스닥에서 자주 보게 되는데, 아무리 황당한 상장사라도 망하지만 않으면 10년 내로 한 번은 본전을 건질 기회가 생긴다. (지금 물려 있는 2천만 개미들께 심심한 격려의 말씀을 드린다.) 그런데 이런 기회가 왔을 때 오너가 내리는 가장 어리석은 결정은, 자기 사업이 한계사업임을 마음속 깊이 알고 있으면서도 막상 눈앞에서 누가 사겠다고 하면 '오, 이것 봐라. 내 사업이 팔리네?' 하며 헛된 욕심을 부리는 것이다. (참고로 내가 아는 가장 어리석은 사람으로는 2015년의 김태엽, 2019년의 김태엽, 그리고 2022년의 김태엽이 있다.) 자고로 내 눈에 애매해 보이는데 다른 사람에게 가치가 있어 보인다면 적어도 그 사람이 나보다 훨씬 고수라는 의미다. 게다가 요즘처럼 돈이 귀할 때 사겠다는 의사를 타진해오는 건, 그 사람이 엄청난 준비와 작전을 미리 세우고 들어왔다는 이야기다. 만약 누가 사겠다고 한다면 미망에 빠지지 말고 파는 것이 좋다. 그렇게 얻은 돈으로 미래가 밝은 다른 사업을 새로 시작하면 된다.

② 비자발적 물타기는 금물이다.

내가 존경하는 사부님 중 한 분이 한번은 어느 유명한 책을 인용하여 이렇게 질문한 적이 있다.

"정육점이랑 식당을 같이 하는데, 정육점엔 손님이 없고 식당에 손님이 몰리면 어느 매장을 늘려야 할까?"

정답은 당연히 식당이다. 그런데 우리 인간에게는 '손실 회피 편향'이라는 게 있어서 이득을 얻지 못하는 것보다 손실을 보는 것을 더 두려워한다. 주식을 예로 들면 잘 오르는 주식을 더 사기보다는 물린 주식에 더 많이 신경쓰고 더 많은 돈을 투입하는 것이다. 다시 사업으로 바꿔 말하면 한계에 몰려 있는 조직 또는 경영진을 가지고 무엇이라도 해보겠다고 비관련 다각화를 진행하는 경우다. 지금 하는 비료 사업이 한계가 있으니 인공지능을 해보겠다고 하면 과연 미래가 있겠는가? 전혀 다른 사업을 하려면 경영진을 새로 뽑아서 새롭게 시작해야 한다.

③ 지금 하는 사업이 인생의 전부는 아니다.

내가 꼭 당부하고 싶은 말은 어떤 산업에서 일을 시작했다고 그 산업에서 인생을 마무리해야 한다는 인식을 버리라는 것이다. 당장 나만 해도 십수 년 전에 컨설팅 회사를 다닐 때는 그것이 내 천직인 줄 알았다. 그 전에 대학교를 다니면서는 교수가 천직인 줄 알고 6년이나 심리학과 마케팅에 내 청춘과 피부를 바쳤다!

내 주변에는 자신의 한계사업을 과감히 매각하고 제2의 인생을 시작한 분들이 꽤 있다. 적지 않은 수가 싱가포르나 하와이에 가서 패밀리오피스Family Office라는 걸 만들어놓고는 월스트리트 근처에서 일하던 똘똘한 젊은이들을 노예로 고용한 다음 주식 및 자산 투자를 맡기고 자신은 요트와 골프장을 전전하는 삶을 산다. 유럽의

많은 부호들이 그런 삶을 영위하고 있고, 사실 나의 꿈도 그러하다. (부러워 죽겠다!)

한 산업의 장인이 되는 것도 좋지만 그것만이 유일한 선택이 될 필요는 없다. 고백하자면 최근에 나는 사모펀드라는 틀 안에서도 요리조리 잔머리를 굴려 사람을 새로 뽑아 사모대출팀을 만든 다음, 2년째 적자에 허덕이다가 이제 간신히 손익분기점을 눈앞에 두고 있다. 온갖 고생을 다 하고선 이게 자리를 잡을 것 같으니 다음에는 또 뭘 해볼까 고민하다가 주식 운용 및 헤지펀드 팀을 만들어보려고 이제 만 1년째 공부 중이다.

바야흐로 N잡러의 시대다. 사업도 N잡을 할 수 있다. 또 지금 하는 사업이 후지다고 생각하면 더 잘 영위할 사람에게 넘기고 잘해보고 싶은 다른 사업을 해도 좋다. 이렇게 정리해서 파는 것도 훌륭한 투자자로 거듭나는 첫 번째 단계가 될 수 있다.

요즘 한국이 성장 동력을 잃어가는 게 아니냐고 안팎에서 난리다. 이렇게 위기감이 고조되고 모든 이가 몸을 사릴 때 내 마음 한구석에서는 지금이 절호의 투자 기회라는 생각이 꿈틀거린다. 모두가 한계사업이라고, 보잘것없는 사업이라고 포기하고 방치했을 때야말로 남들이 보지 못하는 기회를 잡을 수 있다.

손절의 미학
: 가장 어렵고 가장 간단한 성공 전략

가을이 무르익으면 옷이 두꺼워지고 몸 동작은 둔해지기 시작한다. 골프를 치러 필드에 나서면 팔꿈치와 손가락 부상, 어깨의 뻑뻑함이 슬슬 부담스러워질 때다.

첫 티샷. 딱! 앗, 왼쪽 러프다. 그린 앞은 연못, 그 옆과 뒤는 벙커 셋. 홀까지는 180야드 살짝 오르막이다. 당신이라면 이때 무엇을 선택하겠는가? 여기서 롱아이언, 하이브리드를 꺼내는 분은 용사이거나, 싱글이거나, 돈이 많거나, 미련이 많거나, 첫 홀 올파*를 구걸하

* 골프에서, 첫 번째 경기의 기록을 실제와 상관없이 모두 파par로 작성하는 것.

는 사람이다. 나는 미련이 많은 축이다. 거기다 '나는 할 수 있다', '오늘은 지난번과는 다를 것이다'라는 믿음에 매달린다. 그렇게 앞으로 17홀이나 남았다는 방심이 뒷땅*을 부르고 트리플 보기Bogey**를 부른다. 당장 잃을 한 타에 대한 두려움이 '인생샷으로 첫 홀을 멋지게 마무리할 희망'을 더 크게 보이게 만든다. 그 결과 손실은 2배, 3배로 돌아온다.

사실 이때 정말 필요한 전략은 '손절'이다. 손절은 인간이 할 수 있는 제일 어렵지만 가장 간단한 전략이다. 인간이 이 전략을 쓰기 어려운 이유는 잃는 것을 얻을 것보다 훨씬 두려워하는 사고방식, 즉 '손실 회피 편향'이 머릿속에 자리해 있기 때문이다. "가만히 있으면 중간은 간다"는 말은 손실을 볼 것이 두려워 아무것도 시도하지 않는 행위를 정당화하는 어리석은 인간들의 푸념이다. (물론 나도 그러한 부류에 해당한다.) 기업을 운영하는 분들이라면 이 이야기에서 어쩌면 기시감을 느꼈을지 모르겠다. 그렇다. 골프 얘기로 시작했지만 이번에도 결국 기업 얘기다. 이제 본론으로 들어가보자.

---

* 스윙 중 골프공을 정확하게 때리지 않고 공의 뒷부분인 땅을 치는 경우.
** 기준타수보다 추가로 쳐서 공을 홀컵에 넣는 것을 '보기'라고 한다. 2타면 더블 보기, 3타면 트리플 보기라 부른다.

손절에 실패하면 벌어지는 일

기업에서 손절 전략을 반드시 써먹어야 할 곳이 있다. 첫 번째는 사업이고, 두 번째는 핵심 조직(임원)이다.

평소 존경하는 ㉮회사의 A 회장님과 오랜만에 저녁 식사를 하는 날이었다. 지난 수년간 회사의 주력 기업이 팔리고, 신규 사업은 실패하고, 주요 임원들은 사고를 치면서 회장님은 오랫동안 가슴을 앓았다. 다행히 최근에는 자회사들의 주가가 지하 3층에서 'V자 반등'을 이뤄내 회장님의 얼굴빛이 돌아온 참이었다. 이날 나는 그분으로부터 평생 잊지 못할 고백을 들었다.

> "…폭풍이 저 멀리서 세차게 불어오고 있는데, 나는 뒷산을 보고 있고, 그런데 아무도 그걸 이야기해주지 않을 때 …(중략)… 김 대표의 쓴소리 덕분에 정신이 번쩍 들어서 위기를 넘긴 것 같네. 고마워."

A 회장님은 창업한 회사를 그룹으로 일궈냈다. 그의 사람에 대한 사랑, 사업에 대한 애정은 대단했다. 인화와 조화로 대변되는 조직 문화와 함께 창업 공신들이 회장님과 함께 뛰는 모습은 나에게 아주 부럽고 존경할 만한 모습이었다. 그렇게 10여 년 전, 우리는 A 회장님의 회사에 2대 주주로 투자했다. 투자를 유치한 지 2년이 채 되지

않은 시점에 상장을 완료했고, 투자자들은 투자금의 2배를 벌었다.

이때 나는 욕심을 냈다. 처음 계획했던 엑시트 대신 경영진들과 함께 사업을 키워보기로 하며 이런저런 일들을 벌인 것이다. 그런데 현실은 만만하지 않았다. 몇몇 신사업들이 퍼지기 시작했고, 주력사업도 새로운 경쟁자의 등장으로 흔들리기 시작했다. 시장의 평가는 냉혹했다. 이후 나는 거의 4~5년을 이 그룹의 구조조정에 매진했고, '변화의 J 커브'는 아주 늦게 서서히 나타났다.

이 투자의 문제는 무엇이었을까?

첫 번째, '사업'에 대한 손절 타이밍을 놓쳤다. B2C 사업에 주력하던 ㉮회사는 제품군을 확장하면서 과감하게 B2B로 진출했고, 여러 개의 작은 회사들을 인수했다. 그러나 B2B와 B2C는 서로 너무 다른 영역이어서 사업 간의 시너지가 없었다. 게다가 작은 회사들을 인수 후 통합Post-Merger Integration, PMI해본 경험이 없는 상태에서 경영진의 적절한 교체가 없었다. A 회장님이 믿고 맡긴 중역들이 잘 모르는 새로운 경영진에게 신사업을 믿고 맡기면서 '가만히 있으면 중간은 간다'는 사고방식이 자리 잡았다. 그 상황에서는 '1년만 더'로는 사업의 전환점을 만들 수 없었다. 사업이 슬금슬금 커지는 동안 손실 규모도 마찬가지로 커졌다.

두 번째, 더 심각한 문제는 '사람'에 대한 손절 타이밍을 놓친 것이었다. 창업 공신들이 각 부문에서 자리 잡은 뒤 토후화가 일어나기 시작했다. 조직이 정치화되었고, A 회장님께는 '적당한 정보'만 가려서 올라갔다. 각 토후들이 벌여둔 신사업들은 손실이 나자 쉬쉬하게 되었고, 손실을 내는 사업의 부문장들은 '인화'의 조직 문화를 핑계로 온실 속의 화초가 되어갔다.

이런 '부동의 조직'이 되어버린 상황을 깨닫게 해준 사태가 있었다. 그야말로 우연의 결과였는데, 당시 나는 M&A를 담당하던 중역 B에게 그룹과 함께 인수할 만한 회사를 분석해서 제안하고 의견을 달라고 전했다. 기존 사업으로는 돌파구를 찾기 어려우니 사모펀드와 대기업이 함께 할 수 있는 '대형 인수'를 한번 같이 진행해보자는 제안이었다. 그런데 뜻밖에 B로부터 "우리와 맞지 않는다"라는 답변이 왔다. 어라? 같은 가치사슬에 있는 회사일 텐데 '비싸다' 또는 '돈이 없다'가 아니고 '맞지 않는다'라니. 뭔가 이상한 느낌이 들었다. 일이 어떻게 진행됐는지 당장 파보기로 했다.

나는 재무팀과 전략팀의 실무 직원들을 공략했다. 함께 점심을 먹고 커피를 마시면서 정보를 얻어내고, 얻어낸 정보는 A 회장님과의 직접 면담을 통해 확인했다. 결과는 충격적이었다. 우리의 인수 제안서는 한 장의 엑셀 시트 분석도 없이, 한 번의 회장 보고도 없이 '임원 선에서' 잘린 것이었다. 뒤통수가 서늘해졌다. M&A를 이렇게 검토하는데, 그렇다면 지금까지 벌인 신사업들은?

기존 사업들을 진단해보자고 했을 때 토후 임원들의 반대는 정말 거셌다. 기껏 날아온 한두 장짜리 자료는 여전히 장밋빛 전망만 담고 있었다. 창업주가 강조한 '인화의 문화'는 실패한 장수에게 한 번 더 기회를 주는 면죄부로 남용되고 있었다. 돌파구가 필요했다.

손절의 사전 작업

이제부터 내가 쓰는 '손절의 전략'을 공개할 시간이다. 내가 사업 손절을 결정할 때 반드시 하는 작업은 다음과 같다.

① 객관적인 제삼자의 시각을 빌린다.
② 어느 사업부터 어떤 순서로 손절할지 시계열로 나열한다.
③ 손절 이후 무엇을 할지 CAPEX 면에서 구체적으로 정의한다.

인간에게는 자기 고양적 편향이 있다. 남들은 실패해도 나는 성공할 것이라는, 남들은 틀려도 나는 맞을 것이라는 근거 없는 믿음이다. (앞서 골프 사례로 이야기하면, 호수 앞 러프 180야드에서 7번 아이언으로 레이업을 하지 않고 4번 아이언을 꺼내는 셈이다.) 우리가 자기 고양적 편향의 함정에 빠지지 않으려면 제삼자의 객관적인 시선과 평가가 필요하다.

그래서 이때 나는 '비전 전략 컨설팅'을 동원했다. 사업들이 망가지고 있을 때 회장이나 오너에게 비전과 사업 계획을 새로 짜자고 제안하면 십중팔구 "그래, 한번 해봅시다"라는 대답이 돌아온다. 구조조정을 염두에 두고 진행하는 프로젝트는 경영진의 도움 없이는 성사될 수 없다. 나는 A 회장님과 이사회 멤버들을 설득했고, 미리 컨설팅 회사를 점찍어두고, 담당 파트너와 프로젝트 주제와 영역Project Scope & Deliverables을 정의해두었다. 겉으로는 '사업 포트폴리오 진단 및 성장 사업 발굴'이었으나 실제로는 '손절 사업 찾아내기' 작업이었다.

이 작업이 특히 좋은 점은 사람 손절, 즉 정리 대상 임직원들을 색출하는 기회를 함께 제공한다는 것이다. 당시 토후로 자리 잡은 B는 역시나 온갖 방해 공작을 펼쳤다. 이런저런 핑계를 대며 자료 제공을 거부하고, 경영진 인터뷰를 방해하고, 급기야 A 회장님께 중간 보고 날짜를 알려주지 않고 건너뛰는 작전을 감행했다. 그러나 내가 그렇게 만만한 사람이 아니다. A 회장님을 끈질기게 설득하여 우여곡절 끝에 컨설팅 팀과 A 회장님, 그리고 이사회 멤버들과의 미팅을 잡을 수 있었다. 이 소중한 기회를 빌려 여러 계열사 및 사업부별로 투하자본이익률ROIC, 인당 생산성, 산업 성장률, 시장 점유율 추이, 각 산업 1위의 매출 및 영업 이익률을 분석해 비교했다. 이 지표들로 사업을 분석하면 손절해야 할 사업이 금세 드러난다.

결과는 가슴 아팠다. '현타'의 시간이 온 것이다. 그러나 아직 3분의 1을 이루었을 뿐이었다. 손절 사업을 찾은 다음 더 중요한 작업은 실제로 손절을 하는 것이니까.

사업 손절의 순서와 원칙

사업 손절을 할 때 나는 다음의 원칙에 따라 실행한다.

첫째, 신속하게 팔 수 있는 것부터 판다. 나에게 쭉정이는 남들에게도 쭉정이다. 안 팔릴 것을 계속 팔려고 시도하면 누적 적자만 불어난다. 나는 사업 손절에 들이는 기간을 통상 1년으로 잡고 그 안에 달성할 수 있는 현실적인 목표를 전달한 다음 월 단위로 모니터링한다. 기간을 1년으로 잡는 이유는 조직에 가해질 부담을 줄이기 위해서다. 아무리 숨기려고 해도 손절 대상이라는 소문은 나기 마련이다. 그러면 담당 임직원이 흔들리고, 그 부정적 에너지는 멀쩡한 사업에도 영향을 준다. 그 결과 남아야 할 에이스들까지 경쟁사로 옮겨 갈 위험이 있다. 손절 작업은 빠를수록 좋고, 그래서 1년 이내로 기간을 설정한다.

여기에서 팁은 한두 곳 정도 자문사를 고용하고, 현실적으로 회수할 수 있는 금액과 기간을 함수로 매각 자문 수수료에 인센티브를 거는 것이다. 이를테면 6개월 내로 400억 원 이상에 매각하면 초과금의 몇 %를 인센티브로 주는 계약을 체결하는 경우다. 제삼자, 즉 컨설팅 회사와 매각자문사가 합동으로 "팔자"를 외치면 이겨낼 장사가 없다.

둘째, 회수한 돈은 정확한 계획에 따라 쓴다. 사업 손절을 통해 회수한 돈은 피눈물이 묻은 돈이기 때문에 잘 써야 한다. 그 돈을 언제 어디에 얼마를 쓰고 그 결과 얼마를 벌어낼 것인지 구체적인 계획을 세우는 것이다. 아니, 이미 토후들이 득시글한 회사에서 도대체 누가 할 것이냐고? 간단하다. 컨설턴트와 매각자문사가 있지 않은가. 우리의 든든한 컨설턴트는 잘만 부탁하면 서비스로 신성장 영역 또는 손절에서 제외된 사업부를 알려줄 것이고, 매각자문사는 살 만하거나 사도 되는 신사업들을 추가 비용 없이 기꺼이 추천해줄 것이다. 잊지 말아야 할 점은 이러한 신사업에 재진출할 때에도 실패를 염두에 두고 손절의 명확한 기준과 기간을 정의하고 들어가야 한다는 것이다. 내 기준은 다음과 같다.

① 통상적으로 2.5년 내 투자금 회수가 어려운 사업은 추진하지 않는다.
② 신사업을 시작하는 것보다는, 어느 정도 규모를 갖춘 경쟁/유사 사업을 인수하여 시행착오의 경험이 있는 경영진과 함께 사업을 추진하는 것을 더욱 우선한다.
③ 매출, 영업이익, 인당 생산성, ROIC 등 월별로 체크할 수 있는 핵심 지표를 만들어 첫 3년은 집요하게 관리한다.
④ 주요 경영진에게 스톡옵션, 성과 연동 보수, 공동 투자 기회 등 사

업 관련 인센티브를 반드시 명확하게 정의하고 부여한다.

사업 인수 또는 신사업 진출 초기에 ①~④까지 준비되어야만 일을 추진한다. 그렇지 않으면 철밥통 월급쟁이님들의 자아실현 기회를 주는 것에 불과할 뿐이다.

셋째, 사업 손절과 회수 자금의 집행은 1년 안에 신속하게 마무리한다. 사실 이 부분이 가장 어려운 작업이다. 돈은 모래알과 같아서 쌓아두면 손가락 사이로 스르륵 빠져나간다. 회사 내에 쌓인 돈은 운전자본, 부채 탕감, 재고 구축, 시설 개보수 등 온갖 명분으로 조금씩 사라진다. 게다가 거대한 인플레이션의 시대에 '소리 없는 도둑'이 우리 주머니와 회사에 쌓인 돈의 가치를 날마다 깎아먹는다. 그러므로 돈은 미리 가치 있게 써야 한다. 도무지 투자할 곳이 마땅치 않다면 차라리 배당이나 자사주 매입, 감자를 추천한다. 주주환원을 실행한다는 좋은 이미지도 쌓을 수 있고, 대주주라면 향후 승계를 위한 재원이라도 마련할 수 있다.

회수한 자금을 신사업에 재투자할 때 나는 '눈, 코, 입이 붙어 있는' 제법 규모 있는 사업을 인수하는 것을 선호한다. 작은 사업을 여기저기 벌이면 관리할 포인트가 많아지고, 조금씩 새어나가는 자금을 파악하기도 힘들어진다. 내 경험에 따르면, 비주력 기업 매각 자금은 한두 군데 정도의 사업 기회로 나눠 크게 들어가야 기업의 퀀

텀 점프가 다소 쉬워진다.

사람 손절을 예방하는 원칙

사업 손절의 원칙을 이야기했으니 다음은 사람 손절의 원칙일 테다. 이는 각자의 방법이 있을 테니, 여기서는 사람을 손절하는 방법보다는 손절할 일이 벌어지지 않게 미리 예방하는 원칙을 이야기할까 한다.

① 고인물은 반드시 썩는다.

오래된 조직은 정치화될 수밖에 없고, 정치적 조직은 변화를 기피한다. 누군가 한 조직의 수장을 10년 이상 유지했다면 회장이나 오너는 그 조직의 허리를 담당하는 과 · 차장들과 맥주 타임을 가져보시길 바란다. 너무 어려워한다면 컨설턴트, 회계사들, 정 안 되면 각 부서 비서들에게 까놓고 물어보시라. 부탁할 사람이 도무지 없다면 블라인드 계정을 하나 파서 동정을 파악하시길 바란다.

② 조직의 긴장감을 유지해야 한다.

정기적인 감사나 조직 컨설팅을 실시하여 조직 내의 병폐를 찾아내고 바로잡아야 한다. 보상 없는 성과는 철밥통을 낳지만, 처벌 없는 무능은 부패를 낳는다. 몇몇 투자 회사에서는 정치적인 조직을 발견하면 법인카드 사용 내역을 한번 뽑아본다. 가관인 경우가 생각보다 자주 있다. 하늘이 주신 기회로 알고 더 큰 부패가 있는지 확인해보시길 바란다.

③ 인색하지 말자.

주인이 아닌 사람에게 주인의식을 가지라고 요구하는 것은 어불성설이다. 직원과 주주의 마음가짐은 다를 수밖에 없다. 나와 같은 배를 탔다고 말하려면 진짜 같은 배에 태워야 한다. 능력 있고 놓치기 싫은 인재라면 스톡옵션에 인색해서는 안 된다. 회사 지분의 0.5~5% 정도 주고 회사 가치가 10% 오른다면 남는 장사다. 이를 가능케 하는 것은 오로지 회장님이나 사장님의 결단이다. 제발 결단하셔라.

인간은 누구나 인지적 편향에서 자유롭지 않다. 그러나 우리의 모자람을 알고 그것을 남들보다 앞서 이해하는 것은 큰 깨달음이다. 모자람을 인정하고, 전문가를 찾아 귀 기울이고, 마음먹은 것은 반드시 실행에 옮기자. 지금 우리 앞에 있는 이 한 샷은 내 인생 마지막 샷이 아니다. 우리에겐 아직 밝은 17홀이 남아 있다. '쓰리온 원펏'이야말로 상대의 멘털을 흔들 수 있는 고수의 한 샷인 것이다.

엘린이를 위한
성공적인 볼트온 전략

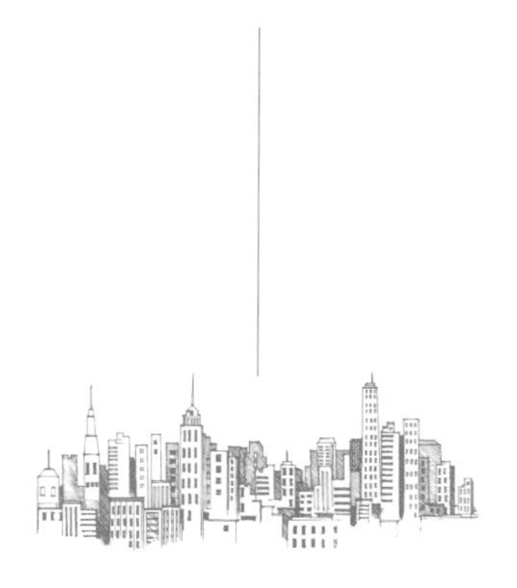

경기가 회복될 기미는 보이지 않고 날로 어려워지는 듯하다. 그럴수록 나는 더욱 목청 높여 이야기한다.

"노빠꾸!"

사실 이런 시기야말로 성장의 기회를 찾아 더욱 깊숙하게 파고들 타이밍이다. 기업 쇼핑의 장바구니를 들고 돌아다니는 나로서는 '바겐세일'이나 다름없다.

사모펀드 운용 사업을 하다 보면 여러 기업의 오너를 만난다. 이업에 종사하다 보면 자연히 팔려는 사람과 사려는 사람으로 구분하여 보게 된다. 요즘 경기가 어려워서인지 여러 해째 파는 쪽의 비중이 높아지는 게 좋으면서도 걱정되는 부분이지만, 여전히 많은 이들이 시장에 어떤 기업이 나와 있는지, 뭘 사야 좋은지 궁금해한다. "김 대표, 가지고 있는 거 내놔봐~." 내가 정말 사랑하는 분들이다.

사려는 사람이 다가오면 내가 가진 회사들을 날름 내놓고 팔고 싶은 생각이 불쑥 든다. 그런데 그렇게 하면 양아치다. 무턱대고 시장에 나와 있는 걸 추천해서도 안 된다. 그런 일은 우리 말고도 할 줄 아는 자문사들이 무수히 많다. 그러면 뭘 해야 할까?

일단 예열 작업이 필요하다. 준비 없는 실행은 모험이고 만용이다. 시장도 준비됐고 나도 준비가 됐다면 비로소 '뭘 사야 좋은지' 단계에 들어갈 수 있다. 회사를 키우고 싶은 분들께 내가 '강추'하는 방법은 M&A다. 기업을 인수해서 눈, 코, 입 붙이고 회사를 만들려는 준비가 된 분들에게 요즘 같은 시장은 하늘이 내린 기회다.

성공적인 M&A의 기준을 미리 정하라

A 대표는 내가 '놀다가' 우연히 친해진 사람이다. 그는 유학 시절 대학 동기와 의기투합하여 기술 기반 물류 사업을 창업하고, 3개국 이상에서 성공적으로 사업을 펼쳐나가는 똘똘한 창업주다. 아이비리그를 다니고 졸업하자마자 유니콘 기업에서 중책을 맡아 개고생

을 겪었는데, 그 덕분인지 30대 초반의 나이에도 좋은 경영진들을 모으고 유지하는 매력과 중요한 사업 의사결정을 신속하지만 진중하게 하는 능력을 가지고 있었다. 정말 내가 사위 삼고 싶을 만큼 괜찮은 경영자다.

몇 달간 이래저래 친해지고 나자 내 오지랖이 또 꿈틀댔다. 마침 이런저런 채널로 들어온, 그렇지만 상당히 괜찮아 보이는 볼트온 Bolt-on* 인수 대상 기업들 몇 개를 A에게 전달해주었다. 당연히 "형님, 고맙습니다", "맥주 한 잔 모시겠습니다", 그리고 내심 "그러지 말고 형님께서 투자 좀 해주세요"의 삼종 선물 세트를 기대하고 있던 나에게 의외의 대답이 돌아왔다.

"형님, 근데 저는 그냥 OPEX로만 회사 키우고 싶은데…. 왜 이런 인수 검토까지 해야 하는 거죠?"

엇! 이 무슨 쌍팔년도 반응인가? 내 오지랖이 원망스럽고 짜증이 슬슬 몰려오기 직전, 정신줄을 잡고 이런 반응이 나오는 이유가 무엇인지 찬찬히 알아보기로 했다.

회사를 창업하고, 펀딩을 받고, 사람을 뽑고, 신규 시장에 진출해

---

* 동종업계 기업을 인수해 시장 지배력을 확대하거나 연관 업종의 사업체를 인수해 전체 회사의 가치를 끌어올리는 전략. 몸집을 불려 '규모의 경제'를 꾀하는 경영 방식이다.

서 매출을 규모 있는 수준까지 만드는 데는 특급이었던 A는, 실상 지난 15년간 한 번도 인수합병을 전략의 수단으로 활용한 적이 없다는 사실을 알게 되었다. 그렇다면 다소 다른 사업을 운영하는 경쟁사를 인수하며 경영권 프리미엄을 지불하고 새로운 경영진까지 데려오는 비용은 당연히 비싸게 보였을 수 있다. 또 A의 머릿속에는 '이 돈이면 내가 지을 수 있는 창고가 몇 평이고, 살 수 있는 트럭이 몇 대인데'라는 생각이 들었을 것이다. 게다가 사업에 대한 A의 자신감이 하늘을 찌를 때라, '내가 이 업계 최고'이고 '나 말고 나머지는 별로'라는 생각에 빠지기 쉬운 타이밍이었다.

그러나 역시 똘똘한 창업자인 A는 내 기대를 저버리지 않았다. 두세 번의 점심과 저녁 식사, 그리고 소주 몇 잔 후 A는 마침내 속내를 털어놓았다. 창업자의 자신감을 넘어 오만함으로까지 보였던 그의 반응은, 실상 M&A를 처음 해보는 것에 대한 막연한 두려움, 그리고 이런 기회들을 논의하며 베테랑 CEO가 아닌 '엠린이'로 전락하는 데에 대한 어색함의 복합적 표현이었다. 속내를 털어놓으며 A는 의미심장한 질문을 나에게 던졌다.

"형님, 뭘 해야 이런 M&A를 성공적으로 했다고 평가할 수 있죠?"

어쩌면 엠린이가 그냥 툭 던지는 지나가는 질문이었지만, 나는 이 질문을 받는 순간 가슴이 뜨끔하는 느낌을 받았다. 미리 생각하기도 전에 막연한 대답들이 혀끝에서 줄줄 쏟아져나왔다. 성장 가속화, 경쟁사를 퇴출시킴으로써 얻는 과점 시장의 형성, 싸게 회사를 '줍줍'해서 만들 수 있는 수익 증대 M&A 및 이를 통한 기업가치 향상, 규모 있는 R&D 인력의 확보, 규모의 경제를 통한 고정비 축소 및 대량 구매를 통한 변동비율 개선, 경쟁사의 신규 사업모델 및 시장 정보의 확보, 유사 신규 사업으로의 진출 등. 사실 이렇게 말이 길수록 측정이 어렵고, 그러다 보면 궁극적으로는 의사결정이 모호해진다. 결국 우리는 측정할 수 있는 분명한 하나의 지표로 성공과 실패를 판가름할 수 있어야 한다는 것에 의견을 모았다.

그러면 A의 경우에는 무엇이 지표로서 정답이었을까? 몇 주간의 논의 끝에 우리는 '투여자금Capital 대비 기업가치의 향상 수준'을 성공적 M&A의 기준으로 삼기로 했다. 당시 A가 운영하고 있던 회사는 회사 자체의 수익성보다는 성장성, 그중에서도 물량Capacity 및 자원 활용Utilization에 따른 기업가치를 평가받는 특징을 갖고 있었다. 즉 같은 자금을 투여해서 얼마나 빨리 CAPA를 늘리는지, 그리고 이렇게 늘어난 CAPA를 얼마나 빨리 돌리는지가 기업가치를 결정하는 핵심 지표였던 것이다.

상장 혹은 매각까지 한두 번의 펀딩이 더 필요했던 A에게는, 다음 라운드에서의 기업가치 성장률을 극대화해야 본인 지분의 희석화도 최소화하고 동시에 다가올 상장 혹은 매각에서 절대적 기업가치 극대화도 가능하다고 나는 판단했다. 결국 동일한 자금을 투여했을 때 새로 창고를 지어서 그것을 채울 물량을 구하는 데 시간을 들이기보다는, 타당 단가는 높아 보여도 지금 돌아가고 있는 회사를 인수한 다음 거기에 물량을 바로 얹어주는 것이 더 빠르고 덜 위험하게 사업을 키울 수 있을 것이라는 결론에 이르렀다.

우리는 '제일 중요한 지표가 무엇인가?'라는 질문을 자신에게 던지면서 성공의 기준을 정의했고, 이렇게 정의한 기준으로 한국뿐 아니라 다른 나라의 경쟁사 또는 유관 회사들까지 동시에 M&A를 염두에 두고 접근하는, 아주 화끈한 실행력을 보여주게 되었다.

내가 소화할 수 있는 타깃을 구체적으로 정하라

20여 년 전 내가 컨설팅을 할 때부터 친하게 지내던 동생 B가 있다. 얼굴 잘생기고 몸매도 탄탄하고 SKY 출신에 피부 좋고 머리까지 풍성한 훈남이다. 게다가 커리어도 잘 풀려서 스타트업에 조인 후 상장까지 이뤄내고 수백억 원대의 주식 부자가 됐다. 그런데 이 녀석이 매번 결혼 타령을 하면서도 짝을 못 찾고 주말마다 놀아달라고 졸라대기에 몇 번 소개팅을 주선해줬다. 얼마 지나지 않아 나는 B가 아직도 혼자인 이유를 알게 됐다.

"형, 그분은 너무 조용해요."

"형, 이번 분은 일 욕심이 너무 없어요."

"형, 이번에는 부모님이 너무 빡셀 것 같아요."

"형, 그분 발목이 너무 굵던데요."

성격 활달하고 자기 일 알아서 챙기고 가정 화목하고 몸매 좋고 학벌도 좋고 자기 성격까지 맞춰주는 B의 '이상적인 그녀'는, 이미 10년도 더 전에 다 시집가고 없다. 본인이 진정으로 원하는 인생의 파트너가 어떤 사람인지 명쾌하게 한 줄로 정의할 수 있을 때까지, 나는 결코 B에게 소개팅을 주선하지 않기로 했다.

사실 기업 M&A도 이와 마찬가지다. 첫 번째 단계로 경영진 또는 오너가 M&A를 수행할 수 있을 때까지 준비시키는 것, 특히 성공의 기준을 미리 정해두고 덤비는 것이 제일 중요하다. 그다음 단계는 볼트온을 할 때 어떤 회사까지 검토해야 하는지, 즉 어망을 어디까지 펼쳐야 하는지가 중요한 요소다.

제조, 건설, 유통 등 전통 산업에서 일가를 이룬, 돈 많은 중견그룹의 사장님이나 임원과 이야기를 나누다 보면 한결같이 다음과 같은 인수 대상을 찾아달라는 미션을 주신다. (그냥 하는 말이 아니라 정말 95%쯤 된다.)

① 안정적인 현금흐름을 보장하는 사업일 것: 폐기물 소각, 도시가스 등.

② 관리가 편한, 비교적 단순한 사업일 것: 기술변화가 덜한 제조업, 식품, 물류 등.

③ 앞으로 20년은 충분히 성장할 수 있는 사업일 것: 배터리/2차 전지, 인공지능 등.

④ 본 사업과 사이클이 다르거나 사이클 자체가 없을 것: 비제조업, 원청 눈치를 안 봐도 되는 사업.

죄송한 말씀이지만, 저 기준을 충족시키는 인수 대상이 싸게 나와 있으면 당장 내가 오늘 현찰 주고 사버리겠다. 공짜 점심은 없고, 싼 게 비지떡이고, 내 눈에 예쁘면 남의 눈에도 예뻐 보인다는 동서고금의 원칙은 당연히 M&A 시장에도 적용된다.

그러면 나에게 맞는 볼트온 타깃은 무엇을 기준으로 판단해야 할까? 나는 다음과 같은 의사결정 순서를 추천한다.

① 1단계: 경영권 인수 여부를 결정한다.

가장 먼저 경영권을 인수할지, 아니면 지분 투자로 자본이득을 추구할지를 정해야 한다. 경영권을 인수하고 싶지만 우선 지분 투자로 발을 담가놓고 지켜보겠다는 결정을 많이 내리는데, 나름 나쁘지 않은 전략이라고 본다. 실제로 PMI 경험이 없거나, PMI를 잘못해서 말아먹은 경험이 있는 그룹이나 기업에 내가 추천하는 전략이다.

② 2단계: 투입 자금을 설정한다.

적지 않은 오너와 기업가들이 '내 것'을 갖고 싶은 욕심을 버리지 못한다. (나도 마찬가지다.) 그렇다면 쓸 수 있는 재원이 얼마인지, 그 중에서 까먹어도 괜찮은 돈과 절대 까먹으면 안 되는 돈을 구분해서 정하고 들어가야 한다. 과거뿐만 아니라 최근까지도, 사이클 산업에 속하는 기업 인수에 자금을 대거 투입했다가 산업 사이클이 거꾸로 가면서 존망의 위기에 몰린(그래서 상당 부분 없어진) 경우가 꽤 있다. 대부분 투입 자금을 무리하게 써버린 데서 모든 비극이 시작됐다.

그럼 투입 자금은 어느 정도가 적절할까? 경험 법칙 Rule of Thumb 을 알려드리겠다. 본인이 M&A 베테랑이 아니라고 여긴다면, 내가 추천하는 첫 번째 볼트온 M&A의 자본 투여 규모는 보유한 순현금의 50% 또는 연평균 EBITDA의 1배수를 추천한다.

우선 보유한 순현금의 50%를 투여하는 경우다. 부채를 관리할 수 있는 수준에서 자금적 여유가 있다면, 최소한 두 개의 볼트온을 진행한다고 가정하고, 한 개의 인수합병이 시작되어 PMI가 완료되는 데까지 2년 정도 소요된다고 보면, 현재 보유한 순현금의 절반 정도를 써도 M&A가 완결되는 시점에는 기존 사업을 통해 현금이 다시 채워진다. 예를 들어 보유 자금이 200억 원이라면, 그중 100억 원을 자기 자본Equity으로 이용해서 투여하고, 인수금융 혹은 PE들과의 파트너십을 통해 갚아야 하는 남의 돈을 추가로 조달하면 기업가치 기준 200억~300억 원짜리 회사를 인수할 수 있을 것이다. 이렇게 인수한 기업은 EV/EBITDA 기준 10배에, EBITDA를 연평균 20억~30억 정도 벌어주는 회사의 100%를 인수했다고 가정할 때, 연결 기준으로 보면 40억~60억은 2년 내 성장이 없이도 회수된다. 인수 주체의 본 사업 역시 돈을 벌고 있을 것이므로 처음 투자한 100억은 쉽게 채워질 것이고, 상장 혹은 인수금융의 리파이낸싱Refinancing* 을 통해 부채를 갚아나가면 된다. 이렇게 큰 부담 없이 똘똘한 귀염둥이가 그룹에 붙게 되는 것이다.

혹시 첫 번째 인수가 실패로 돌아가도 큰 문제는 없다. 나머지 보유 현금 100억 원과 모회사의 EBITDA를 활용해서 처음 시도한 M&A에 조달한 인수금융 부채의 조달 이자를 충분히 갚아나갈 수 있으므로, 시간을 두고 인수한 회사를 턴어라운드시키거나 두 번째 M&A를 시도할 수 있는 심리적·자금적 여유가 있다.

다음으로, 연평균 EBITDA 1배수 역시 비슷한 논리다. 일반적인 회사라면 EBITDA 기준 2~2.5배 정도의 부채를 안고 있다고 가정

*보유한 부채를 상환하기 위해 다시 자금을 조달하는 금융거래의 한 형태.

할 때, 여기서 1~2배 정도로 부채를 추가 조달하는 것은 무리가 되지 않는다. 따라서 볼트온 M&A에 총 두 번의 투자를 시도해본다고 하면, EBITDA 1배 정도 규모의 부채를 추가로 조달하여, 회사 EBITDA와 외부 조달 부채를 1:1 비율로 섞어 귀염둥이 볼트온을 시도할 수 있다. 그 이후에도 연결 기준 총부채 수준은 EBITDA의 3배를 넘지 않을 수 있어 이자를 갚고 신규 성장 자금을 투자할 충분한 여유를 가질 수 있다.

반대로 내가 절대 추천하지 않는 것은 가용현금에 부채까지 최대한으로 조달하면서(EBITDA 5배 이상) 하나의 기업에 '올인'하는 것이다. 이건 변혁적Transformational M&A*다. 운명을 바꿀 한 방을 찾는 것이므로 되도록 M&A 경험이 많은 사모펀드나 SIStrategic Investor를 파트너로 찾거나, 아니면 몇 개의 작은 M&A를 실시한 다음 자신감과 경험을 쌓은 뒤 도전하길 추천한다. 그것도 아니면 차라리 일정 수준의 증자를 통해 자본금과 현금 규모를 크게 키운 후 시도하기를 권한다. 무리하게 추진했던 볼트온 M&A가 무너지면 경영진의 멘털 역시 쉽게 무너지고, 부업을 틀어막느라 본진이 털릴 위험도 크기 때문이다.

* 규모의 확장이 아닌, 새로운 비즈니스 모델을 마련하기 위해 회사 또는 사업부를 인수하는 것.

운명의 상대는 의외로 가까운 곳에 있다

자, M&A 성공의 기준을 정했고 총알도 준비가 됐다면 다음 단계는 뭘까? 바로 나에게 연락해서 도와달라고 조르는 것이 정답…은 아니고, 그 전에 반드시 해야 할 일이 있다. 바로 자기 주변에서 투자 대상을 물색해보는 것이다.

몇 년 전 내가 어느 제조업체인 ㉮회사를 인수했을 때의 이야기다. 여느 때처럼, 인수 후 첫 3개월 동안 회사의 구석구석을 뒤지면서 원가 줄일 건 없나, 유휴부지 팔아먹을 건 없나, 신규 증설하거나 공정 개선으로 CAPA를 더 올릴 방법이 없나 이것저것 먹거리를 털어보던 중이었다. 이때 내가 반드시 하는 작업 중 하나가 해당 회사에 납품하는 모든 회사의 리스트를 받아서 매출 순위로 상위 30곳을 찍은 다음 그 회사들을 뜯어보는 것이다. (이거 생각보다 상당히 재미있다.)

그런데 이게 무슨 일인가! ㉮회사에 납품하는 ㉯회사는 원재료인 단순가공품을 납품하는 회사였는데, 하청업체처럼 보였지만 우리가 인수한 ㉮회사보다 훨씬 훌륭한 마진과 매출 성장세를 보이고 있었다. 내가 가치사슬 공부를 잘못했나, 섹터를 잘못 찍었나, 이것보다 한 단계 더 거슬러 올라갔어야 했나 등 후회와 놀람과 얄미움과 부러움으로 피눈물이 나려 했다. 그러나 중요한 것은 꺾이지 않는 '노빠꾸!' 마인드다. 정신줄을 똑바로 잡고 이제부터 내가 무엇을 해야 하는지 차근히 살펴보기 시작했다.

큰 판에서 보았을 때 우리가 인수한 ㉮회사는 최종 고객단에서 특정 세그먼트 1위를 달리고 있는 회사였지만, B2C 사업 특성상 더 큰 카테고리에서 50여 개가 넘는 회사들과 치열하게 경쟁하는 시장에 자리하고 있었다. 반면 ㉮회사에 납품하고 있던 ㉯회사는 '산업이 왠지 모르게 후져 보인다'는 선입견 때문에 대기업이 진출하지 않았고, 메이저 경쟁사라고는 네다섯 개의 업체가 담합 비슷한 경쟁을 하고 있었다. ㉯회사는 우리가 인수한 ㉮회사를 비롯해 장기적으로 안정적인 공급처 서너 곳을 지난 몇 년간 꽉 잡고 빨대를 꽂아 쪽쪽 빨고 있던 것이다!

이 사실을 파악하자마자 나는 경영진을 다그쳐 ㉯회사 오너의 연락처를 받아내 연락했다. 주요 고객사의 새로운 주주가 한번 만나고 싶다는 말에 ㉯회사 오너는 흔쾌히 나를 공장에 초대해주었다. 방문한 날 그는 자기의 창업 이야기와, 이 사업의 매력과, 자기가 왜 좋은 파트너인지를 줄줄이 설명했다. 덕분에 나는 산업 공부를 잘 받았고, 이후 몇 주간 팀들과 스터디를 진행하면서, 몇 달간 ㉯회사의 오너와 조금 더 친해진 다음, 겁 없이 한 장의 제안서를 내밀었다.

"사장님, 회사를 저에게 파시죠."

㉯회사의 오너는 부드러웠지만 요약하면 한마디로 정리할 수 있는 메시지를 우리에게 전달했다.

"꺼지세요."

그 시점에 그는 창업의 재미와 성장의 재미를 누리고 있었다. 그 메시지를 받은 순간, 그리고 삼고초려를 해도 먹히지 않겠다는 것을 알게 된 순간 나는 다짐했다. '더 큰 회사를 찾아서 이번에는 기필코 인수해야지!'

1년쯤 지나 마침내 우리는 ㉯회사보다 규모가 50%쯤 더 큰 ㉰회사를 기어코 찾아냈고, 약 6개월간의 협상 끝에 그 회사를 인수했다. ㉰회사는 인수한 지 4년 만에 5배 이상 성장하는 폭발적인 성과를 보였고, 시장의 톱 2로서 전체 산업을 과점하는 훌륭한 회사가 됐다. 비록 우리가 맨 처음에 인수한 ㉮회사는 여전히 치열한 경쟁에 시달리고 있지만, ㉰회사와 멋진 시너지를 내며 우리에게 훨씬 큰 투자 수익을 안겨주었다.

그러면 ㉯회사는 어떻게 됐을까? ㉯회사의 오너는 나와의 만남을 계기로 매각을 고민하게 된 모양이었다. 그리고 결국 우리가 ㉰회사를 엑시트하기 1년 전에 다른 곳에 회사를 팔아 수백억 원의 부를 쌓았다.

지금까지 한 이야기의 요점을 다시 정리하면 다음과 같다.

① 세상에 완벽한 상대는 없고 나 자신도 완벽하지 않다. 그러니 현실적인 목표와 기준을 정해야 한다.
② 낯선 영역에 도전하려면 적어도 두 번은 시도할 수 있는 여유가 필요하다.
③ 인연은 의외로 가까운 곳에 있다.

기업 인수를 시도하는 분이라면 먼저 제일 중요한 성공의 지표가 무엇인지 정의한 다음, 통장을 열어 잔고를 확인하자. 그리고 가까이서 우리 회사에 납품하는 회사들, 내가 판 물건을 다시 파는 사람들, 그리고 그 앞뒤로 걸쳐 있는 다른 서비스 제공사들을 꼼꼼히 살펴보자. 어쩌면 운명의 상대가 기다리고 있을지 모른다. 그리고 그 끝에는 반드시 내가 여러분과 함께 있었으면 좋겠다!

만나면 좋은 친구, 자문사 200% 활용법

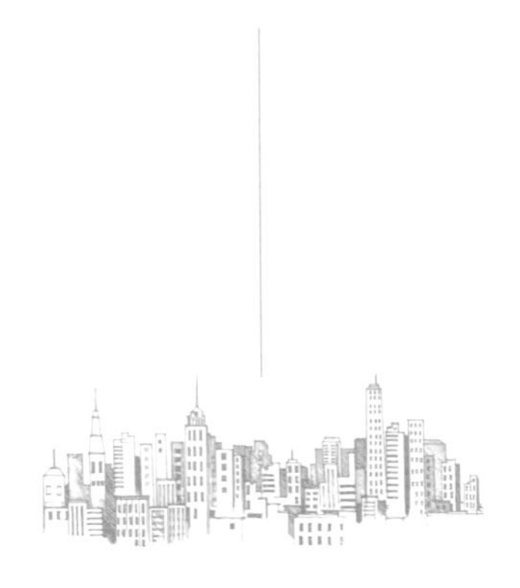

간만에 펑펑 울었다. 비 오는 퇴근길 신호 대기 중에 핸들을 잡은 채 말 그대로 꺼이꺼이 울었다. 그 와중에도 내가 최근에 언제 이렇게 울었던가 싶어 기억을 더듬었는데, 결혼 초기에 가수 이적, 윤상, 유희열 씨가 페루의 마추픽추를 오르는 예능 프로그램을 보면서 '아 나도 이제 아저씨네, 내 인생 끝났네' 하며 울었던 게 마지막이었다. 한번 터진 울음보는 내리는 비만큼이나 멈추질 않아서 차를 길가에 세워두고 조금 더 울었다. 우리 어머니가 치매 판정을 받았을 때도, 우리 아버지가 두 번째 암 수술을 받았을 때도 이렇게 울진 않았다. 그런데 딸이 수술을 받고서 마취가 끝나 지금 집에서 나를 기다리고 있다는 소식에 갑자기 맥이 탁 풀리고 울음보가 터지는 것을 막을 수 없었다.

추적대는 비가 그치고 뿌옇게 보이는 눈을 비비며, 그래도 정신줄을 붙잡고 집까지 무사히 왔다. 강한 자여, 그대 이름은 엄마지만, 그 옆에 꼽사리로 아빠도 있지 않은가? 이대로 주저앉을 수는 없다!

전날 밤 내 눈앞에서 아이가 다치고, 울음과 함께 피를 쏟는 걸 보면서 마치 주마등처럼 머릿속에 수많은 시나리오와 해야 할 일들이 번개처럼 스쳐 지나갔다. 어느 병원으로 가야 하나, 응급실로 가야 하나 아니면 전문병원으로 가야 하나, 레지던트한테라도 봉합 수술을 맡겨야 하나, 어느 성형외과 교수님 혹은 선생님에게 연락드려야 하나, 어느 병원 응급실로 가면 덜 기다릴까, 아니면 차라리 날이 밝으면 경험 있는 병원으로 갈까, 그 병원 원장님은 아침 일찍 출근하실까. 초등학교 동창부터 은사님, 장인어른, 심지어 아이들 초등학교 아버지회 선배까지, 두뇌와 핸드폰 그리고 본능을 총동원해서 주말 밤인데도 염치 불고하고 조언과 도움을 요청했다. 다행히 정말 많은 분이 도와주셨고, 급박한 시점에서도 비교적 냉정한 판단을 내릴 수 있었다. 아이는 다음 날 아침에 무사히 수술을 시작했다. 수술실에 들어가는 아이를 보면서 이제 내 힘으로 더 할 수 있는 것이 없다는 생각에 하나님한테 원망도 해보고, 조르기도 하고, 맹세도 했다.

이때의 경험을 빌어 이번에는 경영에 관한 중요한 화두를 이야기해보려고 한다. 우리는 때로 자신의 힘만으로는 도저히 어찌할 수 없는 일들에 부딪힌다. 물론 그런 일 없이 무사히 은퇴까지 가면 좋겠지만, 인생은 그렇게 녹록하지만은 않다. 우리 힘과 역량만으로는 해결되지 않는 일은 남의 힘을 빌려야 한다.

이번에 할 이야기는 자문사들을 효율적으로 활용하여 우리의 기업을 무사히 쑥쑥 키우는 법이다.

우리에게 자문사가 꼭 필요한 이유

투자 일을 하다 보면 필연적으로 내가 전혀 모르거나 알아도 어설프게 아는 영역에 투자할 일이 생기기 마련이다. 심지어 과거에 잘 알던 산업이라고 해도 그 안에서 살아남고 성장한 기업들은 공장 증설, 신제품 출시, 신규 유통 채널 진출, R&D 등으로 모습을 탈바꿈해 있다. 제일 이상적인 상황은 변화하는 트렌드와 토픽에 기업이 취해야 할 정답을 경영진이 모두 알고서 실행까지 척척 해내는 것이겠지만, 그리고 내 요구사항까지 모두 이해하고 해달라는 대로 척척 해주는 것이겠지만, 현실은 훨씬 척박하다. 그래서 나는 새로운 도전 요소들이 생길 때마다 주저하지 않고 자문사를 쓴다. 약은 약사에게, 진료는 의사에게, 모르는 건 외부 전문가에게 맡기는 것이다.

"김 대표~ 오랜만이야. 잘 지내지? … (중략) … 여하튼, 지금 L사를 쓰고 있는데 담당 변호사님이 애정이 없으셔. 실수도 잦고….
우리 CFO가 일일이 다시 다 넣고 있어. 그래서 말인데, 김 대표는 누구랑 주로 일한다고?"

먼 나라 이야기가 아니다. 바로 오늘 아침 나의 첫 전화 통화 내용이다. 이처럼 적지 않은 창업주나 중소 · 중견기업 오너, 심지어 대기업의 최상위 경영진이 몰래 살짝 해오는 부탁 중 하나가 '좋은 변호사', '좋은 세무사', '좋은 컨설턴트'를 소개해달라는 것이다. 물론 이미 다들 변호사, 회계사, 세무사, 컨설팅 회사들을 알고 있고 쓰고 있다. 하지만 우리 투자회사들처럼 정기적으로나 필수적으로 함께 일하지는 않기 때문에 뜨내기 손님으로 취급받는다.

이처럼 아직은 기업과 컨설팅 회사가 그리 긴밀한 관계를 맺지 않고 있는 것이 현실이다. 그러나 기업의 가치 창출을 목표로 인수합병, IPO, 매각 등 다양한 M&A 기법을 사용하기 위해서도, 세무조사나 공정거래 리스크 등에 대항하여 기업의 가치를 방어하기 위해서도 전문가 집단을 적극적으로 활용해야 한다.

자문사와 일하는 원칙

기업이 자문사와 협업할 때 알아두어야 할 몇 가지 원칙이 있다. 사례를 통해 알아보자.

㉮회사는 나이 지긋한 업계 베테랑 두 친구가 의기투합하여 창업한 회사로, 미디어 섹터의 작지만 단단한 숨은 강자였다. 나는 음악 쪽에 투자해서 재미를 본 직후여서 '다음은 뭘까' 하며 영화, 게임, 드라마, 기획, 제작, 특수효과 등 관련 섹터를 탈탈 뒤지던 중이었다. 그렇게 발견한 ㉮회사는 마침 작은 사옥을 지어서 옮겨 가던 시점이었고, 잘 키우면 3년쯤 뒤엔 투자할 만한 회사가 되겠다 싶은 '될성부른 떡잎'으로 보였다.

그러나 내 눈에 보배면 남의 눈에도 보배인 법. 역시 수많은 투자사들, 상장사들, 그리고 돈 많은 오너들이 이 회사에 접근했다. 두 창업자는 오랜 상의 끝에 대주주 지분은 매각하고 경영진으로서 지위는 몇 년간 보장받는 딜을 하면서 '꿩 먹고 알 먹는' 형태로 엑시트를 완료했다. 그렇게 ㉮회사는 내 시야각 안에서 야금야금 멀어져갔다.

두 창업자와 종종 연락하면서 안부만 묻던 게 몇 년쯤 되었을까. 어느 날 밤 심각한 목소리로 급박한 상담 요청이 왔다.

"김 대표, 아무래도 계약서를 잘못 쓴 것 같아. 음악 쪽으로 좀 넓혀보려고 하는데 이사회에서 단칼에 자르더라고. 우리 둘 다 이사회에서 나가라고 하면 어쩌지?"

졸린 눈을 비비면서 들은 이야기는 생각보다 심각했다. 주식매매

계약서는 들으면 알 만한 로펌을 상당히 경쟁력 있는 가격으로 고용해서 이른바 '탬플릿'대로 작성한 표준 계약서 수준이었다. 다만 '지분을 매각하면서도 경영은 좀 하고 싶고, 기존 사업은 사업대로 키우면서 동업자들이 각각 하고 싶은 신규 사업은 새로운 투자자들의 자금으로 좀 투자해서 들어가고 싶었던' 복잡다단한 내용들이 섬세하게 반영되지 못한, 너무 슴슴하고 평이한 계약서였다. 경영권 지분만 딱 잘라 매각한 기존 창업자들은 지금은 과거의 매도자이자 소액주주이면서 임기가 끝나가는 기존 경영진 그 이상도 이하도 아니었던 것이다.

① 싼 게 비지떡이다.

곰곰이 기억을 짚어보니 두 창업자가 계약을 하면서 주요한 협상은 다 직접 했고, 서류 작업만 하면 되니까 자문사 비용을 최대한 아껴서 했다고, 직접 회계며 재무 공부까지 하면서 가성비 좋게 딜을 마무리했다고 희희낙락했던 모습이 기억났다. 그렇게 손발 걷고 직접 배워가면서 임하던 모습을 아주 멋지다고 생각한 것도 사실이지만, M&A는 그렇게 녹록한 종목이 아니다. 느낌적인 느낌으로는 대형 로펌의 주니어 변호사가 주어진 조건을 회사의 탬플릿대로 문서화하는 것에 그친 작업이었고, 당연히 우리 같은 투자회사에서 쓰는 비용의 10분의 1 가격으로 가볍게 마무리된 프로젝트가 아닌가 싶었다.

이미 주식 매매계약은 체결된 지 수년이 흘렀고, 두 창업자들의 임기도 끝나가는 시점이었다. 둘은 다음 주총에서 교체될 것이 뻔해 보였다. 주주 간 계약을 통한 경영권 방어 또는 경영권 보장은 개념만 있을 뿐 강제할 수 있는 메커니즘이 계약서에 전혀 반영되어 있지 않았고, 회사 정관도 주주 간 계약에 (그나마 살짝) 언급된 개념들을 실행할 수 있도록 개정되어 있지 않았다. 결국 정관상으로도 상법상으로도 임기가 끝나가는 소액주주이자 대표이사의 권리 그 이상은 무엇도 하기 힘든 상황이었다. 별별 경험을 다 했던 나도 이미 손쓰기엔 늦었다고 판단했다. 나는 법적으로 대응하기에는 한계가 있다고 솔직히 전달하며 변호사보다는 친한 자문사를 소개해드렸고, 두 분은 비교적 평화롭게 남은 지분을 정리했다. 얼마쯤 지나 창업자 중 한 사람은 다시 미디어 산업에서 새로운 기회를 찾아 본인 지분을 투자하면서 전문경영인으로 새출발했다. 물론 이번에는 투자 계약서와 임원 위촉 계약서를 꼼꼼하게 검토한 다음에.

나도 사모펀드를 운영하기 전에는 전략컨설팅이라는, 다소 정체가 불분명하고 맡겨만 주시면 무엇이든 해드리는 '을병정乙丙丁'인 자문사 생활을 오랫동안 했다. 이런 서비스 업종에서 불문율은 '싼게 비지떡이요, 뜨내기 손님은 호구'라는 점이다. 고객이 무한정 값을 깎으려 들면 깎는 대로 리소스를 적게 투입하거나 주니어들을 넣어서 원가를 맞추면 그만이다. 게다가 뜨내기 손님이면 AS의 개념은 희박하다.

법률이건 세무이건 회계이건 마케팅이건 IT이건 전략컨설팅이건 오퍼레이션 컨설팅이건, 본인이 그 서비스 섹터의 전문가여서 몸으로 일부 때운다는 생각으로 싼 팀을 데리고 꿀떡을 만들어 먹을 수 있다면 아무 말 하지 않겠다. 하지만 그렇지 않다면, 소탐대실하지 말고 제대로 된 팀에서 제대로 된 서비스를 제 돈 내고 받으시길 추천한다.

적정 가격을 모르겠다고? 글쎄, 정가는 없지만 무슨 딜이건 이런 저런 자문료로 거래 비용 전체의 1~2% 정도는 지불해야 한다. 딜이 좀 작다면 3%도 적정 수준이다. 4%는 좀 비싸다.

② 질문이 정확해야 답이 정확하다.

자, 이름 있는 자문사를 골라 적당히 바가지를 쓰고 단골 코스프레를 하면 좋은 자문을 받을 수 있을까? 그러면 A급 호구님이 된다. 자문 내용도 산으로 들로 갈 가능성이 크다.

내가 가장 싫어하는 게 '믿고 맡기는 것'이다. 언제 봤다고 생판 남한테 귀하디귀한 내 자식, 아니 내 회사의 미래를 믿고 맡기나? 믿고 맡기는 행위의 이면에는 잘 모르겠으니까 일단 자문사의 명성과 브랜드 뒤에 숨어 면피해보자는 마음이 숨어 있다. 물론 나에게 믿고 맡겨주시면 알싸하게 처리해드리겠지만, 이 또한 내 기준에서의 깔끔한 처리와 맡기는 사람 입장에서의 기준이 다를 수 있다. 아니, 다를 것이 분명하다.

그러면 비싼 돈을 내고 쓰는 자문사를 120% 아니 200% 활용하기 위해 우리는 무엇을 해야 할까? 바로 본인이 원하는 것이 무엇인지, 회사가 직면한 과제가 무엇이고 이를 해결하기 위해 무슨 가설을 세워야 하는지 정확하게 정의하는 것이다. 다시 말해 질문을 잘 뽑아야 한다. 질문만 잘 뽑아도 문제의 절반은 해결한 셈이다.

질문을 잘 뽑으려면 최소한의 경험이 뒷받침되어야 한다. 현재 회사가 겪고 있는 문제의 근간을 파악하거나, 가고자 하는 미래의 장단점을 판단할 수 있는 기준이 서 있어야 한다. 이러한 맥락에서 던질 수 있는 질문의 예를 들면 다음과 같다.

● 성장 = 매출의 드라이버

- P가격: 단가는 유지/상승할 수 있나? 기존 제품이나 서비스로 가격을 올릴 수 있나? 시장에서 대체재는 있는가? 경쟁사의 마진 구조로 볼 때 같이 가격을 올릴 것인가, 아니면 거꾸로 내려서 시장 점유율을 빼앗을 것인가?

- Q수량: 시장은 크고 있나? 초과 수요는 있는가? 신제품/신규 서비스에 대한 시장 규모는 어떤가? 수요는 구체적으로 어디에 있는

가? 이 수요에 접근할 수 있는 채널이 우리에게 있는가? 톱다운Top-down으로 보아 목표로 하는 시장 점유율을 역산하여 계산했을 때 현실적인 목표인가?

● 마진율 = 비용의 드라이버

- COGS제조원가: 주요 원재료 가격의 추이는 어떠한가? 원재료를 충분히 확보할 수 있는가? 변동비와 고정비를 고려했을 때 BEP 포인트는 얼마이고 언제 달성 가능한가? 기존 사업에 신규사업이 더해졌을 때 규모로 인한 원가 절감 효과는 어느 정도일 것인가? 경쟁사 대비 원가 구조는 우위인가 열위인가? 생산 단가 혹은 생산성 개선의 여지는 있는가? 생산라인에서 병목은 어디인가? 추가 외주 혹은 내재화를 통한 마진 개선의 여지는 어디에 있는가?

- SG&A판관비: 신규사업이 최소 규모를 이루기까지 필요한 기간은 얼마이고 그동안 투자해야 하는 판관비의 규모는 어느 정도인가? 기존 영업/마케팅 채널을 활용할 때 판관비율을 얼마나 개선할 수 있는가? 영업 채널 혹은 제품 특성에 따라 증가/감소하는 판관비 항목은 무엇이 있는가? 영업의 내재화/외주화를 통한 마진 개선 가능성이 있는가?

자문사에게 질문을 던질 때는 질문의 구성과 순서에도 효율을 기해야 한다. 나의 조직과 정보력으로 해결 또는 분석이 안 되는 부분을 미리 파악하고, 이를 중요도 순으로 나열해서 급하면서도 분석이 가능한 질문들을 먼저 던지는 것이다. 분석할 수 없는 질문, 예를 들어 '메타버스의 미래는 무엇인가?'라는 막연한 질문을 던진다면 공상과학 영화 수준의 답변이 돌아올 뿐이다. 특히, 특히, 특히 중요한 것은 '단기적으로', '수치화/계량화할 수 있는' 질문을 먼저 던져야 한다는 점이다. 계량화되기 어려운 질문에 돌아온 대답이 내 입맛이 안 맞거나, 확실한 것인지 의심이 생기면 괜한 돈 낭비를 했나 싶은 생각이 들게 되고, 자문을 받는 행위 자체에 회의가 들게 된다. 최악의 시나리오는 질문을 던지지 않고 맡기는 것이다. 이 경우 자문사는 나름대로 자가발전을 해서 무엇이든 만들어오는데, 이를 검토하면 내가 궁금한 게 아닌, 영 다른 질문의 해답을 열심히 (내 돈을 써서) 공부해오는 결과가 종종 발생한다. 말 그대로 돈 낭비한 셈이다. 이렇게 헛발질하고 헛돈을 쓰고 나면 오히려 더 싼 비지떡을 찾게 되고, 점점 더 우문우답의 개미지옥으로 빨려 들어가게 된다.

③ 평판을 관리하라.

십수 년 전 내가 전략컨설팅 업계에서 열심히 뛸 무렵이었다. 여러 대기업과 외국계 기업을 클라이언트로 두면서 허구한 날 밤새며 '즐겁게' 일할 수 있는 행운을 누리고 있었다. 그런 와중에도 또 짬짬이 신규 고객사를 개발하거나, 간간이 방문하는 손님들의 RFPRequest for Proposal에 대응하기 위해 제안서를 작성하는 팀에 끌려 들어가는 일이 종종 있었다.

컨설팅 혹은 투자은행/투자자문업만의 특징인지는 모르겠지만, 컨설턴트 또는 뱅커들은 제안서를 작성하며 기존의 경험을 바탕으로 던지고 싶은 핵심 질문과 그에 대한 가설적 대답을 정리하고, 실제로 발주하면 어떤 일정으로 어떤 질문들을 검증해보겠다는 일정을 제안하게 된다. 팁이라면 팁이고 꼼수라면 꼼수인데, 전체 일의 큰 틀을 잡는다는 측면에서는 RFP를 던져서 돌아온 제안서만 꼼꼼하게 들여다봐도 대략적인 미래의 그림 또는 해답의 큰 틀이 보이게 된다.

2000년대에 고속 성장을 하고 있던 ㉯그룹은 이 점을 얄밉게도 정확하게 파악하여 이용했다. 방식은 이렇다. 계열사 여기저기에서 중요한 의사결정을 앞두고 있을 때 컨설팅 업계 1~5위 업체에 RFP를 낸다. 서너 군데 업체는 발표까지 시킨다. 여기까지는 통상적인 절차인데, 문제는 ㉯그룹이 제안서 발표까지 잘 듣고는 갑자기 잠수를 탄다는 것이었다. 그간 받은 제안서 묶음과 발표 내용을 챙긴 뒤 입을 싹 닫고는 내부 인력으로 프로젝트를 자체 진행하거나, 아직 경험이 부족하여 가격이 저렴한 자문사 팀을 꾸려서 제안서를 전달하고는 "이렇게 해주세요" 하며 반의반 값에 프로젝트를 진행하고는 했다. 덕분에 ㉯그룹은 컨설팅 업계에서 독보적인 기피 대상 1순위가 됐다.

싼 게 비지떡이고 호구도 밟으면 꿈틀한다. 결국 ㉯그룹이 요청하는 다양한 프로젝트에 대해 자문업계는 에이스를 싹 빼고 B급으로만 대응했다. 그러자 ㉯그룹이 추진하는 인수합병이나 IPO는 맥이 한풀 꺾인 그들만의 잔치가 됐다. 더불어 ㉯그룹의 다양한 상장 계열사들의 전반적인 주가는 시장에서 활발하게 소통하는 경쟁업체인 ㉰그룹 대비 늘 15~20% 정도 할인되어 거래됐다. 이 현상은 ㉯그룹 최고경영진들의 세대교체가 일어나기 전까지 그대로 유지됐다.

반대로 M&A 시장에서 확실히 믿고 거래할 수 있는 상대라는 명성이 쌓이면 뜻밖의 기회가 온다. 매각을 맡은 자문사들은 기왕 같은 가격이라면 평소 신뢰할 수 있고 코드가 맞는 잠재 매도인에게 살짝 먼저 인수 기회를 준다. 또 중요한 조건들을 협상할 때 양측 변호사들의 궁합이 맞으면 각각의 클라이언트, 즉 매수자와 매도인이 중요하게 생각하는 아이템을 솔직하게 공유함으로써 지리멸렬해질 수 있는 협상을 신속하게 생산적으로 마무리지을 수 있게 된다. 이렇게 프로세스를 깔끔하게 진행할 수 있는 팀이나 회사라면 좋은 기회가 제 발로 뚜벅뚜벅 찾아온다. 덕분에 우리의 귀염둥이 회사는 남들보다 더 빨리 무럭무럭 클 수 있다.

④ 실행 없는 전략은 시간과 돈의 낭비일 뿐이다.

이름 있는 자문사에서 실력 있는 팀으로 자문단을 구성하고, 윈윈할 수 있는 조건으로 계약을 맺어 인수나 구조조정 추진을 시작하고, 자문사에 던져야 할 질문을 미리 고민해서 깔끔하게 정의하고, 우선순위를 정리하여 전달하고 진행하면서 우리의 명성을 차근차근 쌓는다고 치자. 그럼 다음은? 그렇다. 바로 '실행'이다.

십수 년 전에 내가 ㉣그룹의 계열사인 ㉤회사에 2대 주주로 투자했을 때였다. 지금보다 조금 더 순진했던 나는, 정석대로 인수 전에 산업을 분석하고, CAPEX 사이클과 우리 자금으로 신규 증설이 이루어졌을 때의 재무 임팩트 및 예산을 미리 짜고, 기존 제품의 성장이 둔화되고 있던 시점에 새로이 진출할 수 있는 영역이 어디 있는지 탈탈 털어내는 비전 블루 프린팅까지 깔끔히 끝내놓았다. 딜을 담당하던 임원과 나는 대학교 선후배 사이였고, 우리는 한껏 기대에 부풀어 우리(그리고 우리가 고용한 회계법인, 컨설턴트, 투자은행 등 자문단)의 첫걸음으로 작성한 실사보고서들을 공유하면서 밝은 미래에 대한 상상과 계획을 나누었다.

그러나 미래는 우리의 바람과 정반대로 흘러갔다. 투자가 완료된 지 3개월도 되지 않은 시점에 딜을 담당한 형님이 다른 계열사의 임원으로 영전하여 떠났다. 게다가 6개월이 되지 않아 투자했던 계열사의 대표이사가 그룹 인사발령 사이클을 맞이하여 날름 바뀌는 일까지 벌어졌다. 나의 밝디밝은 미래의 청사진이 잔뜩 들어가 있던 투자 후 성장 전략 제안서는 기존 경영진의 이동과 함께 훨훨 떠나갔다. 정작 실제로 투자자들이 희망하던 신규 투자들은 주주 간 계약상에는 전혀 언급이 없었기에 (실제로 이런 전략 하나하나를 계약서에 담는 것 자체가 불가능하다.) 결국 탁상공론을 거창하게 만들어놓고는 책상의 먼지처럼 사라진 것이다.

결국 ㉮회사는 비실비실하다가 성장 동력을 잃고 말았으며, 이후 여러 차례 경영진 교체를 통해 턴어라운드를 모색하다가 우리의 주도로 경영권 자체를 매각해서 새로운 주주들을 맞이하게 되었다. 우리는 무사히 고리 이자 정도 수준의 수익으로 투자금을 회수하여 다행이라고 가슴을 쓸어내렸으나, 정말 입맛이 썼던 것은 우리가 열심히 만들어낸 아이디어와 전략을 새로운 똘똘이 주주사가 모아모아 연구해서 실제로 이루어냈다는 사실이었다. 결국 ㉮회사는 매각 후 2년 만에 사상 최대 실적을 달성했다. 참 나의 '웃픈' 상처 중 하나다.

이런 일이 있고서부터 나는 먼저 투자 전 실사를 할 때 전략을 세우고, 투자 직후 그 전략을 반드시 실행하는 프로젝트를 추가로 발주하고, 3년 정도 지나면 자문단을 다시 불러서 재검증을 진행한다. 전략을 자근자근 씹어 먹고 갈아 먹고 실행해본다. 이렇게 자문사에 쓴 돈은 정말 단돈 10원도 아깝지 않았다. 지난 19년 동안!

자문사 200% 활용하는 팁

이제부터 다시 비법 전수의 시간이다. 우리는 자문사를 어떻게 찾고, 어떻게 활용하고, 그러면서도 어떻게 비용을 아낄 수 있을까?

① 전문가 찾기: 경험 VS 명성

우리가 가진 복잡다단한 질문에는 각각 다 전문가가 있다. 우리의 숙제는 그 전문가를 찾는 것이다. 예를 들어 컨설팅을 맡긴다고 하면, 그 토픽이 전략인지 실행인지 먼저 결정하자. 전략이라고 하면 난이도가 상/중/하 중 어느 정도인지, 국내만 봐도 되는지 해외 경쟁사와 시장도 봐야 하는지 판단하자. 그다음에 빅 3 정도를 섭외할지, 조금 더 작은 회사들에 맡겨도 될지 결정하면 된다.

로컬 컨설팅 팀을 써도 된다고 판단되면 산업에 맞는 팀을 찾으면 된다. 산업이나 분야마다 잘한다고 소문난 업체가 있다. (소비재/리테일이면 T모사가, IT 쪽이면 A모사가 잘한다. 오퍼레이션과 구조조정을 동시에 진행해야 한다면 또 다른 A모사나 L모사를 쓰면 좋고, 오퍼레이션과 전략을 동시에 하고 싶다면 N모사를 쓰면 좋다. 테크쪽이면 P모사도 괜찮고, 전통 제조업쪽이면 M모사 출신들이 나와서 만든 다양한 회사들, 특히 E사를 추천한다. PPL이 없으니 실명은 공개할 수 없는데, 입이 근질근질하다.) 비슷비슷한 팀들이 제안해온다면 실제로 가장 유사한 토픽을 해본 팀이 좋다. 경험만큼 훌륭한 선생님은 없다. 어설프게 명성이 좋으면 여기저기 불려 다니게 되고, 그러면 나한테 주는 시간이 적어진다.

꿀팁은 전문가 인터뷰를 진행해주는 회사를 활용해보라는 것이다. (G모사와 T모사 등이 있다.) 인터뷰를 진행하면서 아이디어도 얻을 수 있고, 자문사 중에서도 누가 해봤으며 누가 잘하는지 정보를 얻을 수 있다.

② 자문사 활용 순서 및 자원 배분

: 진단(20)→전략 수립(40)→실행(30)→AS/점검(10)→영업(0)

자문사를 활용할 때는 그게 인수합병이건 구조조정이건 IPO건, 시작 전에 항상 1~2주 정도 진단 단계를 넣을 것을 추천한다. 진단을 하다 보면 성장 전략을 추진하려 했는데 사실은 구조조정이 더 중요하다든지, 비용을 줄이려 했는데 가격을 올려야 한다든지 등 우리가 해야 할 질문을 더 정확하게 파악할 수 있다. 가장 좋은 점은 전체 비용의 20~25%를 들인 시점에서 재고할 기회를 얻을 수 있다는 것이다. 초반에 영 아니다 싶으면 접을 수도 있고, 반대로 판을 더 키워야겠다 싶으면 그에 맞는 자문단을 확장해서 꾸릴 수 있다.

전략 수립 후에는 회계 선진화 프로젝트건 ERP/클라우드 컨버전이건 SNOP 비용절감 프로젝트이건 전략 프로젝트이건 조직 체계 개선 프로젝트이건, 반드시 실행 단계를 별도로 넣을 것을 추천한다.

전략까지 비싼 회사를 써서 조금 아깝다면 실행단은 규모를 확 줄이든지, 아니면 비용이 덜 들어가는 팀을 써도 괜찮다. 이러면서 새로운 자문사 후보군도 키워볼 수 있다.

또 무슨 프로젝트를 진행하건, 2~3년이 지나면 반드시 AS를 한 번 더 받아보는 것을 추천한다. AS는 진단 프로젝트일 수도 있고 3일짜리 주요 경영진 인터뷰 정도로 끝날 수도 있다. 이렇게 AS 후에 팔로업 프로젝트나 추가 개선 프로젝트로 이어진다면, 혹은 볼트온 인수로 이어진다면, 여러분은 드디어 자문사를 활용한 기업가치 개선의 전문가 1단계에 진입하시게 된다.

③ 2P 전술: 패키지Package로 주되, 페이즈Phase를 나누기

자문단을 화려하게 꾸미고 빡빡하게 관리하면 큰 사고는 면할 수 있다. 특히 세무와 법무 자문에는 돈을 아끼지 말 것을 추천한다. 후진 자문을 받고 나면 그 후폭풍이 너무 크기 때문이다. 여기서 그나마 비용을 줄이고 효율을 높이는 방법은, 같은 회사 내 다른 카테고리의 두세 팀을 고용해 패키지로 발주하는 것이다. 예를 들어 회계법인 빅 4를 꼭 쓰고 싶다면 회계와 세무 실사를 같이 준다거나, 법무법인을 ACE 팀으로 꾸리고 싶으면 세무도 같이 맡기면서 요금을 협상하는 방법이다.

다른 팁 중 하나는 한 프로젝트를 여러 개의 페이즈로 나누어서 발주 여부를 결정하는 것이다. 우리 같은 투자회사는 '산업 공부 → 투자 대상 기업 공부 → 실사 → 협상 → 계약'의 단계를 거친다. 이를 두세 단계로 나눈다. 예를 들면 주요지표Top line까지만 뒤져보고 시장 포텐셜이 너무 작거나 경쟁사 대비 성장이 너무 처지면 과감하게 접을 수 있다. 또 회계 실사부터 해보고 숫자가 진짜배기면 세무 실사나 법무 실사를 시작하는 등 다음 단계를 진행할 수 있다.

만약 M&A 실사를 한다면 다른 모든 실사를 시작하기 전에 평판 리스크 또는 거버넌스에 관한 실사를 먼저 하는 것을 추천한다. 물론 평판 리스크에 비교적 둔감하거나 과감한 인수자라면 이를 생략할 수 있지만, 개인적으로 나는 소탐대실하지 않을 것을 권한다.

④ 결국 내가 해야 한다.

따지고 보면 자문사는 남이다. 결국 선택과 책임은 나의 몫이다. 이 사실을 명심하고서 자문사를 통해 얻을 수 있는 이점을 객관적으로 따져봐야 한다. 그 이점은 내가 그 업무와 분야에 대해 철저하게 배울 수 있는 기회가 된다는 점, 좋은 자문단들과 관계를 맺어서 내가 아쉬울 때 내 편이 되어줄 사람들을 미리 만들어둘 수 있다는 점, 장기적으로 나와 궁합이 맞아서 함께 일을 도모할 만한 사람을 미리 찜해둘 기회를 가질 수 있다는 점이다. 이를 고려해보면 자문단을 너무 을로, 병으로, 정으로 대할 필요가 없다는 것을 깨닫게 된다.

내 사람처럼 소중하게 대하면 정말 내 사람이 될 수 있으니 미리미리 사랑을 담아 대하자. 그리고 그 사람들이 내 사람이 되기 전까지는 '내가 내 일을' 직접 하자.

세상에는 알량한 내 두 손 두 발로 해낼 수 없는 수많은 일들이 있다. 우리 회사, 우리 조직 역시 마찬가지다. 알고 보면 그 수많은 도전을 해결하는 데 도움을 줄 수 있거나 최소한 판단을 보조해줄 만한 이들이 있지만, 미리 관계를 쌓아두지 않으면 정작 필요할 때 손을 내밀 수 없다. 그러니 먼저 주변의 전문가들을 파악하고, 그들이 무엇에 열정을 갖고 있으며 무엇을 잘할 수 있는지, 어떤 경험을 쌓았는지 잘 알아두어야 한다. 이런 전문가 집단을 빵빵하게 쌓아두면서 같이 일할 수 있다면 최선의 결정을 내릴 수 있다. 물론 그 결정이 옳은지 그른지 당장은 알 수 없겠지만 나중에 최선을 다하지 않았다는 후회는 막을 수 있다. 이는 실패 이후에도 우리를 다시 일으켜 세울 기반이 된다. 고난은 그저 고난이 아니라 우리가 한 단계 더 나아가기 위한 축복이 될 것이다.

슬럼프에 빠진 회사를 구하라

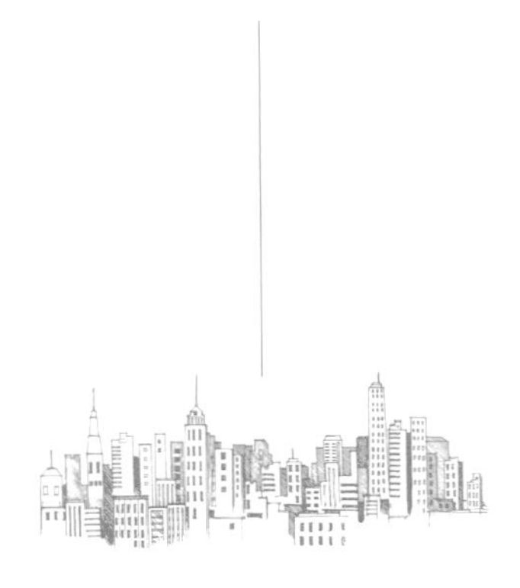

요즘 나는 슬럼프에 빠졌다. 투자한 귀염둥이 회사 중 두 군데나 매출 성장이 지지부진하고, IPO를 기다리는 회사 두 곳도 그 진도가 고만고만하다. 그런데 이를 돌파할 뾰족한 묘수가 생각나질 않는다. 무엇보다도 나름 투자와 경영의 전문가라고 (겁대가리 없이) 자칭해 온 내가, 이미 이전부터 공공연히 장담하고 예측했던 고인플레와 고이자율의 시대를 막상 맞이하고 나니 그 여파를 온몸으로 겪고 있다는 점, 이런 위기의 시대가 언제쯤 어떻게 끝날지 자신하지 못한다는 점에 적지 않은 자괴감을 느끼고 있다.

그나마 다행인 사실은 인생에서 모든 슬럼프는 그 끝이 있다는 것이다. 사실 나는 꽤 정기적으로 슬럼프에 빠지는 편인데, 진흙탕 수저 출신답게 '노빠꾸'의 마인드로 무장하여 뚜벅뚜벅 걸어 나오면 된다는 점을 몸소 겪어 알고 있다. 벙커샷을 잘하는 비법 역시 동일하다. 자주 빠져보면 알게 된다. 그래서 이번에 풀어놓을 얘기는 우리가 운영하는 회사들이 어떻게 슬럼프에 빠지는지, 그리고 이를 어떻게 극복하는지에 관한 이야기다.

슬럼프를 인정하라

먼저 이야기할 것은 슬럼프를 빠져나오는 방법이다. 그 첫걸음은 바로 '슬럼프를 담담히 인정하고 객관적으로 바라보는 것'이다.

슬럼프는 과연 언제 찾아올까? 내 경험에 따르면 슬럼프는 첫째로 자기 스스로 정체도 모를 남과 비교할 때, 둘째로 달성하기 힘든 자기와의 약속을 결국 지키지 못했을 때 찾아왔다.

- (유튜브에 난무하는) 세계적 헤지펀드 매니저들처럼 글로벌 경제 위기를 예측하고 그 종결을 예언할 만큼 공부를 하고 있는가?
- 시가총액 5,000억 원을 달성하겠다고 하면서 영업이익 500억 원을 벌 수 있는 제품과 서비스가 준비되어 있는가?
- IRR 25% 수익률을 달성하겠다고 하면서 3년 차 매출 1.5배 성장을 이루고 있는가?

● 아침마다 러닝 머신을 20분씩 뛰겠다고 하면서 나는 매일 20분 일찍 일어나고 있는가?

인생에서 이런저런 수많은 목표들을 내걸면서 그것이 달성되지 않으면 슬럼프에 빠지길 반복하는 것은 '꿈꾸는 인간'의 숙명일지 모른다. 거꾸로 말해 내가 내년 또는 10년 뒤에 이루고픈 일들이 없고, 자기 목표를 이루어낸 사람들을 부러워하는 마음이 없다면 슬럼프는 평생 찾아오지 않을 것이다. 그런 의미에서 슬럼프를 겪는다는 것은 좋은 일이다. 우리에게 슬럼프가 찾아왔다면 오히려 기뻐할 일이다. 우리는 욕심쟁이, 여전히 꿈꾸는 소년, 소녀다.

기본으로 돌아가 작은 목표부터 달성하라

자기만의 목표가 있다면 이제 해야 할 일은 내 꿈과 현실의 간격을 조금씩 줄여나가는 것이다. 그렇다면 그 방법은 무엇일까?

나뿐만 아니라 내가 투자한 회사들도 필연적으로 슬럼프에 빠진다. 통상 투자 이후 1~2년 차에 많이 발생한다. 이 시기에 투자에 앞서 준비한 수많은 계획이 목표로 제시되고, 이를 최대한 빨리 성취하고자 경영진이 욕심을 내며, 또 투자자들은 경영진을 채찍과 당근으로 무지하게 밀어붙인다. 반면 직원들 사이에서는 충분한 공감이 이루어지지 않은 채 상당한 압박이 가해지면서 '주인이 바뀌니 회사

분위기가 좀 거시기하네' 하는 분위기가 퍼지고 방황하는 직원들도 생겨난다. 이런 고기압과 저기압의 기압차는 곧잘 슬럼프라는 무거운 비구름을 만들어낸다.

몇 년 전에 투자한 제조업체 ㉮는 작지만 글로벌 톱 5에 속하는 강소 화학 기업이었다. 승계를 할까 매각을 할까, 매각한다면 지금 할까 조금 더 키워서 매각할까 고민하는 창업주 A를 우리는 열심히 꼬드겨 바로 경영권을 인수했다. 그리고 비록 화학 산업과 CEO 경험은 없지만 예전에 호흡을 맞춘 적이 있는, 제조업에서 잔뼈가 굵은 카리스마 200점인 임원 B를 CEO로 전격 영입했다. 이후 중국으로 사업을 확대하고 신제품 개발을 통해 기술기업으로의 전환을 빠르게 추진한 후, 미국 또는 유럽계 경쟁사에 날름 팔아먹겠다는 원대한 계획을 세우고 투자를 집행했다.

아, 그러나 현실은 그렇게 녹록지 않았다. 우주 슈퍼스타급 창업주 A 회장님이 개발과 영업, 생산을 모두 리드하며 무럭무럭 크고 있었던 회사는, A 회장님이 우리와 매각 논의를 6개월 넘게 끌면서 매각에 신경 쓰는 동안 영업선 관리와 신제품 개발이 부진해졌다. 그 부작용은 회사를 인수하자마자 여기저기서 터져 나왔다. 회사의 제일 큰 고객이 인수 후 6개월 만에 떨어져 나갔고, 떠나가는 님을 붙잡을 신제품은 우리의 기대와 달리 준비돼 있지 않았다. 엎친 데 덮친 격으로 중국과의 외교관계가 냉랭해지면서 지난 10여 년간 회사와 업계의 성장을 견인하던 중국 수출 물량이 반의반 토막이 났다. 그나마 개발이 끝나가던 중국향 제품도 빛을 보기 전에 그만 창고로 직행했다.

퍼펙트 스톰 급의 위기가 벌어지고 있는데 회사의 위기 대응 능력은 발휘되지 않았다. 우리가 데려온 카리스마 넘치는 B 대표는 창업 공신이자 고집불통인 회사의 중역들과 끊임없이 충돌을 일으켰다. '혼자 바쁜 대표 - 속이 타는 투자자 - 팔고 느긋해진 창업주 - 창업주의 느긋한 속도에 맞춰진 직원'들이 불협화음을 내면서 회사는 매출과 이익이 모두 흘러내리는 슬럼프에 빠지고 말았다!

우리는 조각조각 바스러진 멘털을 주워 모아 기본으로 돌아가기로 했다. 제일 먼저 한 것은 우리의 전략이 실패였다는 점을 인정한 것이었다. 그러고 나니 해결책의 실마리가 보이기 시작했다. 우선 기존 조직과 새로운 경영진 사이의 불협화음을 없애기 위해 카리스마 있는 B 대신 화학 산업을 이해하고 인덕도 있는 CSO를 새로운 대표이사로 선임하고 조직 쇄신을 시작했다. 다음으로는 지금 조직이 해낼 수 있는 것과 없는 것을 따져보고, 단기적으로 실현할 목표들을 정의해보았다.

① 3개월 내로 '으쌰으쌰' 할 수 있는 조직 문화/융화를 만들 것

② 창업주가 빠진 상황에서 신제품을 개발하는 것은 현실적으로 어

렵다고 결론짓고, 6개월 내로 시장에 이미 출시된 제품들을 인수해서 주력 제품화할 것

③ 12개월 내로 주력 고객군을 중국에서 미국으로 전환할 것

딱 기한을 정해두고 미션의 우선순위를 정하니 자원을 할애하기가 편해지기 시작했다. 시장에 나와 있는 제품군을 인수하는 데에는 처음 계획보다 10개월 정도 더 걸렸지만, 인성 좋고 끈기 있는 신임 대표이사는 특유의 노동적 근면성으로 취임 후 1년 반 만에 첫 M&A를 성사시켰다. 반대로 대형 미국 고객의 확보는 예상보다 더 빨리 달성됐다. 사전에 12~18개월 정도 마진을 포기하기로 하고, 잃어버린 중국 고객군보다 세 배 이상 큰 신규 고객 확보에 주력하여 점진적으로 마진을 개선해나가는 전략을 쓴 덕분이었다.

신임 대표이사의 '인화 리더십' 하에 ㉮회사는 다시 매년 50%씩 크는, 마진 기준 업계 1위 회사로 성장했다. 이후 두 차례 더 M&A를 진행하면서 3년 정도 만에 처음 계획한 성장을 90%가량 달성할 수 있었다.

㉮회사가 조직의 패배 의식 또는 슬럼프를 빠져나오는 데 주효했던 계기는 미국의 대형 고객사를 잡은 일, 그리고 첫 번째 M&A를 무사히 마무리했던 일이었다. 작은 성공의 기회를 쌓아나가며 분위기를 바꾸고 역전의 발판을 마련했던 것이다.

슬럼프에서 탈출하는 방법

㉮회사의 경우는 다행히도 해피엔딩으로 끝났지만, 적지 않은 기업들이 슬럼프의 구덩이에서 빠져나오지 못하는 안타까운 사례를 종종 보게 된다. 내가 보기에 슬럼프를 빠져나오지 못하는 이유는 첫째로 슬럼프라는 점을 솔직하게 인정하지 않기 때문이고, 둘째로 슬럼프를 인정하지만 이를 타파할 결정적 방법 한두 가지를 모르기 때문이다.

예전에 골프 모임을 통해 ㉯그룹의 C 회장님을 알게 됐다. ㉯그룹은 대대손손 70여 년을 이어오는 굴지의 중견 그룹이다. 그룹의 역사도 역사지만 수 대째 내려오는 정·관계 인맥, 국내외 손꼽히는 대학을 줄줄이 섭렵한 친인척들의 학력, C 회장님의 온화한 인품까지 정말 다 가진 금수저 가문의 귀족 같은 매력에 나도 저절로 존경과 흠모의 마음을 품게 됐다.

그런데 이해가 가지 않는 점이 있었다. 이렇게 인품 좋은 오너, 온화한 기업 문화, 안정적인 사업 포트폴리오에도 불구하고 그룹 내 상장 계열사들의 주가는 바닥을 기고 있었다. 오지랖 대마왕인 나는 와중에 친해진 그룹 계열사 사장 D에게 앙탈을 부렸다.

> "D 형님, 거 주가 관리 좀 해주세요~. ㉰그룹(경쟁사)이 더 잘나가는 거 보면 제 배가 다 아파요!"

이때 돌아온 대답은 나의 상상을 초월했다.

"어허, 김 대표 순진하구먼. 우리 회장님도 곧 승계를 해야 하는데, 주가가 높아지면 무슨 돈으로 상속세를 내나."

심정적으로 이해는 가지만, 주식을 가진 투자자들이 들으면 억장이 무너질 말이었다. 이런 일이 비단 그룹 레벨에서만 일어나는 것은 아니다. 아니, 사실은 정말 많은, 승계를 앞두고 있으나 대책은 없는 상장 중견기업들에서 매우 흔하게 관찰되는 현상이다. (네이버 주식창을 열어서 PER 기준으로 쭉 나열해보자. PER 6배 이하인 회사들이 이렇게나 많은지 깜짝 놀랄 것이다.)

게다가 내가 사석에서 만나 알게 된 C 회장님의 관심사는 전혀 달랐다. C 회장님은 최근 그룹의 사세가 선대 때와 비교해 쪼그라들지는 않았는지, 요즘 경쟁 그룹들은 무엇에 집중하고 있는지, 잘하고 있다면 그 이유가 무엇인지, 우리 그룹은 뭘 하면 좋을지 등을 고민하고 있었다. 회장님과 임원들의 온도 차이, 그리고 그 사이에서 오는 묘한 지키기 작전은 그룹의 발전에 제동을 걸고 있었다. 그 결과로 ㉯그룹은 여러 해 동안 우수한 인재를 경쟁사에 빼앗기면서 국내외로 사업의 입지도 서서히 좁아지게 되는, 초장기 슬럼프에 빠진 것이었다.

슬럼프에 빠져 갈 길을 잃은 경영진들에게 추천하는 탈출 방법이 있다. 세세한 것은 당연히 직접 만나서 이야기해야 하는 것이고, 여기서는 수박 겉을 핥듯이 간단히 이야기해보겠다.

① 손실 사업과 조직 정리하기

돈 버는 신사업을 찾기는 힘들지만 돈 까먹는 사업부와 조직을 찾기는 정말 쉽다. 10분 만에 찾을 수 없다면 CFO부터 내보내야 한다. 돈 까먹는 사업을 접으면 내년부터 그만큼 이익이 는다. 이렇게 접는 것을 보고 애매한 조직들이 정신을 바짝 차리는 것은 덤이다. 성장하지 않고 돈도 못 버는 사업은 죄악이다.

② 구매 프로세스 바꾸기

나는 투자를 하면 반드시 공급처 리스트를 훑어보고, 구매처들을 한번씩 털어본다. 3년 이상 같은 공급업체를 쓰면서 한 번도 단가나 조건 협상을 안 했다면 담당자를 자르자. 그리고 그 공급업체를 찾아가보자. 어느새 단가가 내려가 있을 것이다.

③ 청소하기

정리와 청결 유지는 가장 기본적인 일인데 안 해서 속이 터진다. 제조업과 유통업을 영위한다면 꼭 주기적으로 청소를 실시하자. 그러면 공정 라인 안에 흩어진 재고와 부품들이 정리되면서 운전자본 비용이 줄고, 동선이 개선되면 생산성도 좋아지고, 직원들의 근무 만족도도 높아진다. 내가 라인 실사를 가면 첫 번째로 보는 게 공장과 창고의 청소 상태, 두 번째로 보는 게 직원들의 복장 상태다. 하나를 보면 열을 알 수 있다.

④ 컨설팅 받기

도무지 길이 보이지 않는다면 전문가에게 맡기자. 컨설팅 받을 돈을 아껴서 그 비용 이상으로 수익을 내는 회사는 한 번도 보지 못했다. 당장 컨설팅 비용을 뽑을 수 없다면 돈 못 버는 사업부 하나를 닫자. 그렇게 절약한 비용으로 좋은 컨설팅사를 써보자. (그래도 손해 봤다고 생각하시면 나에게 연락하시라.)

슬럼프에 대비하는 방법

슬럼프는 누구에게나, 반드시, 정기적으로 찾아온다. 그렇다면 우리는 슬럼프가 오기 전에 대비를 해야 할 것이다. 내가 추천하고 또 실제로 하고 있는 슬럼프 대비 방법은 바로 '공부'다.

6년쯤 전이었을까. 공부라 하면 다리 좀 떤다고 자칭하는 나에게도 풀리지 않는 신비한 섹터가 있었으니 이름하여 '바이오산업'이었다. 아무리 리서치 리포트를 읽고 애널리스트들을 만나도 그 세계는 너무 깊고 심오해서 도대체 어디까지가 진짜고 누가 거짓말쟁이인지 알 수가 없었다. 내내 10억씩 찔끔찔끔 투자할 수도 없는 노릇이라, 결국 6개월간 S모 대학교의 바이오 과정을 '내돈내산'으로 수료했다.

달랑 6개월 공부했다고 바이오의 모든 것을 알 수 있었다고 하면 나야말로 거짓말쟁이일 것이다. 다만 최소한 큰 틀에서 어떤 것들이 있고, 누구를 찾아가면 뭘 알 수 있는지 대략의 인맥을 구성했다는 데 의미가 있었다. 같이 공부한 학우들이 제약/바이오산업 임원, 투자업계, 신사업을 꿈꾸는 일반 제조업과 바이오산업 오너 등으로 골고루 구성된 덕분이었다.

이 학우들과는 거의 매달, 피치 못할 사정이 있다면 두세 달에 한 번씩은 만나곤 했다. 그런데 이야기를 나누다가 놀라운 사실을 알게 됐다. 특히 이들이 임원으로 재직 중인 기업들 대부분이 지난 6년간 상장을 완료했거나, 이미 상장된 주가가 꾸준히 올라서 최대 6배 이상 커지는 기염을 토한 것이었다. 그 원인이 무엇일지 궁금해하던 차에, 최근에 나눈 이야기에서 그 답을 들었다.

"간단하지~. 임원들 교육까지 신경쓰는 오너라면 사업에는 오죽 신경을 쓰겠어?"

간단하고도 명쾌한 논리였다. 게다가 그 역량 있는 오너들은 이미 당장의 사업적 성과만 내는 것이 아니라 미래의 조직 성장을 견인할 인재들을 키워내고 있었다. 인재는 모아들일 수도 있지만 키울 수도 있다. 게다가 프랜차이즈 선수야말로 충성도와 실력이 동시에 갖춰진 '찐 슈퍼스타'인 것이다.

나는 이때 이후로 투자하고 있거나 투자를 염두에 둔 여러 기관이나 기업에서 제안해오는 임원 교육에 부쩍 재미를 붙이고 있다. 임원 교육에 나가보면 오너 레벨에서 임원 교육을 지시한 경우를 종종 보게 된다. 멀쩡하게 돌아가고 있는 기업에서 임원들을 수십 명씩 모아두고 인당 몇백만 원씩 하는 교육을 짧게는 한 달, 길게는 서너 달씩 시키는 게 쉬운 결정은 아니다. 그래서 이런 제안이 오면 꼭 승낙하고, 그 기업에 악착같이 투자를 해보려는 노력을 한다. 내가 투자한 ㉱그룹은 임직원 교육을 전문으로 하는, 그러나 망해가고 있던 모 기관을 인수해서 2년 만에 흑자 전환을 시키고 아예 한술 더 떠서 이제는 경쟁 그룹사들을 대상으로 맞춤형 임원 교육 프로그램을 내놓고 있다. 말할 필요도 없이 ㉱그룹의 회장님은 나의 최애 회장님 중 한 분이다.

우리는 반드시 슬럼프를 겪는다. 처음에 이야기한 것처럼 나 역시 지금 슬럼프를 겪고 있다. 그래서 괴롭냐고? 음, 아니다. 오히려 즐겁게 생각하고 있다. 슬럼프는 공부를 더 열심히 해야겠다는 다짐을 하게 만드는 달콤한 꿀이자 채찍이다. 사업을 위해서 나는 짬짬이 과거의 불황들, 환율 추이와 이것이 내가 투자한 사업에 주는 임팩트들, 해외 노출도가 큰 산업들의 특징과 기존에 투자한 기업들이 해외 노출도를 늘리는 방법들, 취약한 경쟁상대들이 있는 니치 산업들 같은 다양한 토픽을 공부하고 있다.

우리의 관심사가 무럭무럭 자라나고 새로운 가능성이 열리는 것만큼 재밌는 것도 없다. 주변에 손 가는 대로, 마음 가는 대로 공부하자. 마구마구 하자. 책이 가장 좋지만 유튜브도 좋다. 클래스 101도 좋고, 탈잉도 좋고, 프립도 좋다. 그것도 귀찮으면 나에게 연락하시길. 온갖 잡기를 전수해드리겠다.

3장.
조직이 바뀌어야 회사가 바뀐다

기업형 돌싱글즈
: 두 조직을 하나로 합칠 때

요즘 뉴스를 보면 어떤 회사가 다른 회사와 합병했다는 둥, 어디가 어디를 샀다는 둥, 외국 어느 회사가 한국의 무슨 브랜드를 인수했다는 둥 사모펀드 업계가 아니라도 기업의 인수합병에 관한 소식을 쉽게 접할 수 있게 됐다. 성장을 위한 가장 안정적이고 빠른 방법, 'M&A'는 더 이상 신비한 오즈의 마법사가 아니다.

저성장 시대에 성장을 도모하는 가장 쉬운 방법은 바로 외부 수혈이다. 그런데 내 집을 마련할 때보다 훨씬 큰돈을 들여서 회사를 사 놓고 멀뚱히 따로 두면 아무 소용이 없다. 비싸게 돈 주고 사 온 회사나 조직을 합쳐서 '1+1=3'이라는 결과를 만들려면 어떻게 해야 할까? 이번에는 조직통합의 비법에 관해 알아보자.

시너지를 내기 위한 조직통합의 필수 원칙

기업 인수를 전후하여 조직에는 필연적으로 커다란 변화가 일어난다. 그 결과 조직 내에 있는 사람들은 이런저런 불안에 휩싸이게 되는데, 이를 얼마나 효과적으로 제어하느냐가 조직통합의 열쇠가 된다.

① 조직이 불안하면 인재가 떠난다.

사업을 인수하고 나면 큰돈을 쓴 입장에서 안절부절못하게 되는 것이 당연하다. 그렇지만 칼자루를 누가 쥐고 있는가를 따져보면, 역시 가장 불안한 입장은 '인수되는 쪽'이다.

조직 내의 불안은 성장을 좀먹는다. 가장 나쁜 경우는 이른바 역선택Reverse Choice이다. 조직이 불안정해짐에 따라 다른 곳에서도 충분히 활약할 만한 인재들이 가장 먼저 옮겨 가고, 갈 곳 없는 쭉정이들만 남아 있게 된다. 회사를 인수한다는 것은 매출, IP, 공장, 브랜드, 기술뿐만 아니라 그 안에 있는 조직과 인재까지도 산다는 얘기다. 조직 불안을 방치하면 소중한 돈을 홀랑 날려먹게 된다. 이직한 직원들과 함께 꿀 같은 거래처와 기술, 소중한 고객까지도 놓치게 될 테니 투자한 돈뿐만 아니라 앞으로의 매출도 함께 날아간다.

② 새로운 인재가 뿌리를 내리게 하라.

가장 이상적인 M&A의 형태는 최정상에서 새롭게 합류하는 사람들의 마음을 사로잡고, 이들 중 특히 에이스들이 뿌리를 내리게 하여 그들의 에너지와 경험을 기존 조직에 흡수시킴으로써 전반적인 조직 쇄신을 이루는 것이다. 이런 모습은 우리가 기억하는 성공적인 초대형 M&A에서 찾아볼 수 있다. ㉮그룹의 ㉯중공업 회사 인수가 좋은 예다. ㉮그룹은 이 인수를 통해 외부적으로는 소비재 기반에서 중공업 기반으로 기업 컬러 전환에 성공했다. 내부적으로는 한때 잘나가던 공기업이었던 ㉯의 SKY 출신 에이스들이 ㉮그룹에 무사히 자리를 잡았고, 또 당시 ㉮그룹 회장님의 집요한 인재 욕심으로 이 M&A에 관련되어 있던 컨설턴트들을 모조리 그룹으로 끌어들임으로써 조직 내 인력 수준이 5~6년에 걸쳐 두세 단계는 업그레이드되었다. 이처럼 자산이나 사업뿐만 아니라 사람까지도 인수 및 흡수해야 M&A의 진정한 가치가 발현된다.

그러면 어떻게 해야 새로운 인재들을 사로잡을 수 있을까? 관건은 인재들이 불안해하는 근본적인 요소를 미리 만져주는 것, 즉 '반발자국 빠른 커뮤니케이션'이다.

● 소문은 미리 산통을 깨라.

불안은 소문을 만들어내고, 소문은 불안을 먹고 더 크게 자란다.

자라난 소문은 '발 없는 말'이 되어 천 리를 간다. 인수합병이나 신규 조직통합 또는 개편에 대한 불안이 소문으로 자라나지 않게 하려면 미리 산통을 깨버려야 한다. 원래 루머보다 재미없는 게 뉴스고, 뉴스보다 재미없는 게 회사 워크숍이다. 사람들의 걱정거리를 반 발자국 빨리 담담한 소식, 사내 이메일 전파, 다음 주에 벌어질 회식으로 푸는 게 가장 불안감을 줄여준다.

과거 내가 소비재 기업 ㉰회사에 투자했을 때, M&A 대상으로 147개 회사를 검토한 다음(아… 다시 떠올리기만 해도 괴로워진다.) 고르고 골라서 경쟁사였던 ㉱회사를 인수한 적이 있다. 그런데 같은 업종의 회사다 보니 '누가 점령군으로 들어온다더라', '어떤 사모펀드가 인수한다더라', '사장님은 재벌이 돼서 해외로 뜬다더라' 등 온갖 소문이 꿈틀댔다. 이 소식을 듣자마자 우리는 바로 두 회사의 본사 직원들을 모두 모아서 파티(라고 쓰고 워크숍이라고 읽는다.)를 열어주었다. 별것은 아니고 조그마한 극장 하나를 대관해서 당시 우리나라에 개봉 예정이던 할리우드 영화를 남들보다 몇 시간 먼저 볼 수 있는 이벤트를 만들었다. (이거 은근히 자랑거리이자 애사심의 작은 계기가 될 수 있다!) 그리고 영화 예고편이 나올 때 우리는 두 회사의 소개자료와 합병의 이유, 앞으로 우리의 비전을 담담히 지루한 슬라이드로 띄워주고, 극장을 딱 반반씩 채우고 있던 두 회사의 임직원들을 대충 소개했다. 이렇게라도 설명과 소개를 해주면 서로의 실물을 보는 양 조직들, 특히 인수되는 조직은 인수하는 조직의 구성원들이 어디 전설 속 괴물이 아니라 그냥 나 같은 회사원이라는 사실을 알고 약간의 안도를 하게 된다. 우리는 영화관람 이후 바로 점심 회식을 가지면서 통합에 대한 시시콜콜한 이야기를 새로운 경영진과 나누었고, 직원들은 서로 얼굴을 익혔다. 이후 몇 달간 이어진 조직통합 작업에서 임직원들은 더 이상 서로를 낯설게 느끼지 않게 되었(을 것이라고 나는 믿는)다. 인생 뭐 있나. 그냥 이렇게 사람 냄새 나는 방법으로 딱 반 발자국 앞서서 커뮤니케이션해주면 서로 편하다.

● 일관된 메시지를 촘촘하게 전달하라.

커뮤니케이션을 할 때 주의할 점은 그 단계와 단위가 극도로 촘촘해야 한다는 점이다. 통합의 메시지 전파는 인수 또는 합병의 소문이 전해지는 날로부터 일주일을 넘지 않아야 하고, 인수와 합병이 발표되거나 결정된 날로부터 3개월 정도는 일주일 단위로 팀과 부서 단계까지 아주 촘촘하게 계획을 짜서 소통을 진행해야 한다. 한 가지 더 주의할 점은 아주 일관된 메시지를 전달해야 한다는 점이다. 즉 사장이 부사장한테, 부사장이 이사한테, 이사가 본부장한테, 본부장이 팀장한테, 팀장이 과장한테, 과장이 대리한테, 대리가 인턴한테 무슨 이야기를 전할지 딱 정해줘야 한다.

재미있는 것은 이 메시지가 반드시 잘 정리된 '진짜 계획'일 필요는 없다는 점이다. 통합의 메시지는 우리의 의도이자 그림이다. 그 그림이 100% 다 실현되면야 무척 좋겠지만 그러리라는 보장은 없다. 뭐 그게 인생 아닌가? 자, 여러분들이 지금의 남친이나 여친 또는 신랑님이나 와이프느님께 날린 수많은 공약을 떠올려보자. 우리의 약속은 진심이었으나 그것이 지금 모두 현실은 아니다. 그렇다고 우리가 무슨 파렴치한은 아니지 않은가?

아무튼 이러한 커뮤니케이션이 조직의 하부까지 촘촘하게 이루어지는 것은 매우 중요하다. 일관된 메시지를 하부로 전파하는 Cascading 데 있어 유용한 방법이 있는데, 바로 '회식 예산 주기'다. 조직 내에는 MBTI 유형 중 극 I에 해당하는 매우 내성적이고 소극적인 사람들이 군데군데 끼어 있기 마련이다. 또 '회식'이라는 말만 들어도 거부감을 보이는 젊은 친구들도 있다. 이럴 때는 '기한이 한정된 회식 예산'을 지급해보자. 즉 앞으로 일주일 동안 특정한 조직 또는 구성원과 함께 쓰지 않으면 쓸 기회가 사라지는 법인카드 찬스를 주는 것이다. 세상 누구나 좋아하는 것은 첫째가 김태엽, 둘째가 공짜다. 공짜가 내 손에 떨어졌는데 그냥 날려먹는 사람은 없다. 아주 쉽고 간결한 메시지와 함께 주어진 회식 예산은 의외로 쉽게 통합 조직이라는 작품을 만들어준다.

③ 목표와 보상을 확실하게 전달하라.

조직통합의 마지막 원칙은 목표 달성에 따른 보상을 확실하게 지급하라는 것이다. 즉 조직이 간결하고도 일관된 목표를 갖고, 그 목표를 달성했을 때 팀이나 부서에 직접 현찰이 제공될 때 진정한 조직통합이 이루어질 수 있다. 이때 필요한 것이 KPI, 즉 핵심성과지표를 정의하는 것이다. 돈을 주는 사람 입장에서도 뚜렷한 근거가 있어야 하고, 받는 사람 입장에서도 합리적이고 합당한 원칙이 있어야 한다.

현찰과 평가원칙으로 목표와 레일을 깔아주는 것은 곧 조직개편의 실마리가 된다. 조직통합을 진행하다 보면 자연스럽게 두 조직 간의 직급과 성과 평가 체계 또는 연봉 및 성과급 체계를 비교하고 재편하게 된다. 다만 이때 주의할 점은 통합 직후에 바로 두 조직의 직급과 직함을 통일하고 연봉체계를 바꿔서는 안 된다는 것이다. 조직을 통합하며 직급의 하향평준화를 진행하는 기업은 없다. 다시 말해 직급을 끌어올려 맞추다 보면 전반적으로 과한 승진과 월급 인상이라는 부작용이 발생한다. (부부장, 이사대우 같은 모호한 타이틀이 이런 과정에서 발생하곤 한다.) 대기업들이 중견기업이나 중소기업을 인수한 다음 그룹 통합 인사체계를 적용하고 나서 바로 적자로 돌아서는 일이 생기는데, 사업에 문제가 생겼다기보다는 이런 획일화된 통합의 부작용인 경우가 태반이다.

그래서 기존의 타이틀이나 연공 체계를 약 1~2년 정도 기간을 주고 유예하되, 승진자의 선별 기준을 정하거나 일정 타이틀(가령 팀장) 이상으로 승진하면 새로운 연봉/보너스 방식을 적용하는 단계적 접근이 필요하다. 시간을 두고 살펴보면 누가 일 잘하는 직원인지 에이스가 드러나기 마련이다. 1년 정도 기간을 두고 이들을 평가하고 보상함으로써 인센티브를 제공하면 조직에 동기부여를 할 수 있다. 이는 무엇보다도 모든 대표이사가 꿈꾸는 성과급 체계, 즉 고정비보다 변동비가 많은 실적 위주의 조직으로 개편하는 좋은 핑계, 아니 단초가 되는 것이다.

통합 조직의 직급 체계를 새롭게 정할 때 써먹을 만한 꼼수가 있다. 최근 우리나라 대기업들이 자주 쓰는 방식인데, 바로 '국적 불명의 타이틀'을 만드는 것이다. 기존에 흔히 쓰던 과장, 차장, 부장 등은 7080 꼰대 문화의 산물이라고 매도하고, 새롭게 매니저, 팀장, 책임, 총괄, 어소시에이트, 파트너, 프린시플, 부문장, 그룹장, 위원 어쩌고저쩌고(나도 내가 지금 뭔 말을 하는지 모르겠다.) 등을 도입하는 방식이다. 대체 누가 상위 직급이고 누가 하위 직급인지 헷갈리는데, 바로 여기에 묘미가 있다. 직급의 상하관계를 흐릿하게 만듦으로써 결국 연봉과 보너스, 그리고 권한과 성과가 제일이라는 조직문화를 만들어낼 수 있게 된다.

조직통합의 실패를 부르는 지름길

큰돈과 시간과 인력을 들여 기업의 인수합병을 진행했다. 그런데 수많은 자원의 투입과 원대한 계획을 모조리 물거품으로 만들고 쪽박을 탁 차고 싶다면 아래의 방식만 따르면 된다.

① 하늘 아래 두 개의 태양

가장 쉬운 방법은 두 조직을 통합하면서 대장을 둘로 만드는 것이다. 두 조직의 장이 모두 살아남았을 때 그 장들 사이의 헤게모니를 확실하게 정해주지 않으면 이런 일이 벌어진다. 참고로 나는 사장 외에 전 사주, 전 사주의 형, 아내, 아들, 동생, 삼촌, 동생의 이혼한 남편까지 다 겪어봤다. (아이고 내 팔자야!) 그 결과로 양쪽이 서로 경쟁하면서 가치를 창출하기보다는 상대방을 깎아내려서 자기를 돋보이게 하려는 네거티브 정치판이 벌어진다. (선거판을 보라. 확 이해되지 않는가?) 이후 나는 이런 일이 일어나지 않게 하기 위해 사전에 누구를 남기고 누구를 날릴지, 또는 둘 다 날려버릴지 아주 꼼꼼하게 정리하고 들어간다.

참고로, 회사를 매각한 전 사주 또는 사장님이 회사에 남는 경우 유통기한은 짧게는 3개월, 길게는 6개월 정도라고 보면 된다. 그 정도 기간이 지나면 그분들은 자꾸 허리가 아프고, 발바닥이 아프고, 손가락이 아파서 회사에 출근하기보다는 경기도나 강원도 또는 제

주도 모처에 있는 골프장이나 산에 요양하러 가신다. 회사를 매각하여 현찰을 두둑이 받아 지금 가슴이 벌렁벌렁하는 창업주를 모시고 있다면, 3~6개월 이내에 그분의 노하우를 빨리 받아내는 한편 앞으로 회사를 경영해나갈 후진을 미리 준비해두어야 한다.

② 한없이 긴 무한반복 조직통합

앞서 기업 인수를 전후하여 발생하는 변화와 불안을 얼마나 효과적으로 제어하느냐가 조직통합의 열쇠라고 언급했다. 이때 불안은 통제해야 하지만 변화의 에너지는 최대한 활용해야 한다. 그런데 그 에너지의 유통기한은 고작 6개월 정도에 불과하다. 6개월 정도가 지나면 조직에 타성Inertia이 생겨서 "어, 이대로 그냥 살 만하네. 별거 아니네" 하며 주저앉고는 한다. 쇠뿔도 단김에 빼는 법이다. 달아올랐을 때 변화를 일으키지 않으면 원래의 힘 빠진 조직으로 돌아간다. 내 경우엔 조금 극단적인, 그리고 충격을 줄 수 있는 고위급 인사를 첫 3개월 안에 마무리하는 편이다. 그러면 새로운 인물이 들어가서 기존 조직이 타성에 젖기 전에 달달 볶아서 바꿀 수 있다.

③ 몸이 멀어지면 마음도 멀어지는 진리

어떤 조직이건 서로 물리적인 거리를 띄워놓으면 둘 사이에 아무런 화학작용이 발생하지 않는다. 그동안 각자 살아오던 두 회사 또는 조직을 통합한다고 해놓고 R&D는 송도, 영업은 서울, 인사와 총무는 과천 이런 식으로 배치하면 조직통합은 말짱 도루묵이다. 이래저래 운영한다고 해도 그 난이도는 최소한 3배 이상 올라간다.

물론 처음부터 조직을 한곳에 모아놓겠다고 하면 기존 조직들이 반발할 것이다. 박사님들이 즐비한 R&D 팀은 해변이나 경치 좋은 곳에 두어야 생산성이 올라간다는 썰, 영업조직은 지하철역 근처에 두어야 효율이 올라간다는 썰, 생산조직을 한곳에 뭉쳐놓으면 노조가 생기기 쉽다는 썰 등 각자의 이유와 논리를 핑계로 댈 것이다. 그러나 그 어떤 이유도 조직통합이라는 대원칙보다 우선할 수는 없다. 몸이 멀어지면 마음도 멀어지고, 마음이 멀어지면 조직은 느려지며 비대해진다.

그래서 나는 두 회사나 조직을 통합할 때는 거의 예외 없이 같은 건물, 되도록이면 같은 층을 쓰게 만든다. 지난 약 20년간 서울 강남부터 멀게는 강원도와 경남까지 두루두루 회사들을 관리해본 결과, 서울이 됐든 과천이 됐든 분당이 됐든, 한 곳에 조직을 몰아두었을 때 임대료가 낮아지고, 근태가 개선되며, 원격 근무가 줄어드는 신비한 경험을 종종 했다. (X세대의 대표적인 꼰대인 나는 원격 근무라는 환상 속의 유니콘, 세일러문을 믿지 않는다.) 그러니 탈탈 털어서 좁은 건물에 욱여넣고 매일매일 부대끼게 하자. 그렇게 해서 낙오자가 나오면 뭐 그것도 괜찮다. 이를 멋있는 말로 조직 슬림화라고 부른다.

자고로 사람은 부대껴야 서로 이해하게 된다. 싸울 때는 대판 붙고, 눈물도 흘리고, 푸닥거리도 해야 감정의 정화가 이루어진다. 그리고 이런 고난 끝에 서로를 진솔하게 바라볼 수 있는 기회가 생긴다. 마치 부부관계 같지 않은가? 나는 지금까지 사이가 너무 좋은데 10년간 별거한다는 부부는 단 한 번도 본 적이 없다. 참고로 우리 회사도 인턴부터 사장까지 모두 '방' 없이 낮은 칸막이의 책상만 두고 오손도손 일한다. (나는 수평적인 관계라 부르고, 직원들은 사장 방에서 모여 일하는 직장 내 괴롭힘이라고 부른다.)

온쇼어링Onshoring과 해외 진출의 파도가 바로 등 뒤까지 밀려오고 있다. 침체되는 경기에 가운뎃손가락을 날리고 진짜 승자가 되려면 어떻게든 M&A를 해야 한다. 이질적인 조직의 통합은 이제 반드시 거쳐야 하는, 경영의 중등 과정 정도로 일상화되고 있다. 새로운 시대의 리더가 되고 싶다면 아무리 작은 조직통합이라도 주도해보자. 그리고 살아남자. 이를 위대한 리더로 거듭나는 계기로 만들자. 그게 싫다면? 답은 하나다. 누가 우리 조직을 통합할 때 순순히 집에 가는 수밖에!

물갈이와 어장관리의 중요성

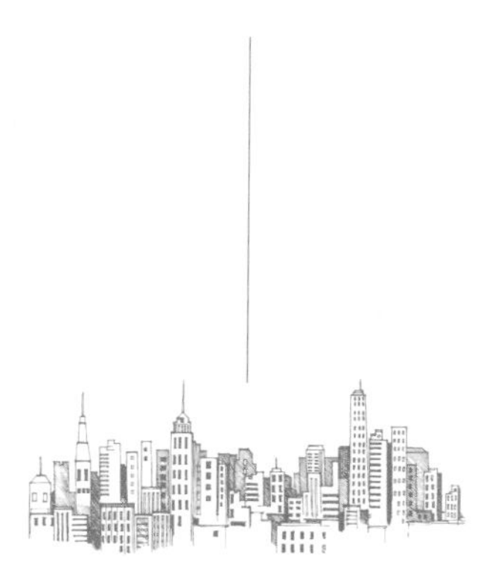

가을이 되면 저녁 날씨가 제법 쌀쌀해지고, 뱃살도 슬슬 올라온다. 골프 약속도 꽉 차고 할로윈 파티도 준비해야 한다. 역시 가을이 제일 바쁘다.

기업을 운영하는 사람들은 '바쁜 가을'이란 말에 격하게 동감할 것이다. 왜냐고? 바로 내년도 사업 계획을 세워야 하기 때문이다. 예산은 그 해의 예상 실적 및 목표 대비 달성률을 전제로 한다. 이는 필연적으로 인사평가와 연결된다.

자, 본론이다. 경영진 쇄신, 이른바 '물갈이'는 언제 해야 할까? 그리고 이를 위한 '어장관리'는 어떻게 해야 할까?

선수교체의 기준

사모펀드를 운영하면서 개인적으로 제일 스트레스 받는 일이 무엇이냐고 물으면 나는 단연코 "선수교체"라고 답할 것이다. 운용사 자체의 팀원 교체도 힘들고, 투자한 회사의 임직원 교체도 감정적 소모가 상당하다. 게다가 소수 지분을 투자한 기업의 경우, CEO를 포함해 핵심 임원을 교체할 때 계약서에 적힌 권리보다 훨씬 많은 '노가다'와 협의, 읍소, 그리고 조르기 기술이 필요하다. 아, 생각만으로도 벌써 지친다.

그렇다면 선수교체의 기준은 무엇일까? 지난 십수 년의 경험에 따르면 다음과 같다.

① 목표 대비 달성률, 즉 숫자로 나타나는 실적

② 향후 전략 방향에 대한 적합성

③ 교체 대안과의 비교

벌써 "역시 피도 눈물도 없다"느니 하시는 독자들의 목소리가 들린다. 하지만 내 귀에는 더 큰 목소리가 들린다.

"숫자가 인성이다."

그렇다. 냉혹한 전장에서 실적 말고는 쓸모가 없다.

저 세 가지 기준은 하나하나가 곧 교체 사유는 아니고 나름의 상호작용을 한다. 예를 들어 실적은 미달인데 전략은 나쁘지 않고 대안이 없다면 1년 더 기회를 줄 것이다. 실적은 좋은데 까보면 시장이 좋았을 뿐이고 대안이 없다면 전략 수정을 요구할 것이다. 실적과 전략은 그럭저럭 괜찮은데 갑자기 에이스가 나타났다면 깊은 고민에 빠질 것이다. (물론 결론은 '교체'로 결정돼 있다.)

선수교체의 전략

자, 그러면 '물갈이', 즉 선수교체에서 가장 중요한 요소는 무엇일까? 바로 '타이밍'과 '대안'이다. 어쩐지 야구의 투수 교체 전략처럼 들린다. 조금 오래되긴 했지만 참고할 만한 사례를 보자.

피투자회사 ㉮는 소비재 관련 톱 3에 들어가는 회사였다. 창업주 A가 건강 및 나이를 이유로 우리에게 경영권을 매각했는데, 안정적인 경영진 전환을 위해 A가 일부 지분을 가지고 1년 정도 대표이사로 남아서 경영을 유지하는, 아주 일반적인 계약을 체결했다. 당시 ㉮ 회사는 이런저런 위기에 처해 있었지만 충분히 극복할 수 있다고 판단했다. 또 2세대 경영진들도 믿을 만하다고 생각했다. 내 착각은 거기서부터 시작됐다.

일반적으로 오너가 회사를 팔아 돈을 받고 나면 마음의 평화가 찾아온다. 그리고 이미 '내 것이 아닌' 회사에 대하여 애정과 별개로 점점 더 몸을 빼고 싶은 시점이 찾아온다. 그간의 경험에 따르면 힘이 빠지는 시점은 3~6개월 무렵이다. 창업주 A 역시 마찬가지였다. 실적이 슬슬 빠지기 시작했고, 단단해 보였던 2세대 경영진의 틈도 예상보다 빨리 벌어지기 시작했다. 인수 후 12개월 뒤 CEO 교체를 계획했던 나는 '멘붕'에 빠졌다. 불행인지 다행인지, 100점은 아니지만 90점은 충분한 CEO 후보 B를 창업주 A가 추천하면서 처음 예상보다 빠르게 첫 번째 대표이사 교체가 이루어졌다. 그리고 B보다 6개월쯤 먼저 입사한 임원 C가 CFO이자 CSO로 고군분투하면서 경영진 간의 합을 잘 맞추어갔다. B가 대표이사로 자리를 잡으면서 실적은 회복되기 시작했다. B는 버는 만큼 투자해서 다시 매출을 만드는 전략을 구사했다. 그러자 고객 수도 늘고, 매출도 늘고, 이익도 그럭저럭 늘었다.

그런데 1년쯤 지났을 무렵, 무엇인지 마음 한구석에 불안감이 싹트기 시작했다. 좋은데, 다 좋은데, 뭔가 빠진 듯한 느낌. 불안할 때는 분석이 최고다. '도대체 뭐가 문제지?' 하며 첫 1년간의 실적을 잘게 쪼개 뜯어보았다.

시간을 들여 꼼꼼히 들여다보니 문제가 보이기 시작했다. 매출과 EBITDA는 느는데 회사의 현금은 정체 상태였다. 외생적으로, 회사의 실적 회복은 전략의 성공이라기보다는 산업 전반의 개선에 있었다. B가 약속했던 신사업 매출 부분의 영업이익 기여도는 훨씬 낮았고, 반면 신사업별 CAPEX 금액은 거의 매번 예산을 초과했다. 그 외에 인력 이탈률과 고객사의 컴플레인도 살짝 상승했다. 나는 다시 선수교체에 관한 고민에 빠졌다. 바꿔야 한다는 확신은 있었지만 대안이 없었다. 그러는 동안 회사의 실적은 그럭저럭 회복되고 있었다. 뇌가 게을러지기 좋은 환경이었다.

여기서 나는 첫 번째 실기를 했다. 차라리 이 타이밍에 회사를 매각했다면 나쁘지 않은 실적을 확보할 수 있었을 것이다. 이때 나는 '조금만 더', '1년만 더'를 반복했고, 결국 산업 사이클이 바뀌면서 회사의 이익이 정체되기 시작했다. 대안의 부재와 물갈이의 실기라는 두 가지 실수를 한 후에야 서둘러 CFO였던 C를 대표이사 대행으로 올리고 대대적인 조직개편을 단행했다. 1년 반 정도 늦은 타이밍이었다. 이후 아슬아슬했지만 회사는 수익성 위주로 빠르게 전환해갔다. 이때 회사를 대표이사 대행 체제로 굴린 것은 대안을 적극적으로 찾기 위함이었다. 이후 1년간 정말 내 마음에 쏙 드는 120점짜리 대표이사 후보를 열심히 물색했고, 1년이 조금 넘은 시점에야 마지막 대표이사를 찾아서 교체할 수 있었다.

이 고통스러운 경험을 통해 나는 세 가지 교훈을 얻었다.

첫 번째, 물갈이는 빠를수록 좋다는 점이다. 골골하던 회사도 대표이사가 바뀌면 사업을 바라보는 시각이 변하고 그간 쌓인 '고인물'이 청소된다. 과거 국내 유수의 기업에 2대 주주로 투자한 적이 있는데, 당시 지분율은 20%에 미치지 못하는 소수 지분이었다. 그래서 회장을 비롯해 특수관계인까지 모두 동원하여 대표이사를 두 번이나 교체했다. 지금은 3배 이상 수익을 낸 투자로 기록되어 있지만, 엑시트한 마지막 한 해만 이익이 났을 뿐 계속 적자가 지속되던 '후덜덜한 투자'였다. 아니다 싶을 때, 혹은 아닐 수도 있다고 생각될 때 미리 다음 투수를 염두에 둬야 한다. 반 박자 빠른 편이 반 박자 느린 편보다 항상 나았다. 내 경우엔 1년 반 정도가 지나면 늘 '냉정한' 판단을 내려야 했다.

두 번째, 항상 어장관리를 해야 한다는 점이다. 교체의 대안은 늘 준비돼 있어야 한다. 또한 대안은 궁할 때 찾는 게 아니라 흥할 때 찾아야 한다. 잘나갈 때라야 다음을 준비할 여유가 생기기 때문이다. 지금 잘하는 임원도, 시장에서 더 잘하는 사람이 있다면 '만약에'를 생각해보는 게 사모펀드 매니저의 본분이다. 그러므로 어떤 산업에 투자할 때는 그 산업에서 잘나가는 대표들, 창업주들, 임원들, 그리고 임원을 꿈꾸는 팀장을 습관처럼 만나야 한다. 내가 주 투자 전략으로 삼고 있는 '볼트온'도 실상은 투자를 전후하여 경쟁사들, 가치사슬 앞뒤로 있는 회사들, 고객사들을 끊임없이 만나면서 얻어걸리는 경우가 많았다. 탐나는 임원과 경영진은 반드시 누군가 채가기 마련이다. 경쟁사로 가버리면 얼마나 아깝겠는가?

마지막으로 세 번째는 '숫자가 인성'임을 잊지 말아야 한다는 점이다. 투자업도 사람이 하는 일인지라, 같은 회사를 오래 보고 같은 경영진을 오래 만나면 정이 들어 냉철한 판단이 흐려진다. 늘 처음인 것처럼 월별, 분기별 실적을 냉철히 분석하고, 대표이사 혹은 CFO가 분석한 실적을 반드시 새로운 시각으로 검증해봐야 한다. 그들도 사람인지라 그들 밑에 있는 임원, 팀장, 사원이 '의도를 갖고' 만들어주는 자료를 믿을 수밖에 없다. 이런 선입견이 '한 번만 더'라는 오판으로 이어진다.

그럼 어떻게 하면 숫자를 냉철히 판단할 수 있을까? 나는 냉철한 판단의 기초는 정확한 사업계획 설정에 있다고 본다. 회사 안팎을 속속들이 꿰고 있는 사람이라야 사업계획을 정확히 뽑을 수 있다. 그리고 예산을 얼마나 달성하는지 1년 정도 지켜보면 경영진의 실력을 알 수 있다. 고객사의 주문을 얼마나 정확히 예측하는지, 매출 달성을 위해 영업조직을 얼마나 키우는지, 일정한 시점부터 매출이 발생하려면 CAPEX를 얼마나 더 넣어야 하는지, 핵심 인력들이 내년에도 남아 있으려면 인센티브를 얼마나 더 줄 것인지. 이런 세세한 것들을 미리 얼마나 정확하게 예측하는지 살핀다. 그러지 못하고 '전년 대비 10% 성장' 같은 예산을 올리면 나는 바로 물갈이를 준비한다.

너무 정 없는 이야기만 한 것 같아 사족을 붙이려 한다. 자회사를 관리하거나 투자하는 사람이라면 꿀 같은 팁일 것이다.

① 유능한 CXO를 다른 투자사의 햇병아리 임원들에게 소개하자.

우리의 스타 CXO를 식사, 골프, 술, 등산, 낚시 등 모임에 데려가자. 그럼 그 사람은 신나게 자기 비법을 공유해준다. 덕분에 B급 햇병아리들이 A급이 될 수도 있고, 반대로 데려간 CXO가 "얘기 나눠보니 저 친구는 쭉정이군요"라며 판단을 도와줄 수도 있다.

② 재배치를 적극적으로 활용하자.

어떤 회사의 A급 인재면 다른 회사의 S급 인재가 될 수도 있다. 특히 전략과 경험은 좋은데 산업과 스타일이 맞지 않거나 경영진과 궁합이 맞지 않은 임직원은 다른 환경에서 한 번 더 기회를 줄 필요가 있다. 두 번째 기회를 부여받은 임직원은 절치부심해서 더 열심히 일할 것이다. 경영진들도 '당근'할 필요가 있다.

③ 헤어질 때는 잘 헤어지자.

어떤 임원이 실적 이슈로 우리와 더 이상 같이 일할 수 없게 되었더라도, 그게 그 사람이 실패자라는 의미는 절대 아니다. 가장 많이 발생하는 헤어짐 유형은 처음 조인한 성장 단계에는 가장 적절한 임원이었다가 회사가 다음 레벨로 커가면서 다른 역량과 역할을 맡을 임원으로 교체되는 경우다. 또한 우리 투자사와 헤어진 임직원들이 또 어디서 어떻게 우리와 인연을 맺을지 모른다. 내 경우엔 우리 고객사의 대표로도 만난 적이 있고, 그 사람이 창업한 회사에 내가 투자하고 싶다고 만난 적도 있다. 심지어 우리 투자 회사를 인수하려는 대기업으로 옮겨 가서 다시금 경영진으로 입성하려는 경우도 있었다. 그러니 헤어지더라도 언제든 다시 좋은 얼굴로 만날 수 있게 헤어져야 한다.

한 사람의 인간으로서, 나와 함께 일해준 사람에게 회사를 나가달라는 이야기를 하는 것은 정말 뼈를 깎고 살을 도려내는 것만큼 고통스럽다. 그래도 해야 한다. 나는 어쩔 수 없이 해야 한다면 잘하자고, 그리고 미리미리 하자고 되뇐다. 그러면 그 회사에서 일하는 백 명, 천 명의 직원과 그 가족들이 살아남게 된다. 냉철하고 적절한 물갈이와 끊임없는 어장관리는 사모펀드 매니저로서 내 의무다.

조직 안에 울리는 사이렌 소리를 들어라

2023년 5월의 마지막 날, 새벽 6시 30분경에 울린 경계경보로 화들짝 잠에서 깬 분들이 많을 것이다. 핸드폰에서 사이렌이 힘껏 울릴 때 나는 이미 그 주에 읽던 책을 마저 읽고, 석촌 호수 조깅 한 바퀴를 끝낸 후 찬물로 샤워하고, 미국 증시 마감을 보면서, 아보카도 바나나 쉐이크를 4인분 만들어서 냉장고에 넣는 '꿈을 꾸다가' 깼다.

평소의 멜랑콜리한 음악과 다른 강렬한 EDM에 혼비백산했지만, 60초쯤 뒤에 나는 경계경보가 오보라고 규정짓고 잽싸게 침대로 복귀했다. 이유는 TV에서 재난방송이나 자막이 전혀 나오지 않았고, 유튜브나 인스타, 카톡이 매우 잠잠했으며, 창밖에 차들은 여느 때와 다름없이 차분히 움직이고 있었고, 무엇보다도 내가 당장 취할 수 있는 어떤 대책도 없었기 때문이다. 이른바 '배째' 전략.

이번 오보 사태로 여론은 과잉 반응이네 매뉴얼이 없네 어쩌니 했지만 나는 차라리 잘된 일이라 생각했다. 이런 해프닝조차 없이 바로 실전에 돌입하는 일은 정말 생각하고 싶지도 않다. 덕분에 나는 우리 집 주변 어디에 방공호가 있는지 살펴보고 집에 금반지랑 생수를 좀 사두었다. 국가적으로도 재난 문자 시스템을 한번 점검할 기회가 됐을 것이다.

이런 맥락에서 경보체계는 그 강렬함이 클수록 효과가 좋다고 본다. 반면 계속해서 경보를 무시하며 위기 감지에 둔감해진다면 그 결과는 감당하기 어려워질 것이다. 어릴 적 다친 어깨에서 몇 년 전부터 버라이어티한 소리가 났는데, 괜찮겠지 하며 방치했더니 얼마 전 의사가 왼쪽 극상근 인대가 너덜너덜해졌다는 판정을 내렸다. 이후 뒤늦은 후회와 함께 본격적인 드라이버 비거리 감소를 온몸으로 체감하고 있다.

경계경보 얘기로 시작했지만 이번에도 역시 회사 얘기다. 여러분 회사의 회전근개들은 안녕하신가? 아니, 그보다 전에 위기를 감지하고 알리는 경보체계가 잘 작동하고 있는가? 바로 이번에 이야기할 주제, '회사의 위기를 미리 알아채는 선행지표로 무엇을 살펴야 하는가' 되시겠다. 재무관리의 초보들도 손쉽게 파악할 수 있는 일상적 지표를 중심으로 이야기할 테니 잘 따라와주시길 바란다.

조직 건정성: 퇴사율과 노조원 수 변화

조직 건전성을 파악할 때 3개월마다 미국계 인사 노무 컨설팅 회사에서 대면으로 진행하는 직무 만족도 평가 지표를 측정, 비교하면 이상적일 것이다. 하지만 그러기에 우리의 인생은 너무 바쁘다. 이를 대신해 경영진이 간단히 파악할 수 있는 선행지표 사이렌이 있다. 바로 퇴사율과 노조원 수의 변화다.

10여 년 전 내가 30대 시절에 투자한 ㉮기업의 이야기다. ㉮기업은 창업주와 그의 아내, 아들과 딸, 사위까지 함께 맡아서 경영하던 지방 소재 제조기업이었다. 매출이 크지는 않았지만 업계 1위를 수년째 유지하고 있었고, 인수 당시에 최근 3년 동안 연평균 15% 이상의 매출성장률과 영업이익률 20% 달성이라는, 지금 봐도 전통기업으로서는 보기 힘든 훌륭한 실적을 기록하던 회사였다.

창업주 일가는 4개월이 넘는 기간 동안 재무 실사에서 환경 실사까지 우리가 요구하는 온갖 인터뷰와 자료 요청에 성실히 대응했다. 마침내 우리는 꼼꼼히 계약서를 작성한 다음 회사를 인수하기에 이르렀다. 그런데 인수를 마무리할 무렵, 회사에 잔류하여 공장장을 맡아주기로 한 임원 A가 지나가듯 한 말이 내 뒤통수를 붙잡았다.

"지방이라 공장 직원들이 좀 자주 바뀌었어요. 참, 최근에 생전 없던 노조가 생기긴 했는데 아직 5명뿐이긴 해요."

실제로 공장 주변에 대규모 주거 단지가 없는 경우 인접한 공단에서 시급을 조금씩 조정하여 현장 인력들을 뺏고 빼앗기는 일들이 종종 있었다. 찝찝한 마음을 해소하고자 살짝 들춰보니 생산직 인원의 절대 숫자는 크게 변함이 없었다. 노조가 생겼다는 말이 신경쓰이기는 했지만 나는 안심하고 딜을 마무리했다. 그런데 이게 무슨 일인가. 계약서에 사인하고 회사에 들어가보니 5명이라던 노조원은 그새 20여 명으로 늘어나 있었다. 게다가 공장에서 직원들과 처음 만나는 자리에서 뭔가 또 '쎄~'한 기분이 들었다.

'연구소에 입사한 지 1년도 안 되는 젊은 직원들이 왜 이리 많지?'

나는 새로 데려온 대표이사에게 긴급히 비밀 미션을 전달했다.

"좀 불안한데, 일단 직원들 면담을 통해서 노조 현황 먼저 파악해 보시죠."

드러난 실상은 생각보다 심각했다. 태풍의 눈은 연구소장이었다.

지금의 연구소장은 이전 연구소장이 개발해둔 기술과, 공급 관계에 있던 대기업 R&D 센터 팀의 지원을 기반으로 신제품 개발에 성공하여 창업주의 사랑을 한 몸에 받고 있었다. 연구소장은 모든 공을 자신의 것으로 포장하는 한편 창업주를 뒤에 업고서 직원들을 대상으로 온갖 꼰대질을 했다. 이 때문에 젊은 연구직 직원들의 '조용한 퇴사'가 몇 년째 지속되고 있었다.

소장에게 맞서는 이들이 없었던 것은 아니었다. 퇴직하지 않고 남아 있는 강직한 현장 직원들은 창업주와 그의 아들에게 1년 넘게 면담을 요청하고 있었다. 창업주의 아들이 공장장 직함을 달고 있었는데, 그는 '어렵고 귀찮은' 노무 관리 경험이 전무했다. 게다가 회사 내 갈등 문제로 무서운 아버지의 눈 밖에 날까봐 무대응을 지속하고 있었다. 그래서 처음에 2명이었던 노조원이 삽시간에 20여 명으로 불어난 것이었다.

우리의 베테랑 대표이사는 사태가 커지기 전에 바로 대응에 나섰다. 불행 중 다행으로 기존 사업주가 워낙 관리를 하지 않은 덕에 현장 직원들은 우리가 조금만 달래주어도 쉽게 감동했다. 이제 막 걸음마를 뗀 순진한 노조원들은 능구렁이 신임 노무팀장의 현란한 드리블에 다시 마음을 다잡았고, 얼마 가지 않아 성과급 체계가 도입된 자본주의의 선구자, 아니 사모펀드 투자 기업의 직원으로 거듭나게 되었다.

하지만 아직 가장 큰 문제가 남아 있었다. 바로 연구소장을 대신할 사람을 찾는 일이었다. '조용한 퇴사'가 쓸고 간 조직은 기둥으로 쓸 인재가 남아 있지 않아서 연구소장을 당장 자르기가 어려웠다. 게다가 업계가 좁아 독사 같은 사모펀드로 주인이 바뀐, 그리고 악명 높은 연구소장이 윗사람으로 떡 버티고 있다고 소문난 회사에 인재가 순순히 들어올 리도 만무했다.

그러나 포기란 없다. '노빠꾸' 아닌가. 우리는 꺼진 불도 다시 보기 위해 퇴사자들 명단을 뒤져보았다. 빙고! 수소문 끝에 연구소장과 각을 세우며 변혁을 꿈꾸다 밀려난 우리의 새로운 희망, B 부장을 찾아내 영입할 수 있었다.

이때 이후로 투자를 검토할 때는 간단하게라도 퇴사율을 점검하는 절차를 필수로 하고 있다. 직군별로는 특히 영업 및 기술개발 부문 퇴사율이 어떻게 되는지를 살펴보고, 다음으로는 퇴사의 원인이 무엇인지를 살핀다. 퇴사의 원인이 경쟁사 이직이나 본인 또는 가족의 병환이 아니라 '일신상의 이유'라면 조직 내 정치 문제가 아닌지 의심해본다. 이렇게 퇴사의 원인과 퇴사율을 살펴 경고등이 켜져 있는지 알아본다.

최근에 내가 퇴사자 관리 전략으로 시도하는 방법이 하나 있다. S급 인재가 부모 또는 자식을 돌보기 위해 퇴사하거나 집 근처 직장으로 이직한 경우, 다시 접근해서 '재택근무와 비상근 고문 계약'을 적절히 섞어 싼값에 S급 인재의 노하우와 인사이트를 활용할 수 있는 하이브리드 근무 형태를 제안해 다시 채용하는 것이다. 여기저기 포트폴리오 회사에서 이와 비슷한 방식을 노령 은퇴자를 대상으로도 시행하고 있다. 아직 결론을 내기 전이지만 몇 년 해보고 결과가 괜찮으면 글을 써볼까 한다.

자원 배분 효율성: 임원 일정 및 판관비 사용처

우리 몸의 인대, 관절, 근육이 잘 기능해야 몸이 건강해지는 것처럼 회사 역시 각각의 조직이 잘 돌아가야 회사가 건강해진다. 조직 건전성이라는 기초를 다진 다음 바로 살펴보아야 할 것이 조직의 효율성, 즉 자원을 효율적으로 잘 사용하고 있는가를 판단하는 것이다.

사모펀드는 대기업의 비주력 자회사나 사업부를 인수하여 돈을 버는 전략을 자주 구사한다. 이유는 대기업의 비주력 사업으로 오랫동안 머물면서 배나 허벅지에 지방이 많이 쌓였을 가능성이 크기 때문이다. 이런 경우 과다한 인원을 줄이고, 놀고 있는 임원이나 팀장들을 정리하고, 의사결정 절차를 효율적으로 바꿔주기만 해도 실적이 좋아지고는 한다. 그래서 초기 1년간 구조적 다이어트를 하는 데 초점을 맞추고 경영한다.

그런데 오너가 직접 운영하는, 특히 지방에 소재한 소규모 기업은 뺄 지방이 없는 경우가 많다. 내가 보아온 중소기업들은 대부분 대표이사가 기술개발과 영업을, 사모님이 회계와 재무를, 자녀가 해외 마케팅 또는 지사장을 맡고는 했다. 이런 기업을 인수하면 다이어트보다는 영양제와 단백질 보충제, 비아그라를 처방하고 근육의 선명도를 높이는 저중량 고반복 운동을 시켜야 한다. (물론 이런 경우에도 솎아낼 사람은 쳐내야 한다.) 즉 생산 인력을 뽑기 어려운 지방의 현실을 고려해 생산 설비를 자동화하고, 없거나 두루뭉술했던 기능들을 명확히 해서 각 기능을 담당할 임직원을 할당하여 정확하게 측정하고, A급 인재일 가능성이 있는 꿈나무들에게는 스톡옵션 & 성과급이라는 전설 속에만 내려오던 드래곤볼을 주어야 하는 것이다.

자, 그러면 문제는 조직 내 어느 부문에 다이어트 또는 보충제가 필요한지 판단하는 일이다. 제일 간단한 지표는 노동생산성, 즉 '매출/인건비'다. 영업 효율이 궁금하면 영업 인력 당 매출액을 경쟁사와 비교하면 되고, 생산이 중요한 경우는 생산 인력 또는 설비 당 생산량을 벤치마크와 비교하면 된다. 그런데 이런 지표는 사실 선행지표라기보다는 현상지표다. 우리가 알고 싶은 것은 사이렌, 즉 재무 초보들도 미리 쉽게 알 수 있는 선행지표가 무엇인가 하는 점이다. 의외로 파악하기 쉬운 간단한 지표가 있다. 바로 '임원 또는 영업 조직의 일정 및 법인카드 사용처' 되시겠다.

사람은 마음 가는 데 시간과 돈을 쓰게끔 되어 있다. 한번 지난 6개월간 카드값 내역을 살펴보자. 돈을 피트니스 센터에 쓰는지, 쇼핑에 쓰는지, 여행에 쓰는지, 아니면 나처럼 마님께 다 뺏기… 아니, 사랑하는 가족에게 다 주고 숨쉬기만 하는지 다 알 수 있다.

회사 역시 마찬가지다. 회사의 가장 중요한 유동 자산이라 할 수 있는 핵심 인력들의 근태와 일정만 봐도 어느 부문이 여유가 넘치는지, 어느 조직/팀의 스트레스 레벨이 높은지 알 수 있다. 내가 컨설턴트 시절에 조직 효율성을 높이는 작업에서 거의 기계적으로 가장 먼저 측정하던 것이 'ABCActivity-Based Costing'였다. 거창하게 ABC까지는 아니라도 임원들의 내·외부 일정만 보아도 대충 감이 온다. 이 때문에 우리 회사에서도 벌써 15년째 모든 직원이 각자 일정을 아웃룩에 기입하게 하고 있다. 일정을 적을 때는 최대한 자세히 만나는 사람과 장소까지 기입한다. 그리고 이 아웃룩을 전 직원이 공유한다. (이 방식의 최대 단점은 내가 땡땡이 좀 쳐볼까 하면 기가 막히게 직원들이 전화를 건다는 점이다. 젠장.) 이렇게 투명성만 높여도 무임승차자Free-rider들을 바로 걸러낼 수 있고 팀들끼리 회의 잡느라 전화 돌리는 시간 낭비를 줄일 수 있다.

한술 더 떠서 판관비를 어디에 쓰는지, 그 사용이 매출과 연동되는지 '대충 파악만 해도' 영업 조직의 긴장도는 단박에 높아진다. 과거 2~3년 동안 법인카드 사용 내역을 뒤져보았을 때, 판관비 증감이 매출 증감과 즉각적인 상관관계가 없어 보인다면 돈이 샌다는 뜻이다. 이런 조직을 그대로 두면 한두 해 내로 조직의 긴장도와 현금 계좌의 긴장도가 동시에 사라지는 미래가 찾아오게 된다.

식스팩을 희망하는 우리 40대들의 카드값에 맥주와 치킨 구매 내역이 가득하다면 통통한 지방간의 미래가 보이지 않는가? 법인카드 내역은 너무나 훌륭한 조기 경보체계다.

매출 건전성: VOC 추이(건수), 신제품 수(비중)

조직 건전성과 효율성을 챙겼다면 이번에는 매출 건전성을 챙길 차례다. 내가 만든 매출이 얼마나 건전한지 확인할 수 있는 가장 중요한 지표는 물론 '매출채권 회전일수'다. 그러나 앞서 말한 것처럼 이번에는 재무 초보라도 쉽게 알 수 있는 경계경보가 무엇인지를 알려드리려 한다.

B2C 사업에 투자하는 경우 내가 제일 먼저 신경써서 보는 것은 VOCVoice of Customer, 즉 고객의 소리다. 고객 의견을 수집할 때 과거에는 영수증 이벤트를 실시하거나, 한 달에 한 번 홈페이지나 이메일을 통해서 "불만이나 의견을 접수해주시는 고객님께는 추첨을 통해 쿠폰을 보내드릴게요~ 호호홍." 하고 혜택을 뿌리거나, 아니면 더 구수하게 매장의 고객 카드로 접수된 의견을 모아들이는 방식을 취했다. 요즘은 세상이 좋아져서 VOC를 훨씬 쉽게 수집할 수 있다. 전문 외주업체도 많이 생겼고, 자사 어플을 통해서 설문을 실시할 수도 있다. 이렇게 수집한 VOC는 대충 두세 달 치만 읽어봐도 고객

의 만족감이 어디에서 비롯되어 어디로 향하는지 느낌이 온다. 정확하게 메커니즘을 몰라 확신할 수는 없지만, 내 경험상 VOC의 개선은 4~6개월 뒤에 매출 성장으로 나타나고는 했다.

B2B 기업에서도 VOC 활용과 비슷한 전략을 쓸 수 있다. 다만 거래관계 또는 납품관계에 있는 고객사에 만족도 설문조사를 실시하기는 꽤 까다롭다. 게다가 설문조사보다 더 노골적이고 직접적인 VOC 대체 지표가 있으니 바로 '반품률'이다. 그렇지만 반품률이 올라갈 정도면 이미 경계경보라기보다는 미사일이 날아드는 시점이라 피하기 늦은 감이 있다. (펑!) 그래서 대신 활용할 수 있는 지표가 영업이나 기술 쪽 인력을 활용한 정성적 피드백을 모으는 방법이다. 충분하지는 않지만 이런 방식이라도 실시하는 편이 좋다.

매출 건전성을 파악하는 선행지표로 VOC와 함께 활용할 수 있는 것이 신제품 수 또는 매출에서 신제품이 차지하는 비중이다. (좀 재무지표스러운 얘기지만 따지지 말자.) 신제품 수가 중요한 이유는 모든 제품이나 서비스에는 유통기한이 존재하기 때문이다. 주력 제품이 한참 잘나갈 때일수록 그다음을 얼마나 성실하게 준비하느냐가 매출 성장의 안정성과 직결된다. 만약 창업주가 회사를 팔고 해외로 이주하려는 계획을 가진 경우 매각 직전 몇 년간 개발해둔 신제품이나 신기술이 별로 없을 가능성이 크다. (한편으로 CAPEX와 연구개발비 및 인건비를 극도로 줄여서 이익을 부풀려놓았을 가능성도 반드시 의심해보아야 한다.)

신제품 수가 줄어드는 추세인 경우, 또는 신제품 수는 비슷하나 매출에서 신제품의 비중이 줄어드는 경우 모두 암울한 미래를 보여주는 조기 경보다. 내 경우엔 전년도에 개발된 신제품의 올해 매출이 3~8% 정도면 건전한 지표로 간주하는데, 개인이나 산업마다 각자의 기준을 가지고 접근하시길 바란다. (혹시 오늘 퇴근하고서 식탁에 신규 반찬의 개수가 늘어나지 않는다고 불평하실 생각이면 그만두시길. 가정에서 구조조정 당하실 수 있다.)

자산 건전성: 설비들의 나이, CAPEX 증감

제조업을 인수하는 경우 자산 실사에서 아주 아주 아주 중요하게 봐야 할 것이 'CAPEX의 변동 추이'다. 물론 내가 가장 사랑하는 지표는 '현금 전환 비율CCR'이지만, 회사의 이익에서 진짜 현금흐름의 비중을 높이는 데 중요한 변수는 CAPEX, 즉 설비 또는 기술 투자금액의 비중이다. 지나치게 영리한 일부 매도인들은 경영권 매각 전에 CAPEX 금액을 극도로 줄여서, 즉 필요한 투자를 하지 않고 있는 설비와 기술로 매출을 최대한 쥐어짜 현금흐름의 비중을 높이는 꼼수를 쓴다. 설비의 근본적인 개선이 없거나 기술개발 또는 과점화 등으로 판가의 레벨이 한 단계 올라간 적이 없는데 매각 전 1~2년 사이에 CCR이 좋아졌다면 이는 99% 숫자를 만진 것이다. 비슷한 원리로 매출이 느는데 매출채권이 같이 늘면 반품 대상 매출만 늘린 것이므로 근육이 아니라 풍선이라고 봐야 한다.

이런 것 말고 재무 초보들이 쉽게 알아차릴 수 있는 사이렌은 없을까? 당연히 있다. 바로 주요 자산이나 설비들의 나이를 보면 대충 미래가 보인다. 신기하게도 나는 경영권을 인수하고 나면 늘 첫 1년간 다양한 불량률 증가와 불용재고의 발견, 대량 반품 사건을 접하곤 했다. 아마 그것은 내가 극도로 재수가 없기 때문이 아니라, 인수 초기에 도대체 뭘 구매한 것인지 샅샅이 뒤져보기 때문일 것(아니, 이어야만 할 것)이다.

최근에 인수한 제조업체인 ㉯회사의 경우에도 이런 일이 벌어졌다. 인수하고서 두 달 만에 불량 재고가 왕창 발생했는데, 공정을 뒤져보니 생산라인 중 아주 작은 역할을 하는 모터 부품 3개의 나이가 20년을 넘어선 것이 그 원인이었다. 사람으로 치면 80살이 넘은 노인에게 온종일 벽돌을 지어 나르게 한 것이다. 그 모터 중 하나가 퍼지면서 결국 로트Lot 하나를 통으로 말아먹은 것이 사건의 전말이었다. "이 회사는 CCR이 높네" 하며 희희낙락했던 한심한 나를 반성하는 일은 일단 뒤로 하고, 우선 계약서상 배상 항목으로 급한 피해를 복구한 다음 라인 전체를 개선해서 생산성을 한 단계 높이는 전략을 바로 실행했다.

설비뿐만 아니라 무형자산이나 IP 또는 계약관계도 기한을 살펴야 한다. 특정 IP의 의존도가 높거나 기술 사용계약의 의존도가 높은 사업일 경우 주요 계약 또는 권리의 만기가 얼마나 남았는지 반드시 파악해야 한다. 부동산이 반드시 필요한 사업이라면 지금의 임차 조건이 언제 끝나는지, 특히 해외 공장의 원가구조가 유지될 수 있는지 살펴야 한다. 클라우드가 보편화되는 요즘에는 핵심 소프트웨어 사용 또는 데이터 사용 시 매출이 늘어남에 따라 처음에 계약한 좌수를 넘어가면서 갑자기 비용이 늘어날 리스크는 없는지 반드시 확인해야 한다.

아는 것은 힘이다. 그렇다면 알아듣는 것도 힘이다. 우리의 소중한 회사는 여러분이 알아들을 수 있게 조기 경보를 울리고 있다. 작은 경보들을 무시하지 말고 미리미리 챙기자. 이런 경보를 파악하는 데 반드시 재무 전문가가 될 필요는 없다. 최고 경영진의 관심과 사랑, 그리고 경보가 울리는 곳을 보고 있다고 시그널을 퍼뜨리는 것으로도 충분하다. 그마저 어렵다면 이런 일을 대신해주는 여러 컨설팅 회계법인 전문가들에게 손을 내밀자. 얼마든지 도움을 얻을 수 있을 것이다.

3개월 만에 성과를 올리는 PMI 마법 공식 (1): 비전과 미션 설정

언행일치는 의식 있는 현대인의 필수 덕목인 법. 평소 '쫄지 말자'고 얘기하고 다닌 대로 나는 불황이 지속되는 동안 회사 '줍줍'에 열을 올려왔다. 그래서 이번에는 바로 이렇게 모아들인 회사나 조직들을 가지고 도대체 뭘 해야 하는지에 관해 이야기해보려 한다. 이른바 인수 후 합병Post-Merger Integration, PMI 또는 투자 후 사후관리의 비법 되시겠다. 3부작 시리즈로 꾸릴 예정이니 잘 따라와주시길 바란다.

먼저 퀴즈를 하나 내겠다. 이 글을 읽으시는 분이 어느 회사의 오너이고, 새로 회사를 하나 샀다고 하자. 이제 가장 먼저 해야 할 일은 무엇일까? 객관식이니 부담 갖지 말고 골라보자.

① 회사 은행 잔고를 확인하고 OTP와 통장, 인감도장을 확보한다.

② 인수한 회사 직원 모두에게 인수 사실을 알리고 인사한다.

③ 인수를 주도한 팀을 칭찬하고 상을 준다.

④ 인수한 기업의 영업처에 인사하고 떡을 돌린다.

⑤ 인수한 회사의 자산, 부채, 인사 파일을 뒤져본다.

⑥ 인수한 기업의 사업 계획을 다시 세우고 팀별로 목표를 할당한다.

⑦ 왜 인수했는지 다시 곰곰이 생각해본다.

자, 고른 것은 몇 번인가?

사실 이 문제에는 여러 개의 함정이 숨어 있다. 속았다고 책을 덮을 분이 계실지 모르겠지만 사과를 드리지는 않겠다. 왜냐하면 저 문제를 포함해 이제부터 할 이야기 모두가 나의 비법 공개니까.

첫 번째 함정은 정답의 수다. 정답은 하나가 아니라 ①~⑦ 전부다. 중요한 점은 일곱 가지 모두를 인수한 바로 첫날에 해야 한다는 점이다. 덧붙여 이것 말고도 해야 할 일이 많다. 진행 중인 소송은 없는지, 노조위원장님은 안녕하신지, ERP는 잘 돌아가는지, 인허가/공시/등록은 문제가 없는지, 계약서상 후행 조건들이 잘 지켜지고 있는지 등등 확인할 것이 한두 개가 아니다.

두 번째 함정은 '저 일들을 할 주체가 누구냐'다. OTP를 확보하는 건 CFO의 첫 번째 일이다. 영업처에 인사하는 것은 영업 담당 총괄의 첫 임무다. 인수를 주도한 기업의 CEO는 인수/전략팀들을 격려하고 동시에 그 실무자 총괄에게 계약서상 선행/후행 요건들을 바로바로 챙기라고 해야 할 것이다. 한편 인수된 기업의 CEO는 직원 소통을 책임져야 한다.

인수한 기업의 '오너'가 해야 할 일은 바로 ⑦번이다. '어, 내가 이걸 왜 인수했더라?'라는 질문을 잊지 말고 자신에게 던진 다음, 그 답을 반드시 실행에 옮겨야 한다!

좋은 기업은 비전과 미션을 놓치지 않는다

10여 년 전 이야기다. 내가 아주 귀여워하는 후배 A는 이름 있는 외국계 기업을 줄줄이 섭렵한 다음, 국내 굴지의 기업으로 손꼽히는 ㉮그룹의 신규 사업을 주도하는 멤버로 조인하게 되었다. 화려한 학력과 더욱 화려한 외모, 그리고 더더욱 화려한 경력을 가지고 이직하게 된 터라 본인도 주변인도 기대가 컸다.

옆에서 지켜보던 나는 궁금한 것이 많았다. A가 ㉮그룹에서 얼마나 좋은 대우를 받는지, 그리고 ㉮그룹의 최고경영진은 A가 속한 새로운 팀을 어떤 계획을 세워 훈련하는지, 무엇보다도 국내 최고의 기업인 ㉮그룹은 신입 경력 사원을 어떻게 다루는지 너무너무 궁금하여 나는 민망할 정도로 꼬치꼬치 캐물었다.

"뭐 하느라 이렇게 바빠? 왜 집에는 안 들어가?? 왜 이렇게 늦게까지 사람을 잡아둬???"

2주가 지나 만난 A의 얼굴은 아주 누렇게 떠 있었다. 엘리트들의 집합소라는 ㉮그룹의 핵심 계열사임에도, A의 첫 2주, 아니 거의 한 달 동안은 업무와 전혀 무관해 보이는 일들이 계속해서 이어졌다. 그룹의 역사, 창업주의 기업가 정신, 그룹 노래, 그룹의 비전/미션/핵심 가치, 미래 전략, 인재상, 하다못해 계열사 스포츠단의 응원가까지 달달 외우고 계속해서 쪽지 시험을 봤다. 합숙은 그보다 더했다. 매일 새벽에 일어나 구보를 뛰고, 매스게임을 연습하고, 팀별로 모여 공연을 준비하고, 또 이걸 촬영했다. A는 이게 회사에 들어간 건지 학교에 들어간 건지 모르겠다고 불평했다. 그런데 투덜거리는 말과는 달리 뭔가 묘하게 분위기가 바뀌어가는 게 눈에 보였다. 오호라, 현대판 세뇌 교육인가?

거의 한 달을 정신 교육, 육체 단련, 그리고 단체생활에 시간을 보낸 다음 비로소 정해진 계열사에 배치되면서, A 본인은 느끼지 못하지만 나를 비롯해 주변 사람들은 모두 느낀 그 '분위기'의 변화는 점점 더 빠르게 그 농도가 진해졌다. A는 이제 여러 계열사로 퍼진 동기들과 끈끈한 유대감을 공유하는 한편으로 묘한 경쟁심 또한 품었다. 또 합숙하는 동안 회사의 시스템 및 기업 문화에 대한 사전 교육이 집중적으로 행해진 결과 배정받은 곳에서의 적응은 놀랍도록 빠르게 끝났다. ㉮그룹은 자신들의 인재상을 이렇게 적극적으로 만들어온 것이었다.

톱 티어Tier 그룹 또는 기업에게 '비전/전략/인재상에 대한 집착'은 종종 일어나는 일이다. 내가 컨설턴트로 일할 때 진심으로 애정을 품고 일했던 고객사 ㉯그룹 역시 새로운 회장단과 세대교체(승계) 작업을 진행하면서 비전과 미션을 새롭게 정의하는 데 정말 말 그대로 수백억 원을 썼다. 이때의 경험은 내가 향후 투자업을 하는 데 큰 밑거름이 되었다.

㉯그룹의 비전 프로젝트를 1년 가까이 진행하면서, 나는 B 회장님이 회사의 비전과 미션, 그리고 인재상을 정의하는 데 얼마나 많은 고민과 노력을 들였는지 매우 가까운 거리에서 지켜볼 수 있었다. 그중 가장 인상적이었던 것은 우리가 먼 곳에서 비행기로 모신 '비전 수립 전문가'와 회장님의 1:1 미팅이었다. 심리학을 전공한 내가 보기에 그것은 미팅이라기보다는 차라리 심리상담 세션이었다. 두 사람이 이야기를 나누는 동안 외부인들의 출입은 엄격하게 통제됐다. 그렇게 두 사람은 회장님 마음속 깊은 곳에 쌓인 꿈들, 바라는 것들, 세세한 생각들, 심지어 밖으로 알려지지 않은 세세한 가족사와

본인이 회장이 되기까지 겪어야만 했던 가족 및 친척들과의 경쟁, 그로 인한 마음의 상처, 그런 경험에서 오는 후회, 이를 딛고 앞으로 새롭게 이루고 싶은 것들을 섬세하고 개인적인 언어로 끄집어내어 나누었다. 긴 상담을 마치고 나오는 B 회장님의 눈가에는 종종 눈물 자국 같은 것들이 보일 때가 있었다. 그렇게 나는 B 회장님이 이런 기회를 통해 회사의 미래에 관해 매우 깊은 고민과 성찰의 시간을 갖게 된 것을 알게 됐다. 이후 지금까지도 나는 ㉯그룹, 그리고 B 회장님의 '찐팬'이 되었고, 투자업을 하면서 종종 회장님의 흉내를 내려 하고 있다.

감동의 추억팔이는 그만하고 다시 현실로 돌아오자. 앞서 기업을 인수하면 '왜 인수했는지 다시 곰곰이 생각해보아야 한다'고 말했다. 이는 다시 말하면 해당 기업을 인수한 행위가 무슨 비전/미션/전략에 따른 것이었는지 동기와 당위성과 목표를 따져보아야 한다는 의미다. 전 세계 톱 티어들은 다 그렇게 한다.

그런데 톱 티어가 아닌 규모가 작은 회사에도 비전과 미션이 그렇게 중요할까?

이 글을 읽으시는 분이 회사의 오너라는 가정 하에, 이번에는 과제를 하나 내드리겠다. 당장 우리 회사의 중요한 임원, 팀장, 본부장들을 식사 한 끼 하자고 불러 모으자. 음식을 주문한 뒤에는 사람마다 볼펜과 이면지를 나눠주면서 이렇게 질문해보자.

"여러분, 우리 각자가 생각하는 우리 회사의 비전과 향후 2~3년간 가장 중요한 전략을 한 줄씩만 적어봅시다."

이는 사실 내가 투자를 검토할 때, 투자 대상 기업의 핵심 임원과 CEO를 독대할 일이 있으면 반드시 물어보는 질문 중 1순위다. '당신이 이 회사에 대해 그리고 있는 비전과 미래 전략은 무엇입니까?'. 이때 당사자가 눈치채지 못하게 대화 중간에 슬쩍 물어보고는 한다.

불행히도 야무진 대답이 나오는 경우는 극히 일부다. 열에 아홉은 중구난방인 대답들이 나온다. 심지어 '우리 회사에 중장기 비전과 전략이 있었던가…?' 하고 반문하는 임원이나 팀장들도 종종 나온다. 한숨이 나오겠지만 좌절하지 마시길 바란다. 오히려 그게 평균이다. (혹시 참여한 인원 대부분이 비전과 전략을 이야기하고, 그중 절반 정도가 비슷한 답을 낸 곳이 있다면 나에게 연락을 부탁드린다.) 이렇듯 기존에 경영하고 있는 회사의 비전과 미션도 모호하다면, 새롭게 인수하는 기업의 비전과 미션은 아예 오리무중일 것이다. 이런 오리무중의 기간이 길어지면 길어질수록 조직은 불안감에 휩싸이고, 갈 곳이 있는 에이스들부터 조직을 떠난다. 아무리 작은 조직이어도 비전과 미션이 탄탄해야만 생존과 발전을 도모할 수 있다.

비전과 미션을 만드는 법

자, 그러면 그렇게 중요한 비전과 미션은 어떻게 만들면 좋을까? 방법은 매우 간단하다. 우선 BCG나 맥킨지, 베인 같은 이름 있는 컨설팅 회사에 전화한다. 그러고는 프로젝트를 의뢰한다. 100억 원에서 150억 원 정도를 지불하고 1년쯤 뒤에 30장 내외의 슬라이드를 받는다. 그러면 끝이다. 참 쉽죠?

100억 원과 1년이라는 시간이 아깝다면 또 방법이 있다. 컨닝, 멋있는 말로 벤치마킹을 하면 된다. 전 세계 어느 기업도 만든 적이 없는 독창적인 기업 미션과 비전은 물론 멋지지만, 우리 CEO들, 창업주들은 시간이 금이지 않은가? 전직 컨설턴트로서 고백하는데, 무에서 유를 창조하는 것보다 유에서 새로운 유로 개선하는 것이 훨씬 쉽고 빠르다.

그러면 전 세계 톱 티어 회사들의 홈페이지에 들어가서 '비전&미션' 탭을 누르고 캡처한 다음 죽 늘어놓고 마음에 드는 것을 고르면 될까? "그러면 안 된다"라는 대답이 나올 줄 아셨겠지만 아니다. 그래도 된다! 다만 고려해야 할 점은 있다. 첫째는 '어떤 회사를 벤치마킹할 것인가?'이고, 둘째는 '그 회사의 비전과 미션을 어떻게 해석할 것인가?'다. 예를 들어보자.

영유아용 스낵을 주력으로 하는 ㉰과자회사가 있다고 하자. 이 과자회사가 테슬라의 미션인 "세계의 지속 가능한 에너지로의 전환을 가속화하기 위해To accelerate the world's transition to sustainable energy"를 가져와 미션으로 벤치마킹한다면 문제가 있어 보인다. 그런데 앞으로 사업모델과 지향점을 어떻게 설정하느냐에 따라, 또 추구하는 핵심 가치가 무엇인지에 따라 과자회사가 테슬라의 비전을 따와도 괜찮을 수 있다. 만약 ㉰과자회사가 제품 포트폴리오를 기존의 밀가루 튀김 형태의 제품에서 건강 기능 성분과 대체 단백질 고함량의 준準 건강기능식품으로 옮겨가면 어떨까? 또는 기름을 일절 사용하지 않고 오직 재생에너지만 사용하여 구워 만든 비건용 과자라면? 양념을 더 쳐보자. 가져온 테슬라의 비전 밑에 '우리의 미션은 아이들에게 동물들과 함께 공존하는 삶과 더 건강한 먹거리를 제안하는 것입니다.'라고 적어두는 것이다. 어떤가. 꽤 그럴듯하지 않은가?

이를 보면 비전이 제품과 서비스의 향후 전략, 그리고 경영진이 추구하는 기업의 방향성에 큰 역할을 한다는 점을 알 수 있다. 즉 비전은 겉으로 보기에는 멋진 한두 줄의 텍스트이지만, 한번 세워진 비전은 회사의 중단기적 전략과 그에 따른 자원 배분에 큰 요강으로 활용될 수 있다는 이야기다.

조직의 비전을 정하는 원칙

그러면 이쯤에서 비전을 정할 때 잊지 말아야 할 중요한 포인트를 정리해보겠다.

① 경쟁상대를 찾아 탐구하라.

적절한 경쟁 회사가 있다면 그들의 비전과 미션을 참고하고 그것을 뛰어넘을 만한 비전과 미션을 만들자. 경쟁심은 성장을 일구는 좋은 동력이다. 경쟁의 대상이 있으면 직원들이 호승심과 향상심을 불태울 수 있다. 그리고 내가 경쟁하는 상대를 늘 염두에 두면 대응할 제품 전략도, 인재를 어디서 스카웃할지도, 심지어 상장할 때 준거로 두게 되는 가치평가 배수도 알기 쉬워진다. 나는 CEO에게 제1경쟁사가 어디냐고 물어보곤 하는데, 헛발질을 했다가 조기 은퇴를 하신 분들이 종종 있다.

② 빨리, 가능하면 미리 정하라.

벤치마킹 대상 기업들이 정해지면 그 기업들의 비전과 미션을 베끼자. 금요일 저녁에 이를 출력해서 집에 들고 간 다음, 주말 내내 깨끗하고 맑은 마음으로 다른 일은 하지 말고 이것만 생각하자. 그리고 월요일 새벽에 사무실에 가서 떠오르는 말들을 정리해보자. 비전이나 미션은 이처럼 짧은 시간 동안 깊이, 곰곰이 조용하게 생각해서 정하면 된다. 시간을 오래 들인다고 그 퀄리티가 비례해서 올라가지 않는다.

다만 기업의 인수 건이 결부되는 경우에는 얘기가 좀 다르다. M&A 또는 '줍줍'은 '마침 싸길래' 하는 것이 아니라 우리 기업의 비전과 미션을 실현하는 데 필요하다는 전략적 판단에 따른 결과여야 한다. 인수한 다음에 비전과 미션을 고민하는 것은 마치 장을 먼저 본 다음 무엇을 요리할지 결정하는 것이나 다름없다. 아! 정말 후지다. (그런데 사실 종종 있다.)

③ 외우기 쉬운 지표를 정하라.

종종 기업의 미션이 '세계 1등', '글로벌 톱 5', '2030년까지 매출 2,000억 원에 영업이익 300억 원 달성'처럼 무미건조하게 도출될 때가 있다. 어찌 보면 미션이라고 부르기에도 뭣하다. 과연 미션을 이런 식으로 정해도 되는 것일까?

사실 괜찮다! 숫자로 표현하면 구체적인 이미지가 떠오르고, 이는 경영진이 실행 전략을 수립하는 데 큰 도움이 된다. 예를 들어 화장품 회사가 자신의 미션을 '국내 1위 기초화장품 회사' 또는 '전 세계 톱 5 항노화 제품 기업'이라 정했다고 하자. 그러면 경영진은 R&D 비용을 어디다 써야 할지, FDA 승인은 어느 나라에서 받아야 할지, 제품 브랜딩을 영어로 할지 한글로 할지, 패키지 디자인과 자재에서 플라스틱을 쓸지 재활용 유리를 써야 할지, 유통채널은 온라인으로 할지 오프라인으로 할지, 마케팅은 어느 나라에서 주로 할지 대략적인 그림이 보이게 된다.

④ 빨리, 꼼꼼히, 반복적으로 나누라.

기업의 비전과 미션이 정해졌다면 다음으로 중요한 작업은 이를 조직 내에 빠르게 전파하는 것이다. 아무리 좋은 비전과 미션을 마련했더라도 일하는 임직원들이 모르거나 까먹으면 말짱 꽝이다. 어떤 기업에서는 이를 담은 굿즈를 만들어 임직원들에게 착용하게 한다. K모 그룹의 매년 전략 발표와 이를 형상화한 그룹 팔찌 아이디어는 개인적으로 매우 귀엽고 사랑스럽고 멋지다고 생각한다. (부회장님! 사장님! 밥 사주세요!)

비전을 CXO 레벨뿐만 아니라 직원들 레벨까지 얼마나 반복적이고 체계적으로 전파시킬 수 있는가가 기업의 관리 능력을 보여준다고 할 수 있다. 반대로 기업의 비전과 미션조차 직원들에게 알리고 전파시킬 수 없다면, 매년 경영 계획이나 사업 목표를 조직 내에 알리고 역량을 끌어모으는 것은 애초에 불가능하다고 본다.

⑤ 평가에 활용하라.

내가 입버릇처럼 하는 말이 "지표화할 수 없는 것은 무의미하다"라는 말이다. (아, 우리 포트폴리오 경영진들의 귀에 생긴 두툼한 굳은살이 떠오른다.)

연말이 되면 으레 하는 것이 '내년에는 꼭' 리스트를 짜는 행위다. 이때 '좀 더 부지런해지기', '공부 더 열심히 하기', '건강 더 잘 챙기기' 이런 것들을 적는 경우가 종종 있는데, 개인적으로는 아무 효과가 없는 목표라고 본다. '일주일에 3회 이상 8시에 출근하기', '한 달에 책 4권 읽기', '매일 아침 샤워하면서 스쿼트 5세트 하기'처럼 짧은 시간 단위로 측정할 수 있게 지표화해야 제대로 된 목표라 할 수 있다.

기업의 비전과 미션도 마찬가지다. 비전과 미션은 태생적으로 모호하다. 이것이 살아 숨 쉬려면 걸맞은 평가 지표를 같이 개발하여 정성적, 정량적인 기준으로 활용해야 한다. 컨설팅 회사들이 비전/미션 프로젝트를 끝내면 바로 다음 상품으로 '인재상'과 그에 맞는 '인사평가 시스템' 프로젝트를 들이미는 것이 바로 그 때문이다. (어서 옵쇼, 고객님~.)

예를 들어 기업의 미션이 '전 세계 톱 3 콘텐츠 기업이 된다'라고 하자. 그렇다면 직원의 정성적 평가 항목을 짤 때는 Globalization/International 부문을 넣고, 외국어 기반 신규 콘텐츠 숫자나 해외 신규 고객 유입지표를 KPI로 별도로 산정하여 가산점을 주면 된다. 이렇듯 평가로 이어지지 않으면 비전과 미션은 공허한 외침에 그치고 만다.

회사 실사를 나가보면 회사 복도나 엘리베이터에 기업의 비전/미션이 담긴 출력물이 살짝 빛바랜 채 붙어 있는 모습을 종종 보게 된다. 처음에는 큰 꿈을 품고 붙였을 텐데, 이렇듯 방치된 것을 보면 지금 기업 안에서 비전과 미션이 받는 대우를 충분히 짐작할 수 있다. 안타까운 마음에 그런 기업들을 위한 아이디어를 푼다. 속는 셈 치고 한번 시도해보자.

- 복도나 엘리베이터에 영상 출력 장치를 설치한다. 그리고 비전과 미션을 주제로 직원들에게 실시한 짧은 인터뷰를 계속 돌려가며 틀자. 영상에 나오는 주인공들을 아는 사람들은 놀리면서 좋아한다. 그들에 대한 소개팅 돌풍은 사내 복지다.
- 비전과 미션을 소재로 짧은 글짓기 공모나 사연 모집이라도 하자. 직원들이 달달 외우게 만들 수 있다. 푸짐한 포상은 당연하다.
- 내부에서 진행하기 어렵다면 크리에이터들에게 외주를 주자. 저렴하게 쓸 수 있는 수많은 사람들이 틱톡이나 유튜브 크리에이터로 활동하고 있다. 그들의 아이디어를 빌리고 소정의 홍보비를 주거나 추가 콜라보 프로젝트를 제안하자.
- 그것도 아니면 만화나 그래픽으로 풀고 매달 교체하자. 그래픽을 만들어주는 공짜 어플도 있다. 그리고 결과물을 이메일 시그니처에라도 활용하자. 아무리 귀찮고 돈이 아까워도 기업의 비전과 미션을 위해서 이 정도는 할 수 있어야 한다.

하루하루 열심히 살다 보면 늘 정신이 없는 게 우리네 인생이다.

발밑만 보고 달리다 보면 지금 가는 방향이 동쪽인지 북쪽인지 모르고 달릴 때가 있다. 안타깝게도 많은 수의 창업자들, CEO들, 특히 기술 기반 기업의 전문경영인들이 하루하루 전쟁터 같은 현장에서 살아남느라 정작 큰그림을 못 보고 자빠지는 모습을 종종 봐왔다. 요즘처럼 대외 환경이 터프할수록 더욱 자주 보게 된다.

이럴수록 비전과 미션이 필요하다. 비전과 미션은 우리가 길을 벗어나지 않게 막아주는 가드레일이자, 우리가 갈 곳을 비춰주는 등대다. 아직 비전과 미션을 세우지 못했다면 한번 주변을 돌아보자. 빛나는 오로라, 태양, 아니면 별 같은 회사들이 걸어간 길을 꼼꼼히 살펴 탐구하고, 앞으로 내가 정말 가고 싶은 길을 상상하자. 오늘 내가 상상해서 만든 비전이 100년 기업의 초석을 만들 것이다.

3개월 만에 성과를 올리는 PMI 마법 공식 (2): KPI 쥐어내기

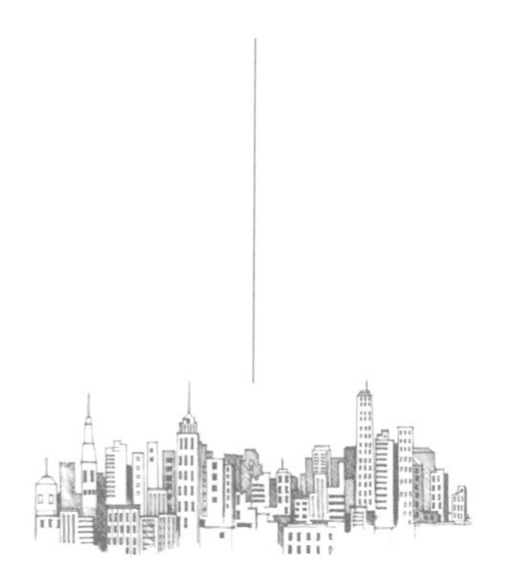

앞서 PMI 마법공식 제1편에서는 합병 후 통합한 기업을 똘똘이로 만드는 방법으로 조직의 비전을 설정하고 생명력을 불어넣으라고 이야기했다. 이어서 합병 후 통합한 기업의 성과를 단기간에 끌어올리는 방법을 이야기해보려 한다.

사업하는 사람들이라면 누구나 궁금해하는 것이 '돈 버는 공식'이다. 뜸 들일 것 없이 바로 정답부터 알려드리겠다. 바로 '매출을 늘리고 비용을 줄이면 이익이 늘어난다' 되시겠다. 끝. 너무 쉬운가?

죄송하다. 사죄의 의미로 따라하기만 하면 과장 좀 섞어서 1년 안에 영업이익을 최소 10% 정도 올릴 수 있는 비법을 말씀드리겠다.

종종 이렇게 비법들을 다 퍼주면 뭐가 남느냐고들 하시는데, 유튜브나 블로그를 조금만 뒤져봐도 수많은 전문가들이 부업하는 법, 스마트스토어 운영하는 법, 콘텐츠 만드는 법, 경매하는 법, 주식 투자하는 법 등을 잔뜩 올려둔다. 하지만 실제로 따라 하는 사람은 1만 명 중 한 명도 되지 않는다. 이 책을 읽는다면 부디 그러지 말고 꼭 따라 해보시길 바란다.

이번에 이야기할 주제는 KPI, 즉 핵심성과지표다. KPI가 왜 중요한지는 다 알고들 계실 테니 입 아프게 설명하지 않겠다. KPI 관리를 통한 성과 개선은, 쉽게 설명하면 바로 '다이어트'와 그 원리가 정확히 일치한다고 말씀드릴 수 있겠다.

누구나 날씬하고 탄탄한 몸매, 기름기 없는 내장을 원한다. 이렇게 해라 저렇게 해라 방법은 많은데, 실제로 따라 할 결심이 잘 서지 않는다. 용케 마음을 먹고 한두 번 따라 해봤더니 실망스럽게도 결과가 곧바로 나타나지 않는다. 어라? 차라리 굶어보니 효과가 제법 빠르게 나타난다. 그런데 근손실에다 요요가 찾아오고, 까딱 잘못하면 피부 트러블과 배변 불량의 부작용에 장기간 시달린다. 어떻게 그렇게 잘 아느냐고? 노코멘트다.

이를 기업의 사정에 대입하면 이렇다. 누구나 경쟁사 대비 이익률을 더 높이고 싶어서 매년 영업이익 목표, 매출 성장 타깃을 정한다. 잘나가는 기업들이 하는 방법을 벤치마킹해서 따라 해보기도 한다. 하지만 그렇게 목표를 정하고 따라 한다고 하루아침에 마진이 개선되는 것은 아니다. 그래서 차라리 싸구려 원재료를 투입하고 CAPEX와 마케팅 예산을 줄여봤더니 이익률이 개선되는 듯하다. 하지만 곧 고객이 이탈하고 불량률이 높아져 매출이 빠지기 시작한다. 까딱 잘못하면 브랜드 가치 손실과 기술 도태가 일어나서 시장점유율 하락 및 고정비 부담 증가로 인한 이익률 극감에 들어갈 수 있다. 오잉? 이렇게 똑같을 수가!

그래서 이제부터 이야기할 것이 진짜로 따라 하기 쉬운 다이어트 비법…이 아니라 기업의 성과를 늘리는 비법이다. 앞서 말한 것처럼 핵심은 KPI다. 무엇을 측정해야 하는지 잘 정의하고, 그것을 잘 관측하고, 사후에는 잘 되짚어보기만 해도 1~2년 안에 영업이익이 5~10% 정도는 늘어날 수 있다.

Garbage-in, Garbage-out

예전에 내가 중견그룹인 ㉮그룹으로부터 비주력 자회사인 ㉯회사를 인수했을 때의 일이다. ㉯회사는 중공업 분야에서 완만하지만 안정적으로 성장하고 있었고, 한국뿐 아니라 미국을 포함한 세계 각국에 판매 및 생산 법인을 가지고 있으면서 글로벌 탑 5의 입지를 구축한 회사였다. 나는 흥분을 감출 수 없었다. 내가 가장 사랑하는 놀이가 진주같이 빛나는 경영진들이 어디에 숨어 있을지 뒤져보는 것인데, 글로벌 기업에서 잔뼈가 굵은 시니어 경영진들이 전 세계에 흩어져 있는 ㉯회사는 내가 무진장 사랑할 수밖에 없는 놀이터였다.

인수 후에 나는 늘상 하던 작업에 돌입했다. 기존 경영진과 새롭게 파견한 임원들을 모아두고 첫 3개월간 보고 체계를 점검하고, 우리 입맛에 맞게 보고 포맷을 수정하고, 팔아치울 만한 유휴 자산이나 개발해두고는 쓰지 않는 IP가 있는지 여기저기 뒤져보았다. 그러던 중 뭔가 좀 '쎄~한' 느낌이 드는 숫자들이 보고로 올라왔다. 살펴보니 내가 제일 싫어하는, 재고 회전일수의 꾸준한 증가였다!

뭐 이딴 것을 챙기나 하는 분들이 있을 수 있겠지만, 흑자부도의 위기를 여러 번 겪은 나에게 재고 회전일수의 증가는 호환과 마마만큼이나 무섭고 싫은 놈이다. 나는 재빨리 원인을 찾아보기 시작했다.

수주 산업이면서 각국 고객사 근처에 생산공장이 있는 제조업인 경우 물류/판매 과정에서 잠기는 제품들이 많지 않은 편이다. 또 B2B 사업은 일반적으로 연말에 매출이 급증하는 현상을 대비하여 재고를 쌓아두는 일부 B2C 업종의 계절성Seasonality도 없다. 따라서 재고 회전일수의 증가는 다음과 같은 원인을 짐작해볼 수 있다.

① 못 쓰는 재고가 많아졌다.

② 영업이 엎어져서 팔기로 했던 제품이 팔리지 않았다.

③ 매출 목표를 너무 높게 잡아서 수요 대비 생산이 터무니없이 많

았다.

④ 못 쓰게 된 불용재고를 상각하지 않고 그냥 쌓아두었다.

⑤ 장부에서 다 빼먹고 재고가 있는 척하고 있다.

마지막 원인은 대표적인 분식회계 사례다. 이러면 매출과 이익은 기하급수적으로 늘고 재고는 변함없는 오병이어五餠二魚의 기적이 발현된다. 어떤 원인이어도 진흙탕 구렁텅이를 예고하지만, 분식회계만큼은 정말 답이 없다. '제발 분식회계만 아니어라' 기도하는 마음으로 우리는 ㉯회사의 전 세계 판매 및 생산 법인에 있는 재고품들을 전수조사하여 전산상 장부 숫자와 비교하기 시작했다.

한두 달쯤 뒤져댔을까. 우리는 전혀 엉뚱한 곳에서 원인을 찾았다. ㉯회사는 한때 고속 성장을 경험했다가 잠시 한숨 돌리는 시기를 맞이하면서 회사 내에 ERP 체계를 도입했는데, 어처구니없게도 지사별로 그 체계가 제각각이었다.

전산을 타고 올라가며 조사해보니 법인별로 재고를 분류하는 코드가 다르다는 사실을 알게 됐다. 본사에서 X001, X002로 분류하여 관리 중인 재고를 몇몇 해외 법인에서는 X00이라는 하나의 코드로 뭉뚱그려 관리하고 있었다. 예를 들어 생산 과정에서 본사가 X001이 100개 필요하여 현지에 주문했다고 하자. 그러면 현지에서는 X00이라는 코드로 인식하여 X001 50개와 X002 50개를 생산해 100

개를 본사로 보낸다. 그러면 본사는 X002를 돌려보내면서 재고가 부족하니 더 생산해달라고 한다. 현지 법인은 또다시 X00이라는 코드로 인식하여 X001과 X002를 생산한다. 그렇게 정말 필요한 재고는 부족하고 필요도 없는 재고가 넘치는, 코미디 같은 일이 벌어지고 있었다. 게다가 현지 법인은 본사가 자꾸 재고가 부족하다고 하니 아예 X00을 잔뜩 생산해 안전재고량을 더 넉넉히 주고 편하게 영업하려는, 회계 중심의 괴상한 경영 전략을 구사하고 있었다. 악! 내 돈!

또 ㉮그룹은 성과 관리 체계로 연결 기준 회계 이익을 월별/분기별로 관리하는, 사실은 매우 훌륭한 체계를 유지하고 있었는데, 이런 관리에 대한 자신감이 '지표 자체가 잘못됐을 가능성', '시스템에 들어가 있는 숫자 자체가 틀렸을 가능성', 그리고 '개별 기준으로서 자회사/지사별 현금흐름 관리 오류 가능성'을 처음부터 의심조차 하지 않는 부작용을 낳고 있었다. Garbage-in, Garbage-out. 아무리 훌륭한 지표 관리 체계를 가지고 있어도 쓰레기를 넣으면 쓰레기가 나올 뿐이다.

긴급 처방이 필요했다. 일단 우리는 현금 흐름 위주로 KPI 관리의 중심을 바꿨다. 그리고 재고뿐 아니라 설비, 건설 중 자산 등 실제 장부에 기록된 자산/부채와 전 세계에 뿔뿔이 흩어져 있는 실제 자산들을 하나하나 전수조사(으악!)하기 시작했다. 또 원인이 된 전산 체계의 오류와, 더 근본적으로는 원인을 제공한 담당 경영진들을 바로 갈아엎었다. 사실상 분식 조사를 뒤늦게 한 것이다. 불행 중 다행으로 투자하자마자 발견한 덕분에 경영진들에게 현금흐름 위주의 경영이 중요하다는 사실을 확실히 각인시킨 계기가 되었고, 이 일을 계기로 발견한 비영업 자산을 매각하는 구조조정을 경영진의 반발 없이 신속하게 마무리지을 수 있었다.

지표를 정의하고, 측정하여, 평가와 보상을 연계하라

서두가 길었다. 자, 그럼 신제품 출시, 신기술 개발, 신시장 진출 없이도 영업이익을 개선할 수 있는 마법의 KPI 관리 비법이 무엇인지 하나씩 뜯어보자.

① 현금흐름의 중요성을 잊지 마라.

회계, 특히 국제회계기준International Financial Reporting Standards, IFRS에 따라 연결된 감사 가능 재무지표는 정말 멋지다. 그렇지만 여기에는 '회계기준'이라는 멋진 수사에 속아 넘어가기 쉬운 함정이 너무 많다. 회계상으로는 이익이 나지만 회사엔 현금이 없는 경우, EBITDA는 쭉쭉 나오는데 부채는 계속 늘어나는 일은 너무나 흔하다. 자고로 '현금이 짱!'이다. 회계 숫자에 속지 말고 현찰에 집중해야 한다. 현금흐름과 관련해 간과하기 쉽지만 매우 중요한 지표를 예로 들면 다음과 같다.

● 재고 회전일수 및 그 추세

: 매출성장률과 비교해서, 매출보다 재고 회전일수가 더 빨리 늘어나면 '가짜 매출'이라는 판단에 내 왼쪽 새끼발가락 발톱 1mm를 건다!

● 매출채권 회전일수

: 특히 채권 연령별 상각률과 그 추이

● 리스 부채 및 렌털 자산 규모 및 조건

: 자산 생산성을 지표로 관리하는 선진 기업일수록 경영진은 자산을 리스로 빼서 비용으로 처리하고 마치 자산 생산성, 사용자본이익률Return on Capital Employed, ROCE이 높은 것처럼 우기고 싶은 욕구가 증가한다. 성과급 마귀가 씐 것이다!

● 'EBITDA – CAPEX' & 'OPEX – 경상 R&D 비용'의 증감

: 나는 지표로서 EBITDA보다는 영업이익을 더 선호한다. 자산 상각 기준(정액/정률/가속)에 따라 EBITDA는 얼마든지 마사지할 수 있기 때문이다. 비슷한 경우가 재고 인식 기준인데, 예를 들어 환율 인상기에는 수입 원재료를 후입선출로 처리하면 마진이 극대화된 것처럼 보이게 할 수 있다. 물론 이는 이듬해의 '헬 원가'의 원인이 된다.

● 원가 및 판매가의 환율 임팩트

: 환율은 '횡재'의 영역이다. 사업의 영업이익을 정확하게 분리해

내려면 환차익/환차손 규모를 파악하고 발라내야 한다.

② 결과 지표가 아닌 원인 지표를 찾으라.

측정하고 관리해야 할 지표는 결과 지표가 아닌 원인 지표다. 앞서 언급한 다이어트를 다시 떠올려보자. 우리가 살을 빼고 싶어서 몸무게(결과 지표)를 매일 측정하고 기록한다면, 몸무게가 빠지는 데 도움이 될까? 심리적 자극은 될지 모르지만, 몸무게를 매일 측정하는 행위로는 절대 살이 빠지지 않는다. 어떻게든 몸무게 수치를 줄여보겠다고 옷을 하나라도 덜어내고 사우나로 땀을 빼봐야 비계가 줄어드는 것은 아니다. 정말로 비계를 줄이고 싶다면 음식 섭취량/칼로리, 섭취 빈도, 운동 종류별 소비 칼로리, 시간/일별 운동량, 수면량 및 시간, 호르몬 수치 등(원인 지표)을 측정하고 관리해야 한다. 즉 원인 지표를 건드려야 결과 지표가 움직인다.

그렇다면 기업이 적극적인 수익구조 개선을 위해 관리해야 할 원인 지표들은 무엇이 있을까? 사업마다 다를 수 있지만, 통상적으로 사용되는 지표들이 있다.

● 성장성

: (매출 대신) 수주 잔고, 고객 수(신규/이탈), 고객당 매출액, 제품/서비스별 단가, 수주 성공률(실주율) 등

● 수익성

: (매출원가 또는 판관비율 대신) 인당 생산성, 주요 공정별 자산 생산성, ROAS Return On Ad Spend[*], 고정비율, 변동비율, 제품별 원가율, 프로젝트별 ROIC 등

● 안정성

: (부채비율 대신) 갚을 수 있는 능력, 부채상환계수[**] > 1, 차입금비용충당가능비율 Coverage Ratio[***] < 4~5, EBITDA/총 금융비용 등

③ 꾸준히 측정하고 뒤돌아보라.

다이어트나 금연이 그렇게 어려운 이유는 결심의 문제가 아닌 습관의 문제이기 때문이다. 마찬가지로 무슨 지표든 한번 선정하고 나면 꾸준히 측정하고 기록하여 복습해야 한다.

내가 극도로 혐오하는 주간/월별/분기별 보고자료가 있다. 인터뷰 형식을 빌려 "누가 뭐라 카더라"를 끌어와 논리를 만들어내는 유형이다. 이는 지속적으로 측정할 수 없는 정보 또는 과거를 알 수 없는 단면적 데이터를 가지고 의사결정을 유도하는 것이다. 심리학 전공자로서, 그리고 질문 설계를 통해 결과를 너무나 손쉽게 조작할

*특정 기간 동안의 매출 / 광고선전비 및 관련한 부대 수수료와 직접비.

**EBITDA/단기 차입금 및 이자비용.

***총 차입금/Operating Cash Flow.

수 있다는 극히 기초적인 상식을 아는 사람으로서 나는 "남들이 뭐라 뭐라 카던데, 그니깐 요렇게 합시다"라는 말은 경영의 탈을 쓴 초등학생 낙서(또는 고도의 정치적 모략을 기반으로 한 잡소리)일 뿐이라고 단언한다.

그렇다면 무엇을 봐야 할까? 바로 원인 지표, 그중에서도 매일, 매주, 매달 측정할 수 있는 것을 관리하고 목표를 정해야 한다. 우리가 투자를 검토하는 회사에 지난 3년간의 행적이 남아 있는 지표가 있다면 아주 우대할 것이다. 사례를 들어보자.

예전에 창업한 지 10년쯤 된 ㉯회사를 인수한 적이 있다. 인수 직후 우리는 창업주가 만든 R&D/기술 중심 기업 문화를 '영업 돌진 앞으로!'로 만들기 위한 조직 개편을 단행했다. 영업 의사결정을 신속하게 만들기 위해 대표이사 보고 단계를 최소한 한두 개씩 줄이고, 임원/팀장 전결 규정도 손을 봐서 자잘한 영업 결정은 직접 하게 했다. 또 질러야 할 건과 던져야 할 건을 구분할 수 있는 ROIC 기준도 정해둬서 신규 고객을 유치할 때 적절한 밀당 의사결정을 신속하게 내릴 수 있게 만들었다. 그러자 신규 고객과 신규 프로젝트가 잘 늘어나기 시작했다. 그런데 이상하게 매출성장률이 맥을 못 추고, 천천히라도 개선되었어야 할 고정비성 (영업)판관비율은 전혀 줄어들지 않았다. 대체 이게 무슨 일인가 싶어 원인 파악을 지시했더니, 영업 조직에서 올라온 보고서가 가관이었다.

"환율 상승과 대 중국 관련 지정학적 리스크 상승에 따른 업계 전반의 성장 정체, 그에 따른 경쟁 심화에 따라 단가 압력이 높아지고 영업 환경도 악화되고 있…."

아, 이게 무슨 개뼈다귀 같은 말이지? 이 모호한 가십성 보고서를 받자마자 나는 바로 핸드폰을 꺼내 'X 제품 시장의 수출 현황'을 포털에 검색해보았다.

"시장이 매우 빠르게 성장해서 해외 글로벌 업체들이 진입을 노크하고 있고, 경쟁사는 생산량을 늘리기 위해 신규 투자를 활발하게 집행하고 있다."

나는 이를 악물었다. 이 어처구니없는 상황이 왜 일어난 것인지 답을 찾기 위해 CXO님들을 모시고 데이터를 파보기 시작했다. 해답은 의외로 가까운 데 있었다.

X 제품이 속한 산업은 수주를 통한 매출 확보와 핵심 고객 의존도가 높은 분야였다. 그래서 처음에는 고객을 공격적으로 따내고, 야금야금 끼워팔기를 해서 매출과 이익을 높이는 전략을 취해야 했다. 그런데 우리 회사는 정반대로 하고 있었다. 성장 드라이브를 걸었더니 신규 고객 하나는 어렵게 얻고 기존 고객은 경쟁사에 너무나 손

쉽게 날름 내주고 있었던 것이다! 제품군별 매출과 채널별 매출만 들입다 파다 보니 고객 유지와 고객별/제품별 마진을 놓치고 있었다. 무엇보다도 '경쟁사한테 빼앗긴 프로젝트'들이 진짜 돈을 버는지, 왜 이 수주를 놓쳤는지에 대한 복기 자료는 아예 남아 있지도 않았다.

다시 이러한 현상을 초래한 한 단계 더 깊은 근원 지표가 무엇인지 파고들어보았다. 답은 영업 인력의 퇴사율이었다. 영업조직을 보강한답시고 여기저기서 사람들을 데리고 와서 전체 영업 인원은 조금씩 늘었는데, 어째선지 영업 인력의 퇴사율이 급속하게 증가했다. 영업 인력이 자꾸 바뀌니 핵심 고객 관리Key Account Management, KAM가 후져졌고, 경쟁사에서 데려온 영업 사원들이 기존 자기 고객을 자꾸만 데려와 '영업 인센티브'를 연속 발사하면서 이른바 '돈 안 되는 신규 고객' 비중이 자꾸 올라가고 있었다. 이걸 모르고서 지난 수개월 동안 올라온 '대학생 보고서' 같은 시장 현황 자료를 바탕으로 "성장을 위한 영업 인센티브 강화, 돌격 앞으로!"를 외친 나 자신이 너무 부끄러웠다. 그렇다. 바보는 나였다.

문제를 발견하자마자 우리는 영업조직 퇴사율과 인당 생산성 추이를 분석했다. 다음으로 영업조직을 다잡고, 수주하지 못한 제품에 대한 마진 추정 복기를 지시하고, 우리에게 중요한 핵심 고객사 세 곳을 위해서는 생산-기술-영업팀을 하나로 묶어 아예 전담 KAM

조직을 만들었다. 이렇게 한 1년쯤 관리했을까? ㉯회사는 신제품 출시 하나 없이 거짓말처럼 전년 대비 20%대 성장을 다시 회복했다.

④ 반드시 보상과 연계시켜야 한다!

마지막으로, 성과 개선을 위한 KPI 측정에서 귀가 따갑게 강조하고 싶은 것은 반드시 보상과 연계해야 한다는 점이다. 이렇게 이야기하면 이렇게 답하시는 분들이 있다.

"알겠어, 김 대표. 영업이익 목표 달성치를 두고, 초과분의 5~10% 정도는 인센티브로 쫙 뿌리면 되는 거지? 껄껄껄, 쉽네~."

음, 반의반은 맞고 나머지는 틀린 말씀이다.

성과 관리를 위해 가장 중요한 점은 명확한 기준, 즉 숫자로 측정할 수 있는 원인 지표를 '해당 부서 또는 개인에 맞게' 세분화해야 한다는 점이다. 이를테면 월간 매출 목표를 인사팀 박 과장한테 적용하는 것은 잘못된 평가라는 것이다. 물론 전사 손익 목표를 CXO 및 임원 평가의 기준으로 두는 것은 커뮤니케이션과 조직통합을 위해 좋은 선택이다. 그렇지만 이런 기초적 KPI를 가지고는 정신 교육/팀 스피릿 같은 효과를 기대할 수 있을 뿐, 'KPI 선정과 관리가 조직의 성과로 연결되는 마법 같은 일'이 벌어지지는 않는다.

이런 마법을 부리려면 전사 KPI를 각 단계별로 구분해 실제 다양한 조직 안에서 원인 지표에 해당하는 세부 목표들을 세워주고, 각 부서장들은 이를 최소한 팀별, 되도록이면 개인별로 나눠서 부과해야 한다. '내 목표'가 있어야 '팀의 목표'보다 더 살뜰히 챙기게 되는 것은 당연지사다. 또 그렇게 해야 박 과장은 100만 원, 최 자장은 50만 원, 김 대리는 80만 원 이렇게 구체적으로 인센티브를 주는 근거가 생긴다.

성과의 기준을 명확하게 제시하고 그에 따른 보상체계를 선포하는 행위는 연공서열 문화가 자리한 조직에 큰 파문을 일으킨다. 세분화된 목표를 주고 쪼기 시작하면 초식동물형이나 프리라이딩 전문 꼰대 인력들은 대체로 6개월 안에 자진 퇴사한다. (아, 상쾌해!)

KPI 설정과 보상을 위한 원칙을 몇 가지 정리하면 다음과 같다.

● 단순화

: KPI를 개인별/팀별로 세분화하되 세 가지 정도로 단순화할 것.

● 투명성

: 측정 주기는 최소 월 단위로 하고, 측정 결과는 원하는 사람이 언제든 열람할 수 있게 공유할 것.

● 계량화

: 인사평가/승진 기준에서 정량적 측면을 70% 이상 적용할 것.

● 균형

: 단기 성과 인센티브와 장기 근속 인센티브의 균형을 잡을 것(3:7 정도).

이때 중요한 것은 기준을 명확히 세우는 것과 이를 자주 바꾸지 않는 것이다. 한번 세운 기준은 적어도 3년은 끌고 가야 한다. 기준을 자주 변경하면 직원들이 숙지하기가 어렵고, 그러다 보면 원인 지표 평가 대신 손쉬운 결과 지표 평가로 자꾸 되돌아가게 된다. 또 평가 기준이 자주 바뀌는 것은 '누군가를 밀어주기 위해' 일어난 일이라는 의심이 돌기 쉽다.

조직의 성과를 극대화하는 것은 리더의 제1덕목이다. 하지만 이를 위해 꼭 뭘 인수하네, 신제품을 개발하네, 신시장을 개척하네 어쩌고 할 필요는 없다. 그보다는 지금 운영하는 조직의 군살을 빼고 근력을 키워서 성과를 끌어올리는 방법이 더 간단하다. 간단하기는 무슨, 혼자 아등바둥 해보려니 너무 어렵다고? 걱정 마시라! 여러분이 부탁만 하면 이런 일들을 대신 맡아주겠다고 자처하는 컨설턴트들이 우글우글하다. 어디다 연락해야 할지 모르겠다고? 거참, 좀 놀려고 했는데. 나한테 연락하시라. 고민 상담 정도는 해드리겠다.

인생에 한 번은 120%로 살아봐야 한다. 그렇게 잠재력을 한번 끄

집어내야 한계를 넓히고 한 발 한 발 다음 단계로 나아갈 수 있다. 자, 얼른 자리를 박차고 일어나시라. 언제까지 두둑한 뱃살에 파묻혀 계실 참인가?

3개월 만에 성과를 올리는 PMI 마법 공식 (3): 리더십의 재구성

드디어 'PMI 마법공식 3부작'의 마지막이다. 제목에서 언급한 것처럼 이번에는 '리더십', 특히 '사람 쓰기'에 관한 이야기다. 마지막에 배치한 이유는 가장 민감하고 어려운 일이기 때문이지만, 잘만 해낸다면 '비전'과 'KPI'까지 한 방에 해결할 수 있는 최강 비법이라서이기도 하다. 즉 볼트온 전략의 꽃은 인류의 모든 전쟁사가 증명하듯 다름 아닌 '용병**用兵**' 되시겠다.

먼저 지금까지 이야기해온 PMI 마법 공식을 한번 단계별로 정리해보자.

- 1단계: 코로나/불황에 따른 횡재로 아주 좋은 회사를 상당히 싼 값에 '줍줍'한다.
- 2단계: 회사를 인수하자마자 새로 합류한 경영진과 임직원들에게 왜 이 회사를 사들였는지, 기존 회사와의 시너지가 어디서 왜 나는지 설명하고, 비전을 선포하여 텐션을 끌어올린다.
- 3단계: 하이텐션의 모멘텀을 이용해서 재무적으로 관리해야 하는 KPI를 잽싸게 진단하고, 팀별/인별 목표를 정해준 다음 3개월 내에 '돌격 앞으로' 체제를 만든다.
- 4단계: 첫 1년 동안 2~3단계를 하면서 파악한 기준 미달인 인력을 솎아내고, 빈자리는 잽싸게 외부에서 데려와 채운다.
- 5단계: 떼돈을 번 다음 나에게 밥과 술을 사고 1단계로 되돌아간다.

이번에 이야기할 부분은 4단계다. '어떤 사람을 뽑아서 어떻게 쓸까?'만큼이나, 아니 어쩌면 이보다 더 중요한 것이 '어떤 사람을 어떻게 솎아낼까?'다. 여기에는 몇 가지 원칙이 있다.

미리 이야기해두겠지만, 이제부터 할 이야기는 상당히 편협하고 원색적이며 독선적일 것이다. 그래서 이 글이 불편할 양이면 읽지 않으시길 권한다. '욕은 하겠지만 그래도 무슨 이야기인지 들어보기나 하자' 하시는 분들은 물론 대환영이다.

현명한 잔인함을 잊지 마라

내가 경영권을 인수하거나 그에 상당한 지분을 인수하여 경영에 직접 개입할 기회가 생겼을 때 추구하는 방향이 있다. 바로 '현명한 잔인함'이다. 한국 사회의 톱을 노리는 분들이라면 당연히 세 번씩 읽었을 것이라 믿어 의심치 않는 『군주론』에서 마키아벨리 옹은 이렇게 말했다.

> "군주는 국민에게 협력과 충성을 끌어낼 수 있기만 하다면 잔인하다는 평판을 전혀 마음에 새겨두지 않는다."

아, 이 얼마나 아름다운 말인가. 어설픈 온정주의를 고수하여 두루뭉술 좋은 평판(평가가 아니다.)을 얻기 위해 노력하는 리더는 죽도 밥도 아닌 어설픈 인재만 가득한 조직을 만들기 십상이다. 역사적으로도 지나치게 자비로워 무질서와 혼란을 내버려둔 군주보다는 차라리 처음부터 불안 요소를 과감하게 제거하여 사회를 안정화시킨 군주가 더욱 높은 평가를 받았다.

이러한 맥락에서 나는 내보내야 할 최악의 지도자로 '우유부단한 군자형'을 꼽는다. 물론 착하게 살아온 이런 분들은 생각보다 평판이 좋고, 그런 평판을 믿고 두어 번 만나보면 첫인상도 좋은 경우가 대부분이다. 나도 사람인지라 이런 분들을 내보내려고 하면 가슴이 아프고 머리는 더 아프다. 하지만 이런 애매한 '계륵'을 회사에 오래 두면 둘수록 야심 가득한 차세대 리더들은 답답해하고, 내가 '뱀'이라 부르는(뒤에서 자세히 설명하겠다.) 정치 전문 식충이 임원들은 아늑한 자기만의 성을 꾸린다.

몇 년 전 ㉮기업을 인수했을 때의 일이다. 나는 인수 전부터 경영진을 꾸려두고 실사를 진행하는 편이다. 그래서 인수할 회사의 대표이사를 처음으로 만나는 자리에서도 그분이 같이 데리고 갈 분인지, 아니면 이만 작별을 고해야 할 분인지 평가를 시작한다. ㉮기업의 경우도 마찬가지였다.

경영진 인터뷰가 있던 날, 나는 슬그머니 들어가서 그곳에 있는 사람들을 찬찬히 지켜봤다. 그러다가 A 대표이사를 발견했다. 그는 꽤나 특이한 캐릭터로 보였다. 모든 발표를 이사/상무급 임원들에게 맡기고 본인은 입을 꾹 닫은 채 가만히 지켜보고만 있었다. 아예 손을 놓고 졸고 있는 것도 아니고, 그렇다고 열심히 메모하지도 않고, 마치 매각 측 그룹의 '패밀리'인가 착각할 만큼 중량감과 묵묵한 카리스마를 내뿜는 모습에 나는 괜히 심술이 났다. 한번 목소리라도 확인해보자 싶어 A 대표이사를 호명한 다음 이제까지의 경력과 ㉮기업에서 주도한 일에 관해 질문했다.

대답을 들어보니 뭐, 나쁘지는 않았다. 그는 국내 5대 대기업에서 오랫동안 임원과 부사장, 해외 지사 사장을 역임했다. 명문 S대 출신에 그 나이에는 흔치 않은 유학파이기도 했다. ㉮기업이 적자가 지속되던 중에 대표이사로 취임해서 피를 철철 흘리던 해외 사업을 흑자로 돌렸고, 국내에서는 강성 노조를 잘 관리했으며, 그룹의 창업주 패밀리에게는 깊은 신임을 받고 있었다.

딱히 대안이 없던 우리는 7년 넘게 대표이사 자리를 지키고 있던 A와, 그보다도 더 오래 회사를 지키던 그 휘하 임원들을 홀라당 다 인수했다. 이러한 판단에는 십수 년 전에 A와 같이 일했다는 ㉯그룹 인사 담당 임원의 레퍼런스와, ㉮기업의 오랜 거래처로 A의 취임 때부터 지금까지 비즈니스 관계를 잘 유지하고 있던 ㉰중소기업 대표의 레퍼런스가 상당히 괜찮았던 것도 한몫했다. (아, 한국인의 레퍼런스는 꼭 디스카운트해서 들어야 한다!)

막상 한식구가 되어 일해보니 A 대표이사의 밑천은 바로 드러났다. 은퇴 나이를 이미 넘은 노쇠한 장수는 꼭 필요한 미팅 자리가 아니면 나타나지 않는 '신비한 리더십'을 발휘했다. 과거의 영광과 인덕이라는 미명하에 싫은 소리를 하지 않는 성인군자 A 대표는 마음 편하게 회사를 다니던 복지부동형 임원들에겐 꿈의 성군이었다. 게다가 판가도 딱히 쪼지 않고 채권 기일도 널널하게 관행대로 지켜주던 A는, 여러 거래처와 경쟁자들에게 '어떤 의미로는' 최고의 경영진이라는 평가를 받아 마땅한 사람이었다.

㉮기업을 기반으로 가치사슬 앞뒤에 있는 회사를 한두 개 더 사서

붙일 요량이었던 우리에게 '현상 유지형' A 대표는 최악의 선택지가 되고 말았다. 그는 우리가 주도하던 볼트온 인수에 계속해서 반대 의사를 표시했다. 나는 '처음의 내 감이 틀리지 않았구나', '아, 왜 알고 있었으면서 이대로 두었는가' 하며 수없이 자책했다.

상처 난 마음을 다잡고 우리는 결국 A 대표에게 해임을 통지했다. 당연히 그 밑에서 꿀을 빨던 복지부동 임원 삼총사도 모조리 함께 날렸다. 이후 몇 달간 좀 시끄럽긴 했지만, 이 소동을 거쳐 새롭게 구성한 ㉮기업의 경영진은 취임 첫해부터 2년 연속 사상 최대 이익을 달성해주었다. 이 일로 나는 확신했다. 반항하는 조직은 상부부터, 그리고 초반에 바로 날리는 것이 현명한 행동이다.

2-6 법칙: 평가는 2개월 이내에, 마지막 기회는 6개월 이내에 진행하라

투자나 인수 건이 발생하고 나면 조직의 긴장도가 높아지는데, 이는 길게는 3개월 짧게는 2개월이 지나면서 사라진다. 이 2개월 동안 특히 대표이사, 영업본부장, 마케팅 팀장, CTO, CFO, 생산본부장, 인사부장 등 핵심적인 포스트의 평가가 마무리되어야 한다. 내 견해로는 맡은 업무가 뚜렷한 사람일수록 첫인상과 첫 주간 실적 보고, 월간 결산 보고, 그리고 첫 이사회 때의 인상이 그 사람의 실제 능력과 99% 일치한다.

새로운 경영진을 평가하고 나면 4개 군으로 구분할 수 있다.

- 1군: 반드시 지켜야 할 핵심 인재
- 2군: 실력은 좋은데 인성이 별로인 계륵(뱀)
- 3군: 인성은 좋지만 실력이 별로인 계륵(곰)
- 4군: 무능한 쭉정이

이렇게 구분한 경영진은 앞으로 어떻게 다루어야 할까? 1군과 4군은 당연히 결단에 아무 어려움이 없다. 1군은 예뻐하고 4군은 내보내면 된다. 문제는 2군과 3군이다. 여러분이라면 어떤 결단을 내리겠는가? 아마 대부분 '미워도 다시 한번'을 선택하지 않을까? 나도 그렇다. 마지막으로 기회를 한 번 주고, 다시 평가를 내릴 것이다. 자, 비결은 이걸로 끝이다.

흠, 이렇게 '기회를 언제까지 줄 것인지'와 '평가를 어떻게 할 것인지'를 이야기하지 않고 뚝 끊어먹으면 여러분이 나를 4군으로 평가하겠지? 그러니 조금 더 자세히 이야기해보자.

'미워도 다시 한번' 평가 기간은 '6개월'을 최대로 잡는다. 그리고 평가의 기준은 다음과 같이 마련한다.

- 명확하게 예측 가능한 목표를 세우게 한다. (20점)

- 목표를 어떻게 달성할 것인지 계획을 세우게 한다. (30점)
- 6개월간 어떻게 수행해나가는지 체크한다. (20점)
- 계획이 틀어진 경우 어떻게 대처하는지 체크한다. (30점)

이렇게 점수를 매겨서 총점 70점 미만은 바로 4군 쭉정이로 재분류하면 되겠다.

참고로 나는 평가 기준 가운데 마지막 항목을 매우 중요하게 본다. 사업은 인생과 마찬가지로 어떤 외생변수에 의해 어떻게 틀어질지 모른다. 위기의 순간이 왔을 때 얼마나 순발력 있게 조직을 다잡고 잘 돌파해나가는지, 그에 앞서 얼마나 준비성 있게 플랜 B를 치밀하게 세워두었는지가 S급 인재와 B급 인재를 나누는 가장 손쉬운 기준이다.

기회가 없었던 사람에게 기회를 줄 수는 있다. 하지만 쓸 만하지 않은 사람이 달라지기를 바라는 것은 무의미하다. 사람은 절대 변하지 않는다. 특히 멍청한 무능력자와 거짓말쟁이, 그리고 투덜이 스머프들은 절대, 절대, 절대 변하지 않는다. 이런 양반들은 당장 내보내야 한다.

그런데 반드시 우리가 해고를 직접 진행해야 하는 것은 아니다. 재평가의 기준을 빡빡하게 잡으면 1군인 척하는 2~4군급 경영진이 제 발로 회사를 나가는 일이 상당히 많이 발생한다. 예전에 인수한,

지방에 본사를 둔 ㉯회사의 경우, 인수하고서 첫 6개월 동안 주요 본사 팀별로 PMI 프로젝트를 꽤 빡빡하게 돌렸더니 1년 만에 본사 직원 26명 중 24명이 자의 반 타의 반으로 사표를 제출했다. 짐작하시다시피 경영진을 싹 갈아치운 후 회사의 실적은 매년 10% 이상씩 성장했다.

별도로 언급해두고 싶은 재미있는 인사이트가 하나 있다. 평가를 돌리다 보면 일은 참 맛깔나게 잘하는데 그 성향이 매우 정치적인 리더를 발견하게 된다. '니편 내편'을 극단적으로 구분하며 각각에 대한 차별 대우가 극심한 사람들, 그리고 잠재적인 경쟁상대는 능력과 이유를 불문하고 처단하고 부하의 공은 어떻게든 자기의 것으로 만드는 사람들. 보통 창업 공신인 경우가 많은데, 나는 이런 임원이나 경영진을 '현명하지만 잔인한 군주'로 착각하지 않는다. 이들이 실적을 낸 것은 아주 시의적절한 외부 환경에 기인하거나, 그 밑에 보석 같은 부하직원들이 아무 소리 못 하고 실적을 가져다 바치고 있기 때문인 경우가 허다하다. 정치적인 인물들이 결국 회사에 독으로 작용하는 이유는, 이런 행운이 다할 무렵에 자기 자리를 위협하는 슈퍼스타가 밑에서 자라나면 그 싹을 무자비하게 꺾어버리기 때문이다. 그래서 나는 이런 '뱀'들을 1년에서 1년 반 정도 여유를 갖고 반드시 처단한다.

정치적인 인간을 극도로 꺼리는 것은 마키아벨리 옹도 나도 마찬가지다. 정치를 좋아하는 자는 여의도로 가야지 사무실에 앉아 있으면 안 된다.

승계 계획은 미리 세워두라

리더십 재구성의 마지막 원칙은 각 조직별로 비상시에 리더를 대체할 수 있는 후계자를 미리 준비해두어야 한다는 점이다. 10여 년 전, 한때 내 보스였던 미국인 글로벌 헤드 B씨는 서울에 와서 투자할 회사의 회장이나 오너를 만나면 "혹시 당신이 내일 사고로 죽으면 회사는 누가 운영합니까?"라는 질문을 꼭 던지고는 했다. 당시 이사 나부랭이였던 나는 그 말에 뒷수습을 하느라 정신이 없었는데, 십수 년이 지나 40대 중반이 된 지금은 오히려 내가 그런 질문을 던지고는 한다. (이 책을 빌어 그동안 나 때문에 고생한 우리 팀에게 사과의 말을 전한다.)

플랜 B의 중요성은 백 번을 강조해도 지나치지 않다. 인사 측면에서 각 조직 핵심 부문별 승계 계획Succession Plan을 세워두는 것 역시 마찬가지다. 내 경우엔 포트폴리오 단에서 COO, CSO, CFO 중 꼭 한 사람은 비상시 대표이사로 즉시 올릴 수 있을 만한 인력으로 채워둔다. 이렇게 마련해둔 후계자가 대표이사 경험 없이 포트폴리오를 졸업하면 다음 투자에서 그 후계자를 부사장 또는 대표이사로 써먹는다. 이런 후계자 전략은 지난 19년간 100% 먹혔다.

심지어 우리 회사 안에서도 투자팀 인력은 꼭 2명 이상, 많게는 3~4명까지 팀을 이루어 개별 투자 포트폴리오 회사를 담당하게 하고 있다. 물론 우리 회사가 워낙 닥달하며 관리하기 때문에 여러 명이 필요한 것이기도 하지만, 여차하면 투자팀 인력을 교체함으로써 해당 포트폴리오의 경영진을 교체하는 것과 비슷한 효과도 낼 수 있고, 불시에 담당 투자팀 인력이 퇴사하는 경우 관리 공백이 생기는 리스크도 미연에 방지할 수 있기 때문이다.

새로운 인재를 찾아내고 관리하는 방법

자, 얘는 이래서 싫고, 쟤는 저래서 싫고, 곰이라 자르고, 뱀이라 자르고, 이렇게 다 자르고 나면 대체 소는 누가 키우란 말이냐고 외치시는 분들께 속성으로 인재를 찾아내거나 영입하는 팁을 알려드리겠다. 꼭 기억해두시기를 바란다.

① 그늘을 치워야 새싹이 돋는다.

아직 대안이 없어서 내보내야 할 리더를 그냥 두고만 보고 있다면 당신의 선택은 틀렸다. 그동안 그늘을 드리우던 썩은 나무를 잘라내야 자라날 새싹에 볕이 들기 시작하는 법이다.

2000년대 중반에 인수했던 제조업 회사인 ㉰가 딱 이런 경우였다. 당시 나는 실사 때부터 합을 맞추어오던, ㉱그룹 출신의 걸출한

C사장을 바로 섭외해서 CEO로 즉시 투입했다. 그런데 막상 같이 일하다 보니 C가 리더로서 EQ와 포용력이 상당히 취약하다는 사실을 알게 됐다. 그 결과로 신입사원의 퇴사율이 급격히 올라갔고, 어렵게 모신 업계 경력직들도 엉덩이를 들썩이고 있었다. 나는 짧은 고민 끝에 C를 내보내고 그 밑에서 전략을 담당하던 젊은 D 상무를 직무대행으로 삼아 일단 3개월만 끌고 가보기로 했다.

평소 D 상무에 대한 C의 평가는 박했다. 종종 월간 보고 회의 자리에서 '사랑의 매'랍시고 면박을 주는 모습을 자주 목격했다. 나는 D 상무를 나쁘지 않게 평가했던 터라 의아하기는 했지만, '이유가 있었겠지'라고 생각했다. 그래서 D 상무가 직무를 대행하는 동안 업계에서 잔뼈가 굵은 새 CEO를 빨리 찾을 계획이었다.

그런데 D 상무는 막상 대표이사 직무대행이라는 감투를 쓰기가 무섭게 슈퍼스타로 돌변했다. 낯선 산업, 낯선 자리, 낯선 조직이었지만 그는 강한 친화력과 놀라운 학습 능력을 발휘했다. 또 본인이 약한 과업에 대해서는 그에 맞는 인물을 찾아 설득하고 적재적소에 배치하는, 이른바 '장기짝을 아주 잘 쓰는' 대표이사로 거듭났다. 이 일을 겪고서 나는 '나이는 숫자일 뿐이다', 그리고 '위기 속에서 숨어 있던 슈퍼스타가 빛을 발한다'는 개똥철학을 굳히게 되었다.

가지치기, 뿌리 솎기를 잘하면 생명력 넘치는 새싹이 돋는다. 이들은 아주 높은 학습 능력과 속도감, 그리고 헝그리정신을 가지고 있다. 그늘 속에 숨어 있는 이런 인재를 잘 찾아서 안주머니에 쏙 넣어야 한다.

② 검증된 행동대장을 찾으라.

인재를 물색하는 두 번째 방법은 '행동대장'을 알아보는 것이다. 여기서 행동대장이란 빛나는 슈퍼스타 CEO 뒤에서 온갖 궂은일을 도맡는 부장이나 이사급을 의미한다.

나는 경쟁사에서 인물을 데려올 때 슈퍼스타 CEO는 꺼리는 편이다. 일단 그들은 몸값이 비싸 가성비가 좋지 않다. 또 슈퍼스타로 알려진 CEO를 경쟁사가 어렵지 않게 넘겨준다면, 같이 일해본 사람들만 아는 결정적 단점, 이를테면 고집이 너무 세다거나, 권력에 의한 괴롭힘을 많이 저지른다거나, 게으르다거나, 딴 주머니를 찬다거나 하는 면이 있을 가능성이 크다.

반대로 부장 또는 이사급 인사를 즐겨 찾는 이유는 임원급으로 업어와서 CEO로 키울 때까지 10~15년간 1~3개의 포트폴리오를 맡겨볼 수 있고, 슈퍼스타 CEO 밑에서 혹독하게 트레이닝 받으며 단련한 생존본능과 밤새워 일할 만한 육체적 에너지가 남아 있을 가능성이 크기 때문이다.

이런 접근법의 단점은 그들을 찾아내기가 쉽지 않다는 점이다. 그래서 나는 인재풀의 과녁을 좁혀두었다. ㉤, ㉥, ㉦그룹은 임원을 뽑는 기준이 매우 까다로우며 임기도 유난히 짧은 것으로 유명하다. 나는 이처럼 극도로 경쟁적인(이라고 쓰고 정치적이라고 읽는) 조직에서 정치에 질려버린 '상무급' 인재를 노린다. 또 ㉧, ㉨, ㉩, ㉪그룹은 승진에 인색하고 적은 인원으로 온갖 일들을 다 시켜서 쥐어짜는 것으로 유명한데, 그곳에서 승진과 보상에 목말라 있는 '차장 또는 부장급' 인재를 집중적으로 공략한다. (반면 임원들이 마음놓고 길게 다닐 수 있는 안정적인 자유를 제공하는 그룹에서는 여러 해 동안 뒤져보았지만 딱히 데려올 만한 CEO 꿈나무가 발견되지 않았다.) 딜이 좀 잠잠할 때면 어떤 식으로든 그들과 안면을 틀 자리를 마련해두는 게 나의 리크루팅 비법이다.

③ 실적은 반드시 보상하라.

일단 검증된 경영진이라면 나는 신뢰를 바탕으로 신사업 진출 또는 M&A 등 새로운 도전 과제를 제시한다. 또 이에 따라 스톡옵션이나 엑시트 보너스, 멋진 회사 차, 연봉, 다음 포트폴리오로 옮겨 갈 수 있는 비전 등 적절한 보상을 반드시 함께 제공한다.

코로나가 잠잠해지기 얼마 전에 나는 ㉫그룹의 임원인 후배 E와 소주잔을 기울일 일이 있었는데, 그 자리에서 놀라운 이야기를 들었다. B2C 사업을 하는 ㉫그룹이 코로나로 인해 극심한 내수 부진을 겪자 다 함께 허리띠를 졸라매자는 의미로 대표이사를 비롯, E를 포함한 일부 임원들이 연봉의 50%를 반납하고 보너스도 받지 않고 있다는 소식이었다.

우리가 투자한 회사에서도 실적 부진의 책임을 지고 CEO와 핵심 임원들 몇몇이 1년간 임금을 20~30% 자진 삭감한 적이 가끔 있기는 했다. 이런 경우 실제 재무적 임팩트도 중요하지만, 어려운 시기에 이렇게 똘똘 뭉쳐 있는 모습을 보여줬다는 점을 나는 높이 평가했다. 그래서 실적이 회복되자마자 그들에게 기존 임금에 더하여 훈훈한 보상 보따리를 풀어주고는 했다. 위기에서 살아남아 실적을 회복시킨 임원들은 다음 포트폴리오에서 CEO 후보 0순위가 되는 것은 물론이다.

그런데 코로나가 꽤 지난 요즘에도 E는 절반의 월급만 받으며 말라가고 있었다. 자세한 사정은 알 수 없지만, ㉰그룹의 주주이자 대표이사는 자신은 따뜻한 배당을 받으며 살 수 있기 때문인지 경영진과 임원들의 연봉을 정상화하고 보상을 지급하는 일에는 관심이 없어 보였다. E는 애써 부인했지만, 내 눈에 그는 언제든지 FA 시장으로 나올 준비가 된, 검증된 막후 2인자형 CXO 후보로 손색이 없어 보였다.

자, 이제 'PMI 마법공식 3부작'을 모두 마무리할 시간이다.

회사나 조직을 모아들이고 그것들을 관리하는 것은 세상에서 가장 어려운 일 가운데 하나다. 특히 리더를 고르고 그 리더 아래에 조직을 만드는 작업은 다양한 기술들을 기초로 실력을 쌓은 후 행할 수 있는 고난이도의 종합예술에 속한다. 그래서 KPI 같은 관리 지표를 흉내낼 수는 있지만, S급 인재를 양성하는 CEO 사관학교를 흉내 내기란 불가능한 것이다.

좋은 리더를 끌어모아 조직을 꾸릴 역량이 없다면 우리의 PMI는 이제 망한 것일까? 그렇지는 않다. 일단 역량 있는 리더들, 좋은 인재를 육성하는 환경을 갖춘 조직과 가까이 지내면 된다. 우리가 맹모처럼 이사를 세 번 할 수 없다면 맹모와 계 모임이라도 하면서 어깨너머로 배우고, 맹모가 쓰던 과외 선생님이라도 업어오면 되는 것이다.

미국에서 20년 동안 연간 40%의 수익률을 올린 사모펀드 고담 캐피털을 세운 조엘 그린블랫Joel Greenblatt은 이렇게 말했다.

"월스트리트에는 밤중에 포근히 이불을 덮어주는 이빨 요정이 없다."

투자는 먹고 먹히는 정글이다. 이 원칙은 21세기 한국에서도 변함없다. 어떻게든 내가 살아남아야 나의 직원들과 그 가족들을 먹여 살릴 수 있다. 정글에서 살아남으려면 멘털은 강하게, 가슴은 냉철하게, 칼질은 과감하게 할 수 있는 리더가 돼야 한다. 내가 그러기 어렵다면 그럴 수 있는 인재라도 끌어모아야 한다. 과거 중국의 전국시대처럼, 지금은 잔인하더라도 미래를 보고 현명한 판단을 내릴 군주가 필요한 때다. 밝은 미래는 공짜로 주어지지 않는다.

2부

경쟁력 있는 인재와 조직을 위한 사모펀드의 조언

4장.
투자와 경영에 임하는 사모펀드식 노빠꾸 멘털

투자의 인사이트를 얻는 세 가지 방법

코로나 시대가 저물고 그야말로 대혼돈의 시대가 왔다. 기나긴 저금리 시대는 이미 막을 내렸고, 2022년 초 미국의 소비자 물가지수는 무려 7.5%나 상승했다. 1982년도 이래로 최대 수치니 30년 만의 기록 갱신이다. 같은 시점에 메타버스를 부르짖던 메타(구 페이스북)는 한 달 만에 주가가 30% 넘게 폭락했다. FAANG*에 투자했다가 한숨 짓는 분이 한둘이 아니었을 듯싶다.

나 역시 예외는 아니다. 연금 펀드의 2차전지 어쩌고 ETF는 잘나

*Facebook, Amazon, Apple, Netflix, Google.

가던 2023년도를 뒤로하고 마이너스를 기록 중이고, 중국 펀드의 수익률은 지하실에서 왔다갔다 하고 있다. 그럼 멘털을 어떻게 챙기냐고? 간단하다. '노빠꾸'다. 까먹은 건 벌어서 메우면 된다. 그럼 어떻게?

'노빠꾸 멘털'을 등에 업고 나는 매일같이 저녁 약속을 잡고, 실성한 사람처럼 수다를 떨고, 이런저런 명함을 수북이 받아 와서 밤늦게까지 스캔한다. 하루에 대여섯 개의 미팅을 잡고 있으니 오늘도 스무 명 정도는 거뜬히 만난 듯싶다.

지난 20여 년간 투자를 업으로 삼아 살면서 수많은 성공한 기업가와 투자자를 만났다. 그들에게는 딱 두 가지 공통점이 있다. 바로 '호기심'과 '집요함'이다. 많은 이들이 기대하는 똑똑함, 성실함, 금수저는 없다. 한마디로 "야~ 너두 할 수 있어!"다. 사례를 보자.

호기심의 크기는 성장의 크기에 비례한다

10년 전쯤, 현금 많기로 소문난 알짜 중견그룹인 ㉮그룹의 A 회장님과 우연찮게 친분을 쌓은 적이 있다. 내 또래의 아들이 있었기 때문인지 6개월쯤 지났을 무렵에는 농담도 주고받고 와인도 선물하는 사이가 되었다.

그러던 어느 날, 제 버릇 개 못 준다고 (건방지게도) 나는 이런저런 기업 인수 아이디어와 함께 ㉮그룹 자회사들에 대한 지극히 사적인 의견을 자료로 만들어 들이밀었다. 평소 인품이 온화하고 어린 나의 호기 어린 주장들을 곧잘 경청해주시던 회장님은 그날따라 유난히 말이 없고 소파에 푹 파묻혀 다리를 꼬아 앉으셨다. 삐삐삐, 머릿속에 레드 사인이 울렸다.

다음 날 나는 회장님의 오른팔꿈치 정도 되는, 친한 B 상무에게 전화를 걸었다.

"어제 회장님께서 저한테 좀 삐치신 것 같던데요."

"응, 맞아. 어제는 김 대표가 너무 들이댔어. 어떡하냐."

변명처럼 들리겠지만 내 의도는 지극히 선했다. A 회장님은 선친이 일가를 이룬 기업을 물려받으면서 형제 및 사촌들과 조용하지만 치열한 경영권 경쟁에서 살아남으면서도 명예를 잃지 않은 분이었다. 그렇지만 ㉮그룹의 입지는 지난 30년간 빛이 많이 바래왔다. 수조 원대의 스타트업 오너들이 탄생하는 동안 ㉮그룹은 힘이 빠져가는 비주력 사업은 매각하거나 적과의 동침을 통해 그룹에서 빼내고 있었다. 여전히 종결되지 않은 경영권 지분 경쟁, 인수보다는 정리에 중점을 맞춘 그룹 포트폴리오, 높지는 않지만 안정적인 이익률, 그리고 낮은 배당률. 전반적인 그룹의 분위기는 성장보다는 리스크관리에 방점이 찍혀 있었다. 그러면 신사업은? 아뿔싸. 몇 해 전 집행했던 사업 다각화형 바이아웃 결과들은 민망했다. 신사업들은 대부분 죽이지도 살리지도 못하는 좀비 상태에 접어들어 있었다.

결국 A 회장님의 마음속에는 공격보다는 수비가, 외형 확장보다는 안정적인 3세대 승계가 더 중요했다. 그룹 계열사들의 '저평가'는 오히려 싼 값에 기업을 물려줄 수 있는 상황이라는 점에서 회장님의 호기심 레벨은 극도로 낮아져 있을 수밖에 없었다. 상대의 의도를 읽지 못한 나의 실수였다.

그로부터 몇 년이 흘렀을까. ㉮그룹의 기억이 가물가물해질 무렵 반가운 소식을 접했다. A 회장님의 아들 B가 임원으로 취임한 지 1년 만에 ㉮그룹이 같은 산업군에 있는 회사를 전격 인수한 것이다. 반갑기도 하고 놀랍기도 해서 도대체 누가 추진했는지 알아보았다. 오호라! 그 M&A의 주역은 당시 비서실에 계셨던 B 상무였다. 그분은 호기심이 대단했다. 내가 A 회장님을 찾을 때면 우리 펀드가 어떻게 회사를 발굴하는지, 어떻게 실사하는지, 어떻게 가격을 협상하는지 집요하게 물어보고는 했다. 나와 회장님의 어색한 이별은 B 상무에게 '승계를 위한 M&A'라는 힌트가 된 모양이었다. 이후 수많은 사모펀드와 자문사를 만나고, 매물을 찾아 (조금 비쌌지만) 이해하기 쉽고 안정적인 중소기업을 승계 시점에 맞춰 인수한 것이었다. ㉮그룹에 부족했던 '호기심'을 발랄한 임원 한 명이 힘껏 채워나갔던 셈이었다.

자, 그럼 금수저도 슈퍼스타 임원도 없는 우리들에게는 성공의 기회가 없는가? 아니다. 많다. 그것도 눈부시게.

내가 형님으로 모시는 C 대표는 여의도 자취방에서 전업투자를 시작으로 수천억 원대의 자산을 모은, 그야말로 흙수저의 대명사 같은 분이다. 나는 C를 여러 해 전 독서 모임에서 우연히 알게 됐다. 그는 대학생 때 주식 투자를 시작하여 꿈을 키워갔으나, 수 차례 투자 실패로 깡통 계좌를 세 번이나 찼고 실제로 마포대교를 두 번이나 갔다가 돌아왔다는 믿기 어려운 과거를 갖고 있었다. 그는 죽음의 문턱에서 돌아오고 나서도 투자를 멈추지 않았다. 그러다가 신성장 산업에 베팅하는 전략으로 IT와 바이오 붐을 타고 전셋돈 몇천 만 원을 수천 억 원으로 불렸다. C가 성공할 수 있었던 비밀은 무엇이었을까?

C는 그야말로 호기심의 결정체였다. 그는 새로운 기술, 새로운 테마, 새로운 브랜드, 새로운 맛집, 새로운 여행지를 끊임없이 찾아다녔다. C의 정보력은 웬만한 최상급 VC나 사모펀드 운용역을 뛰어넘었다. 덕분에 나도 잘 모르는 새로운 섹터가 있거나 촉이 필요한 딜이 있으면 꼭 찾아가서 상의하고는 했다. 이 과정에서 또 하나 재미있는 사실을 알게 됐는데, 그의 호기심이 곧 투자 의사결정으로 이어지는 것은 아니라는 점이었다.

여러 해 전 공유경제가 한참 주목받을 때, 내가 운용하는 펀드에서 여러 가지 렌털 기기를 취급하는 ㉯회사의 경영권 인수를 검토할 기회가 있었다. ㉯회사는 적당히 촌스럽고, 적당히 비효율이 있어 내 도전정신을 자극했다. 나는 C에게 쪼르르 가서 의견을 구했다. 그리고 여지없이 털렸다.

하루에도 몇 개씩 투자 제안을 받고 있던 C에게 ㉯회사는 들어가는 비용 대비 큰돈을 건질 수 없는 계륵이었다. C는 여러 가지를 꼬치꼬치 캐물었는데, ㉯회사의 핵심 임원들이 산업 성장기에 회사를 떠나려 한다는 점, 제일 수익이 많이 나고 있는 제품군에서 다크호스 경쟁사가 생겨난 점, 매출 대부분이 특정 채널에 의존하는데 이커머스를 중심으로 새로운 채널이 탄생하고 있다는 점을 얄미울 정도로 날카롭게 집어냈다.

C의 진정한 무서움은 이제부터다. 1년쯤 지나 나는 그 다크호스 경쟁사가 투자를 유치했다는 소식을 들었다. 이미 ㉯회사의 투자를 드롭한 상태였지만 누가 그 거래에 참여했는지 궁금하여 찾아보았다. 놀랍게도 C였다. 신생 사모펀드가 C를 포함해 몇몇 큰손들을 모아서 투자를 이끌어낸 것이었다. 꺼진 불도 '정말 꺼졌나?' 하고 다시 들여다보는 진정한 호기심이었다.

집요함은 생존력에 비례한다

C의 이야기를 읽고 나면 호기심에 따라붙어야 할 요소가 무엇인

지 보일 것이다. 그렇다. 바로 강한 멘털과 집요함이다. 이에 관해 사례로 들고 싶은 이야기가 하나 더 있다.

여러 해 전 내가 투자한 ㉰회사는 나이 지긋한 창업주 D와 그 가족 및 지인들이 주주로 구성된 회사였다. D는 유통업에 몸을 던져 타고난 친화력과 영업력을 기반으로 자수성가했다. 그렇지만 매우 공격적이었던 영업 마인드는 회사에 약이자 독이 되어 있었다. 성장을 최우선시하며 운전자본의 꼼꼼한 관리에는 관심을 두지 못했고, 과거의 성공은 앞으로 다가올 위기에 둔감하게 만들었다. D는 60이 넘은 나이에도 왕성한 호기심으로 신규 사업에 손을 댔다. 결국 ㉰회사는 매출과 이익은 크는데 현금은 말라버리는, 이른바 '흑자도산'의 위험을 안고 있었다.

나는 투자에 앞서 고심에 고심을 거듭했다. 결국 투자를 결정한 뒤, 첫 1년간 매주 경영 회의의 첫 30분을 부도 위기 극복이라는 주제에만 할애하는 지옥 같은 경험을 안게 됐다. 매주마다 현금흐름을 맞춰가야 하는 통에 자다가도 벌떡 일어나서 채권 회수 현황을 일일이 체크해야 했다. D 회장님의 왕성한 호기심 탓에 실행 기반 없이 쏟아지는 아이디어는 덤이었다.

그러나 인간은 적응의 동물 아닌가. 초반에 수비수 위주의 경영진을 구축한 우리는 회장님이 뿌려대는 무수한 아이디어들을 잽싸게 검증하고, 기존에 벌여놓기만 하고 관리하지 못한 신사업들을 하나

하나 바로잡기 시작했다.

무턱대고 시작한 오프라인 사업부는 브랜딩과 로고 디자인부터 새로 하고, 일별 평당 매출 비교, 주별 인당 생산성 평가, 유통기한별 다이나믹 프라이싱 등 뻔하지만 꼭 해야 하는 관리 체계를 도입했다. 적자 매장을 접느라 손실이 누적되고 직원 교육에 해고에 채용을 같이 진행하는 그야말로 '헬사업'이 1년간 지속되었다.

그럼 온라인은 어땠을까? 매출은 크는데 채권이 회수가 안 되기는 온라인 사업부도 마찬가지였다. 게다가 지분구조가 너무 복잡하여 정리하기가 만만치 않았다. 기존 경영진을 교체하고, 분식회계를 발견하고, 불용 재고를 떨고, 심지어 온라인 사업부의 디자인팀 인원을 한 사람씩 개인 면담하기까지, 우리의 첫 1년은 그야말로 전쟁터였다. 마음 한구석에 후회의 싹들이 자라나고 있었다.

그러나 포기는 없다. '노빠꾸' 아닌가! 첫 2년 반을 매달 부도 위기 극복 TFT를 돌릴 정도로 급박하고 정신없이 보낸 결과 2년 차부터 슬슬 희망이 보였다. 손실사업들이 정리됐고, 경영진 중에서도 멘털 약한 사람들은 나가고 '생존자들'이 남아 있는 조직으로 변모했다. 그들은 기존 사업을 비롯해 D 회장님이 뿌려대는 신사업 아이디어들도 집요하게 검증하고 얌체같이 골라내는 요령이 생겼다. 그 결과 골칫덩어리였던 오프라인 사업부는 연 100억 원 정도를 벌어내며 업계 1등으로 자리 잡았고, ㉰회사는 투자 이후 3년 만에 4배나 커졌다. 집요함과 호기심이 균형을 이루었을 때 우리의 투자는 구원의 빛을 보게 되었다.

투자의 인사이트를 얻기 위한 요령

다시 현실로 되돌아오자. 고금리, 고환율, 고물가가 판치는 대불안의 시대에 우리는 무엇을 해야 성공할 수 있을까? 무턱대고 호기심과 집요함을 가지라고? 아니. 이렇게 모호하고 두루뭉술한 얘기를 하는 건 내 스타일이 아니다. 다음은 내가 나름대로 정리한 투자 인사이트를 얻는 요령이다.

① 사회적 거리 안 두기

내가 가진 지적 호기심의 제1원천은 사람이다. 물론 정보와 지식은 신문과 유튜브, 책에도 얼마든지 있다. 하지만 나는 살아 있는 경험에 더 큰 가치를 매긴다. 쓸 수 있는 네트워크가 죽어 있는 활자보다 훨씬 더 강력하다.

앞서 이야기한 것처럼 나는 하루에도 대여섯 개의 미팅을 잡으며 사람을 많이 만나본다. 그리고 성장을 위해서 그들이 무엇을 하는지, 무엇에 관심이 있는지, 무엇에 피가 끓는지 물어본다. 그들의 전문 분야를 귀동냥하면서 새로운 섹터를 발굴하고, 판단의 의견과 근거들을 물어보면서 투자에 대한 인사이트를 얻는다. 물론 치사하게 듣기만 하지는 않는다. 내 생각과 견해도 이야기하고, 상대에게 도움이 되기를 바라며 이런저런 나의 비법들을 열렬히 소개한다. (이렇게 글까지 쓰지 않는가?)

최근에는 서울대와 하버드를 나와 언론사와 법무법인에서 근무하고 유니콘 기업의 창업 멤버였다가 외국계 회사 대표까지 지낸 친한 동생 S를 만났다. 그리고 그가 전부 다 때려치우고 새로 시작하는 메타버스 사업에 관해 신나게 듣고, 놀리고, 이야기했다. 우리도 마침 글로벌 시장을 타깃으로 하는 콘텐츠 및 미디어 회사에 투자하던 참이어서 S의 인사이트는 알차고 기름졌다. 이렇듯 좋은 투자를 위해서는 무엇이든 열린 마음으로 듣고, 그 열정을 나누고, 내가 하는 일에 무엇이 연관돼 있을지 고민하는 시간이 필요하다.

주의할 점이 두 가지 있다. 하나는 '나와 다른 사람'을 만나야 한다는 점이다. 먼저 친교를 위한 모임과 인맥을 쌓는 모임을 구분해야 한다. 단지 친교를 위한 모임이라면 끼리끼리 모여서 똑같은 이야기를 나누고, 서로 동조하며 위로를 주고받을 수 있겠다. 그렇지만 인맥에 투자하기 위해 만나는 사람은 나와 달라야 한다. 보수적인 성향이라면 진보적 성향을 가진 사람을, 아이디어 뱅크라면 실행 근육맨을, 문과생이면 이과생을, I라면 E를 만나야 한다. 서로 다른 관점과 성향이 만나야 불꽃이 튀고 변화와 발전이 생긴다. 비판 없는 격려는 나태를 낳고, 나태한 천재에게는 상대적 박탈감만이 기다릴 뿐이다.

나머지 하나는 '성공한 사람'을 만나야 한다는 점이다. 금수저도 아닌데 성공한 사람을 어떻게 만나냐는 둥, 학연과 지연이 없으면 힘들다는 둥 의견을 붙이실 수 있겠다. 하지만 내가 이야기하는 '성공한 사람'은 개념이 조금 다르다. 정확하게는 '자기 분야에서 성공을 일궈낸 사람'을 의미하는 것이고, 그만큼 에너지 레벨이 높은 사람이다. 이러한 성공은 단지 수백억, 수천억 원을 벌었다는 것을 의미하지 않는다. 자기 브랜드를 설립해본 사람, 자기 집을 지어본 사람, 자기 책을 써본 사람, 자기 유튜브나 틱톡 계정을 키워본 사람 등 어떤 분야에서 일가를 이뤄본 사람이라면 나는 성공한 사람이라 판단한다. 몇 년 전 젤네일이 막 유행하던 시점에 압구정에서 어느 네일아트숍의 주인과 우연히 친해졌는데, 몇 년 후 부착형 네일을 만드는 국내 기업이 전 세계 업계의 순위권을 차지했다는 기사를 읽게 됐다. 바로 네일아트숍 주인과 거래하던 회사였다. 나에겐 뼈아프게 놓쳐버린 투자 기회였다. 우리 주변에는 빛나는 원석 같은 사람들이 얼마든지 있다. 그들을 놓치지 않아야 한다.

② 궁합 따지기

자기 분야에서 일가를 이룰 만큼 에너지 레벨이 높은 사람들을 만나며 아이디어를 마구마구 얻었다고 하자. 그다음은 실행 근육이 작동할 시간이다. "저런 아이디어는 나 때도 있었는데 말이야", "저 사람은 운이 좋았어" 어쩌고 하는 분들은 실행 근육이 없는 분들이다. 구슬이 서 말이라도 꿰어야 보배다.

이때 먼저 인정해야 할 한계가 있다. 처음부터 끝까지 모든 것을 한 사람이 다 할 수는 없다는 점이다. 이를 인정하고 나면 다음 단계가 명확해진다. 바로 드림팀을 짜는 것이다. 드림팀에 반드시 포함되어야 할 인원은 세 사람이다. 하나는 에너지가 넘치는 몽상가, 또 하나는 완벽주의자이자 내성적인 관리자, 마지막 하나는 삐딱선을 즐겨 타는 비판자다.

이런 역할을 나눌 때 내가 즐겨하는 '설거지' 항목이 있다. 바로 각자 본인의 위치와 역할이 어딘지 구분하는 것, 업사이드와 리스크를 나누는 것, 그리고 일정 시점까지 기대하는 결과물이 무엇인지 명확히 하는 것이다. 사업에서 위기는 반드시 찾아오기 마련이다. 이때 많은 경우 꼼꼼하게 관리하는 역할이 있냐 없냐가 극복할 수 있냐 없냐를 결정한다. 위대한 아이디어를 내는 것보다 이렇듯 세세하게 역할을 구분하고 진도를 체크하는 것이 훨씬 어렵다는 사실을 내 주변에서는 종종 확인할 수 있다. 우리같은 사모펀드 투자자가 몽상가적 리더십으로 탄생한 기업들을 인수해서 더 크게 키우는 경우가 바로 그것이다.

투자로 돌아가서, 나는 성장 자금을 투자할 때 사업모델보다는 경영진의 궁합을 더욱 살피는 편이다. 사업모델은 얼마든지 변경될 수 있지만, 핵심 경영진은 쉽게 바꿀 수 없다. 스타트업이나 성장기에 있는 신사업은 더욱 그렇다. 궁합을 살필 때는 몽상가와 관리자와 비판자가 잘 조화되는지, 몽상가와 관리자 중 누가 리더 역할을 하는지에 따라 투자 여부를 결정한다. 만약 셋 중 하나가 없는데 마침 내가 딱 맞는 사람을 아는 경우 바로 투자 결정이다.

③ 일단 지르기

투자의 인사이트를 얻는 가장 빠르고 중요한 방법은 이른바 '물려보는 것'이다. 내 경우엔 지난 20년간 투자금의 3배 이상을 번 거의 모든 사례가 중간에 지옥을 겪었다. 일단 내 돈이 물리면 절박함이 달라진다. 더욱 절실히 그 산업을 공부하고, 경영진과 상의하고, 기상천외한 아이디어를 내게 된다.

물론 나도 지옥 여행 없이 제발 무난하게 돈을 벌고 싶다. 그러나 인생은 그렇게 만만한 것이 아니다. 투자는 전쟁이다. 투자가 어려워야 아무나 못 들어오고, 그래야 먹을 게 있는 법이다.

개인 투자는 나 말고도 전문가가 많을 테니, 나는 중소·중견기업들, 혹은 투자가 아직 낯선 그룹 오너분들, 또는 그 오른팔이나 왼팔인 분들께 팁을 하나 드려보겠다. 신사업에 베팅한다고 해서 연봉 3억짜리 임원을 투자은행에서 데려온다든지, 회계법인 팀을 통째로 데려올 값이면, 그 전에 작은 금액이라도 한번 담가보는 걸 추천한다. 50억도 좋고 100억도 좋다. 너무 많다고? 그럼 10억이라도 좋다. 이렇게 그룹 혹은 기업에서 큰 부담이 되지 않는 금액을 관심 있는 기업 또는 해당 기업에 투자하는 투자회사가 운용하는 펀드에 출자해보는 것이다. 그다음엔 투자회사가 투자 대상을 어떻게 고르는지, 어떻게 팀을 짜는지, 어떻게 실사하는지, 어떻게 관리하는지, 어떻게 매각하는지 가까이서 지켜보며 배우자. 들어본 이야기 같다고? 맞다. 앞서 '사회적 거리 안 두기' 요령에서 나와 다른, 에너지 레벨이 높은, 성공한 사람을 자주 만나 보는 것과 같은 맥락의 얘기다. 이때 무턱대고 자꾸 만나서 딜만 보여달라고 하면 한두 해는 만날지 몰라도 양쪽 모두 지치게 된다. 그렇지만 10억이라도 서로 돈으로 묶여 있으면 책임도 갖고, 절실함도 생기며, 위기가 와도 집요하게 버틸 수 있다. 이렇듯 질러보기 전까지 투자는 절대 나의 것이 되지 못한다. 그래서 나는 신입 사원을 뽑을 때 반드시 개인적으로 투자를 실제로 하고 있는지 물어본다. 자기 돈을 투자해본 적 없는 사람이 남의 돈 수천 억 원을 관리한다는 것은 난센스다.

펀드에 출자하거나 소수 지분에 투자하는 게 낯설고 두렵다면 주식투자도 좋다. 상장사 주식에 투자하거나 관심 있는 섹터의 ETF를 법인 계좌로 투자해보는 것이다. 이렇게 돈맛, 쓴맛을 본 뒤 본격적인 투자에 뛰어들면 된다. 너무 쓰다고? 그러면 포기하시는 것도 좋다. 투자는 매우 중요하지만, 만능은 아니다.

이제까지 이야기한 투자 인사이트를 하나의 용어로 정리하면 '맹모삼천지교'다. 이사 다니면서 다주택자가 되라는 소리가 아니고 '다양한 직업의 사람들을 가까이하며 배우고, 끊임없이 공부로 기초를 다지고, 이를 활용해서 지위와 재력을 쌓으라'는 뜻이다. 자, 이제 핸드폰을 꺼내보자. 주소록을 뒤지자. 에너지 높은 사람들을 찾아 만날 약속을 잡자. 그러면 앞으로 우리의 미래는 더욱 밝아질 것이다.

시장이 불안할 때 진짜 기회가 찾아온다

살다 보면 주식시장이 나의 앞머리처럼 후두둑 떨어질 때가 있다. 금리가 급등하면 주식시장에 단기 급락이 오는 걸 매우 잘 알면서도, 막상 급락을 맞이하는 우리들의 마음은 늘 준비가 되어 있지 않다. 금리 하락기에도 반짝 장세가 나온 후 주가가 후루룩 빠지는 걸 잘 알면서도 나의 계좌는 그렇지 않기만을 기도한다. 과거에 성과급 잔치, 아니 축제, 아니 우주 페스티벌을 벌였던 롱 전략 헤지펀드를 운영하는 내 친구들은 정말 말 그대로 곡소리를 내고 있고, 유니콘 데카콘 월드콘 브라보콘을 찾던 벤처캐피털 오너 형님들도 다들 아직 '현금을 불태우고 있는' 스타트업들을 살리느라 정신이 없고, 간간이 우리가 한때 볼트온으로 인수할 뻔했던 몇몇 신생 기업들은 사업을 접거나 급매물로 변신해서 시장을 돌아다니고 있다. 투자를 하라고 하면 욕부터 먹는 시기를 맞이한 것이다.

이런 하 수상한 시절에 나와 같은 사모펀드들은 무엇을 할까? 아니 무엇을 해야 할까? 그리고 이 글을 관심 있게 읽는 분들은 무엇을 해야 할까? 내 생각엔 바로 '투자'다. 그것도 '사모펀드처럼 투자하기'를 해야 한다. 투자하라고 하면 욕먹기 딱 좋은 시절이라고 하고선 다시 투자하라니, 이게 과연 무슨 소리일까?

사모펀드의 투자 전략

우리나라의 국민연금은 세계 무대를 놓고 봐도 상당히 투자를 잘하는 기관으로 분류된다. 2021년 국민연금의 투자 수익률은 무려 10.77%다. 2019~2021년도 수익률도 무려 연 10.57%에 이른다. 이제 우리는 노후 걱정할 필요 없이 발 뻗고 자면 될까? 안타깝지만 뻗은 발을 살포시 접어 올리셔야 할 것 같다. 국민연금의 2022년도 수익률은 −8.22%였다.

그런데 2021년에 실현 수익률이 연 23.8%, 2022년에는 8.94%를 달성한 카테고리가 있다. 바로 대체투자(사모펀드, 벤처캐피털, 부동산 등 비유동 자산 투자)다. 객관적 데이터가 있으니 "자자, 이제 우리 글은 그만 읽고 얼른 은행으로 가서 사모펀드 또는 대체투자 자산에 투자하여 다 같이 부자 됩시다"라고 하면 참 좋겠는데, 외국과 달리 우리나라는 법률상 개인이 사모펀드에 투자하는 게 쉽지 않다. (좀 고쳐주세요, 거 참.)

이쯤 되면 궁금해지는 것이 '대체 사모펀드는 투자를 어떤 방식으로 하는가?' 하는 점이다.

퀴즈를 하나 내보겠다. 인플레이션이 5%대로 4~5년간 지속된다고 가정하자. 다행히 현금은 있다. 그렇다면 다음의 선택지 중 무엇이 사모펀드식 투자에 해당할까? (현금 보유 외에 나머지 옵션의 기대수익이 비슷비슷하다는 조건이다.)

① 현금을 보유한다. 그러다가 급매가 나오면 집 같은 것을 사들인다. 급매가 나오지 않으면 연 5%씩 재산이 줄어든다. 대략 5년 뒤 재산의 5분의 1이 증발한다.

② (바닥이라고 믿고) 상장주식 또는 인덱스를 산다. 언제 파느냐가 문제인데, 행여 불황이 지속되면 시장이 한 번 더 주저앉아서 개고생하다가 이듬해쯤 원금이 회복되면 안도의 한숨을 쉬며 팔 가능성이 크다.

③ 아파트를 산다. 부동산은 주식보다 사이클이 긴 편인데, 대출 이

자는 인플레에 따라 한동안 5%대를 상회할 것이고, 법안 통과로 보유세와 거래세가 낮아질 기미는 보이지 않는다. 10년 버티면 된다. 굿럭이다.

④ 비상장 기업의 주식이나 예술품처럼 가격이 불투명한 자산을 산다. 이는 유동성이 낮아서 한번 들어가면 4~5년 안에 나오기가 쉽지 않다. 대신 정해진 가격이 없어서 낮아졌는지 높아졌는지 알 수가 없다. 회사나 작가가 잘나간다면 어쩐지 남들이 부러워할 것 같다. 대신 망하면 '폭망'이다.

선택지 가운데 ④는 변동성이 가장 낮고, 그래서 마음이 가장 편하다. 비유동적인 '우량' 자산을 중장기적으로 투자해서 유동성을 포기하고 마음의 평화를 얻는 것이다. 사모펀드식 투자는 바로 여기에 해당한다.

투자의 논거를 마련하고 전략을 세우라

골프를 치다 보면 치기는 잘 친 것 같은데 바람을 못 읽어서, 그린 라이를 몰라서, 골프장 레이아웃이 낯설어서 공이 페어웨이를 탈출하는 경우가 있다. 이때 '샷의 결과'를 기준으로 나의 골프를 판단하다 보면 가끔 멘털이 나가는 수가 있다. 이럴 때 내가 멘털을 챙기는 비법이 있으니 바로 '스윙 점수 매기기'다. 평가의 기준을 샷의 결과가 아닌 스윙에 두고, 스윙 템포와 어깨의 꼬임과 피니시의 안정성에 따라 점수를 매기는 것이다. 이 기준에 따르면 '후진 스윙과 좋은 샷'보다는 '좋은 스윙과 후진 샷'이 낫다. 잘한 샷보다 잘한 스윙에 집중하다 보면 스코어는 그냥 저절로 따라오는 것일 뿐이다. 또 매 스윙마다 새롭게 기회가 주어지는 셈이어서 멘털이 쉽게 무너지지 않는다.

비상장 기업에 투자하는 경우 이처럼 '잘한 스윙'에 집중하는 것이 기업의 가치를 올리기엔 더 쉬운 방법이 될 수 있다. 잘된 스윙의 기준을 미리 정해두고 골프에 임하는 자세는, 투자에서 매출 성장, 원가 개선, 시장 점유율 향상, 수출 확대 등 미리 전략과 평가 기준을 세워두고 투자를 하는 것과 같다.

투자 전략은 나쁜 전략보다는 전략이 없거나 너무 자주 바뀌는 경우가 100배는 더 나쁘다. 전략이 나빴다면 전략을 바꾸어보고, 그 결과가 달라진다면 배움과 경험이 내 안에 쌓인다. 그런데 이놈의 전략이 계속 중구난방이면 그날그날 샷감에 의존해야 하는 백이십돌이 초짜 골퍼 이상의 결과를 내기 어렵다.

이런 원칙은 비단 사모펀드뿐만 아니고 퀀트 투자, 개인 주식투자 또는 기업 경영에도 동일하게 적용된다. 안타깝게도, 특히 상장사 투자의 경우 스윙(전략)보다는 샷 결과(수익)에 더 의존하게 되는 경향이 있다. 펀더멘털 면에서 기업의 경쟁력이나 수익성보다 투자 심리, 당시의 테마, 그리고 주식시장에 영향을 주는 다른 외생변수들(이역만리 땅의 전쟁, 북에서 쏘는 미사일, 태평양 건너 땅의 선거 결과 등)에 의해 주가가 훨씬 많이 요동치기 때문이다. 내가 투자한 ㉮회사도 진출한 각 섹터에서 국내 1~2위를 6~7년째 지키고 있으면서, 2021년도 매출은 전년 대비 17% 컸고 영업이익은 113% 성장했는데, 놀랍게도 PER은 4~5배에 머무르고 있다. 도저히 맨정신으로는 이해가 되지 않는데, 아마 비상장 기업이었으면 이보다 서너 배는 더 높은 평가를 받았을 것이다.

즉 비상장 기업 투자는 '논리에 기반한 설득'이 쉬운 반면에, 상장 기업(에 대한 단기) 투자의 경우 '심리와 테마에 따른 분위기'가 더 영향력이 크다. 그래서 요즘처럼 외생변수가 나빠지고 있으면서 투자 심리가 불안해지고 있을 때일수록, 우량한 비상장 기업을 찾아서 묻어두는 척하고 적당히 물려 있는 전략이 유효하다.

그러면 투자의 논거나 기준은 구체적으로 어떤 것들이 있을까? 몇 가지 예를 들어보자.

① ROE가 높고 기업가치가 (경쟁 기업보다 15% 이상) 낮은 가치주형 기업을 산다.

내가 투자한 기업들이 신규 사업으로 진출하거나 볼트온을 고려

할 때 많이 쓰는 기준이다. 뇌세포를 많이 사용하지 않고도 크게 안 깨지는 전략인데, 싸고 돈 잘 버는 회사를 사서 버티는 것이다. ROE는 12% 이상이면 '고고싱'이고, 기업가치의 경우 EV/EBITDA의 유혹에 빠지지 말고 PER 12배 이하에서 성장을 10%대로 할 수 있는 기업이라면 묻지도 따지지도 말고 잡아도 된다.

② 평균 수준의 수익성이지만 변동성이 극히 낮고 진입장벽이 높으면서 수요가 빠지지 않는 기업을 산다.

경영권 인수를 할 때 많이 쓰는 전략이다. 절대 깨지지 않을 사업을 사 '존버'하면서, 경쟁사를 지속적으로 꼬시다가 시장이 좋아질 기미가 보일 때 인수하겠다고 달려든다. 때때로 오래된 브랜드가 장착된 B2C 기업들이 경쟁 대기업에 팔릴 때, 니치 섹터에 있는 B2B 기업의 업종이 갑자기 대기업의 주목을 받을 때 이런 횡재가 나타난다. 이건 투자보다 매각 실력 또는 매도 타이밍이 수익률을 결정하는 경우가 많다.

③ 산업의 장기 성장성이 보장된 산업에서 상위 3위 이내 업체를 산다.

성장 자본Growth Capital 투자를 할 때 쓰는 전략이다. 주의할 조건은 '성장할 수 있고 돈을 벌고 있는 기업일 것'과 '중단기가 아니고 장기 성장성이 보장될 것'이다. 4~5년 투자했다가 팔 때도 매력적인 회사여야 한다. 많이들 하는 실수가 중단기, 즉 3~4년 정도 성장성만 보고 들어갔다가 이후에 산업의 성장성이 푹 꺾여서 기업가치가 망가지는 경우다. 나도 이런 실수로 몇 번 피를 본 적이 있다.

반드시 실사를 하라

투자를 결심하기 전에는 반드시 실사를 해야 한다. 이는 개인 투자에서도 마찬가지다. 동네 이장님, 앞집 치과 의사 선생님, 장모님 친구가 추천하는 주식을 그냥 듣기만 하고서 사지 말라는 얘기다.

내가 실사에 쓰는 세 가지 원칙이 있다.

- 제1원칙: 가설을 세우고 무엇을 볼지 정하라.
- 제2원칙: 절대평가가 아니라 상대평가로 평가하라.
- 제3원칙: ESG를 우습게 보지 마라.

예를 들어 투자 전략으로 ROE가 20% 이상이면서 매출성장률이 10% 이상이면 적절하다는 가설을 세우고 이에 해당하는 기업을 찾아냈다고 했다고 하자. 그러면 그 기업의 지표가 실제로 그러한지 확인하는 과정이 실사다. 이렇게 무엇을 볼지 정하면 실사를 효율적으로 진행할 수 있다.

그런데 가설이 따로 없다면? 열심히 검색해보는 수밖에 없다. 인터넷에서 회사 이름을 쳐보고 관련 기사와 고객 반응을 살펴보는 것이다. 이렇게 컴퓨터 앞에 앉아서 손가락과 눈으로 하는 실사를 데스크톱Desktop 실사라 한다. 사실 우리 같은 사모펀드 또는 기관 투자자들도 데스크톱 실사에서 투자의 논거를 찾고 핵심 리스크의 80%는 걸러낸다. 회계사와 변호사, 세무사 그리고 컨설턴트들이 나머지 20% 중에서 세세한 건들을 잡아내거나, 내가 세운 논거 중 선입견 때문에 생긴 오해를 풀어준다고 보면 된다. 나 역시 컨설턴트 시절에 프로젝트가 나와서 핵심 가설Key Hypothesis이 세워지면 가장 먼저 하는 일이 철야로 인터넷과 자료를 검색하는 것이었다.

나는 데스크톱 실사의 가치를 높이 평가하는 편인데, 그 결정적인 계기가 된 사례가 있다.

내가 마음속에서 스승님으로 치는 A형님은 증권사에서 자문업으로 커리어를 시작한 분이었고, 투자는 본업이 아니었다. 자문을 하면서 야금야금 개인 주식투자를 시작했는데, 한번 '몰빵'한 주식으로 크게 휘청했다. A는 잠시 한강 다리를 떠올렸지만 이내 마음을 다잡았다. 그리고 비상장 성장주 위주의 투자 전략으로 전격 전환하고 이후 20여 년간 성공 가도를 달렸다.

그의 투자 종목 이야기는 하나하나가 책 한 권 감이다. 그리고 그 중에서도 제일 재미있는 것은 게임회사인 ㉮회사에 투자했던 건이다. 처음에 A가 투자를 검토할 때만 해도 ㉮회사는 아직 별다른 히트 게임이 없는 빌빌한 개발사였다. 다만 A의 후배 하나가 ㉮회사의 슈팅 게임인 G가 대박이라는 얘기를 입에 게거품을 물고 이야기하기에 관심이 동했다. 당장 그날 밤 G 게임을 내려받아서 플레이해보았는데, 첫인상은 실망스러웠다. 배틀로얄 형태의 서바이벌 슈팅 게임이었는데, 전개가 다소 느리다는 점과 그래픽 사양이 잘 맞지 않아 가끔 버벅거린다는 점, 그리고 국내에서 이미 이 분야로 초대박을 치던 S게임이 오랜 기간 꾸준히 1등을 장악하고 있다는 점에서 A의 관심은 짜게 식었다. '에이, 쭉정이네' 하면서 게임을 지우려고 하던 찰나, 마지막으로 한번 뒤져본 사이트가 게임 시청 콘텐츠로 유명한 전 세계적 인터넷 방송 플랫폼 트위치twitch였다.

국내에서 독보적인 1위를 달리던 S 게임은 트위치의 피크 시간대에 겨우 30위권에 머무르고 있었고, 놀랍게도 G 게임은 팔로워 순 10위권을 노리고 있었다. 국내 정서에는 잘 맞지 않아 보였던 게임이 해외 유저들, 특히 미국 유저들에게는 상당한 인기몰이를 하고 있었던 것이다. 비록 매출 전환이 느리기는 했지만, A는 해외 사용자들의 호평을 기반으로 빠르게 투자를 진행했다. 그리고 투자 직후부터 ㉮회사의 시가 총액은 2년도 되지 않아 14배 넘게 성장했다.

A가 고객 리뷰나 평판을 바탕으로 투자를 진행한 건은 이뿐만이 아니다. 그는 어느 날 국내에서는 인지도가 높지 않았던 어느 화장

품 브랜드의 쿠팡 판매 페이지에 중국 사람들이 잔뜩 리뷰를 달아놓은 것을 발견했다. A는 중국어도 못 하는 양반이었는데, 어찌저찌 타오바오 몰에 들어가 리뷰를 더 찾아보고는 확신을 갖고 해당 화장품 브랜드에 투자해 무려 10배를 벌었다. 그리고 부도를 한 번 냈던 바이오 회사의 경영진이 나와서 독립할 때 그간 쌓아온 기술과 평판을 믿고 다시 투자해서 15배 이상의 수익을 낸 적도 있다. A의 전설적인 실적을 만든 기반은 물론 그의 인사이트와 성실함이었겠지만, 그 수단은 상식과 고객들의 리뷰를 비롯해 실적을 만들 수 있는 선행지표들을 인터넷의 바다에서 쏙쏙 건져내는 방법이었다. 데스크톱 실사는 정말 누구나 할 수 있는 제1의 투자 기법이다. A를 알게 된 이후로 나 역시 투자 검토 전에 인터넷을 열심히 뒤져보는 데 내 시간을 아끼지 않는다.

혹시 이 글을 읽는 분들께 도움이 될까 싶은 마음에 나의 검색 리스트를 공유한다.

- 구글, 네이버, 유튜브: 정말 많은 정보가 있다. 시간이 많지 않다면 여기에서 끝내도 된다.
- 플레이스토어, 앱스토어: 애플의 앱스토어 리뷰가 조금 더 정확하다. 또 앱스토어의 앱 품질 기준이 더 높기 때문에 플레이스토어에만 있고 앱스토어에는 없는 앱/사업이면 B급으로 간주해도

무리가 없다.

- 쿠팡, 아마존: 리뷰의 바다다.
- 티맵, 구글맵, 네이버맵: 티맵 인기로 추천받고 있다면 그 B2C 콘셉트는 진짜다.
- 사람인, 링크드인: 의외로 직원들의 만족도가 회사 경영진의 수준을 말해준다.
- 트립어드바이저: 해외 B2C 브랜드에 관한 리뷰와 인사이트가 생각보다 많다.
- 트위치: 게임에 투자한다면 반드시 참고하자.

이외에 B2B는 각 섹터에 특화된 플랫폼이나 리뷰 사이트가 있다. 직접 찾아보아도 좋고, 나에게 연락해 물어보시면 가르쳐드리겠다.

매크로에 기반한 중기 투자는 백전백승이다

이번에는 내가 가장 좋아하는, 섹터를 찍는 전략에 관한 이야기다. 나는 종종 '파도를 이기는 선장은 없고, 매크로를 이기는 사업은 없다'고 말한다. 거대한 흐름을 읽고 거기에 대충 3등 안에만 들어갈 수 있으면 중박을 칠 수 있다. 물론 이 '거대한 흐름'이라는 게 지극히 주관적일 수 있어서, 나를 비롯해 많은 비상장 투자자들이 때때로 참교육을 받고는 한다. 그럼에도 도저히 거부할 수 없는, 모두가 동의할 수밖에 없는 거대한 흐름을 우선 네 가지로 나누어 구분하고 투자 아이디어를 이야기해보겠다. 이제부터 이야기할 테마 및 그에 따른 수혜와 피해 산업은 오직 나의 주관적인 견해에 따른 것이다.

한국이 맞이하고 있는, 모두가 동의할 만한 거대한 흐름은 점진적 소득 성장(중산층 확대), 인구 감소, 노령화, 친환경/저탄소다. 얼핏 하나의 이슈로 보이는 인구 감소와 노령화를 구분한 것은, 나에게는 이 두 개의 이슈가 그렇게 다루어야 할 만큼 중요하고 또 걱정스러운 일이기 때문이다.

① 점진적 소득 성장

소득이 점진적으로 성장하는 현상은 전 세계 웬만한 곳에서는 모두 벌어지는 거대한 흐름이다. 중산층의 성장은 그 인구 구조에 따라 소비의 취향이 다를 수는 있어도 큰 흐름은 같이 한다. 이에 따라 내가 운용 중인 펀드에서도 소득 성장에 따른 서브 섹터 투자를 10여 년째 이어오고 있다. 예를 들면 다음과 같다.

- 소비 증가: 외식 증가, (해외)여행 증가, 여가/엔터테인먼트 수요 다양화, (필수 소비재가 아닌 여흥으로서의)온라인 쇼핑 증가
- 환경 개선: 주거 환경 개선, 교육 인프라 개선, 환경 관심 확대, NIMBY 현상 확대

● 트레이딩 업: 중산층의 럭셔리 소비 확대, 로컬/서브컬처 브랜드 확대, 단백질 소비 확대(주로 소고기)

실제로 우리 회사는 한국, 인도, 중국, 베트남, 싱가포르, UAE에서 외식기업에 투자한다. 싱가포르, 한국, 아프리카에서는 고급 식자재 유통 사업에 투자한다. 또 한국과 중국에서는 환경사업을, 베트남과 중국에서는 영어 교육사업을, 인도와 일본에서는 여행사업에 투자하고 있다. 다들 재미를 보는 중이다.

② 인구 감소

인구 감소가 산업에 끼치는 가장 큰 영향은 (값싼) 노동력 또는 노동인구의 감소다. 그래서 인구 감소 흐름의 첫 번째 대안으로 나는 노동력을 대체할 수 있는 기술기업에 대한 투자를 꼽는다.

● 육체 노동 대체: 생산 자동화, 물류 자동화, 서비스 자동화, 생산지 해외 이전/외주화
● 지식 노동 대체: 데이터 분석/알고리즘 기반 의사결정, 단순 서비스 외주화/자동화
● 관계 대체: 대면 영업 채널의 온라인/비대면화

인구가 감소하면 소비층이 얇아지거나 취향의 변화가 아주 뚜렷해진다. 이 경우 특정 연령/세대에만 집중된 산업은 피해를 보기 쉽다. 예를 들어 MZ 세대가 한동안 골프에 우르르 몰렸다가 다시 테니스로 몰려가곤 했는데, 엉겁결에 테니스 쪽에 손을 댔다가는 힘들어질 것이라 판단한다.

지방 인구 소멸 위기를 겪는 일본의 사례를 보면 지방 중심의 리조트, 부동산 개발, 유통 사업 등은 손대기 힘든 섹터다. 서빙 로봇 같은 건 참 계륵인데, 사용처는 앞으로 늘어나긴 하겠지만 이런 단순 협업 로봇은 이미 생산 단가가 한국과는 맞지 않다. (오토바이, 프린터기, 저가형 가전제품 등이 다 그렇다. 심지어 아이폰도.) 이런 건 결국 수입 후 최적화 및 서비스가 더 테마에 맞다고 본다. 나도 이런 로봇을 외주 운영해주는 ERP/SI 회사에 투자했다.

③ 노령화

노령화라고 하면 건강 기능식품이나 홍삼 제품의 흥행을 떠올리는 경우가 많다. 그런데 사실 홍삼은 세대를 막론하고 선물용으로 팔리는 경우가 대부분이고, 건기식은 몇몇을 제외하면 유행상품(B2C 리테일의 큰 특징)에 가깝다. 오히려 건기식은 소득 증대를 이루는 시점(1인당 GDP 3,000달러에서 5,000달러 사이)에 여가 활동 증가로 운동과 관련하여 소비 확대가 일어나기 시작한다. 그러한 현상을 목도할 수 있는 곳이 베트남이다. 얼마 전에 베트남에 출장을 다녀왔는데, 최근 들어 베트남 젊은이들은 헬스클럽을 다니고 PT를 받으며 몸을 만들기 시작했다.

투자의 관점에서 보면 노령화의 가장 큰 흐름은 '소비 주체의 변화'에 있다. 요즘 젊은이들이(아, 이렇게 이야기하니 나도 팍삭 늙은 느낌이다.) 미디어 소비를 유튜브, 인스타그램, 틱톡, 아프리카 TV 등 모바일로 하는 동안 집에서 TV를 시청하는 사람들의 연령대가 쑥 올라갔다. 그 결과 1980년도부터 22년간 1,088회나 방송한, 20년 전에 종영한 드라마 〈전원일기〉의 출연진이 리얼리티 프로그램에 나와 다시 인기를 끌고 있고, 그 앞뒤로 방영되는 홈쇼핑의 판매 아이템들도 실버 세대의 입맛에 맞게 바뀌어가고 있다.

노령화와 관련한 섹터는 다음과 같다.

- 건강 및 수명 연장 욕구: 의료, 치료 서비스 및 제약 바이오 (치명적 질병 위주)
- 여가 확대: (단거리)해외여행, 미디어, 성인 대상 교육

개인적으로는 우리 어머니 생각이 나서 요양 관련 투자를 참 하고 싶다. 이 섹터는 거의 6년째 파고 있는데, 아직 외국인 노동자를 대체할 획기적인 기술이나 사업모델이 나오지 않고 있다. 요양 시설

자체도 기업화하기에 민감한 문제들이 많다. 내가 은퇴하기 전까지는 반드시 해결책을 찾아보고(그래서 떼돈도 벌고 사회에 기여도 좀 하고) 싶다.

④ 친환경/저탄소

이건 아직도 저평가되어 있는 섹터인데, 앞으로 정말 큰일이 날 것으로 본다. 친환경 테마는 ESG라는 탈을 쓰고 수출 또는 해외 서비스를 중심으로 하는 기업부터 영향을 줄 것이다. 이 이면에는 지정학적 리스크, 즉 중국과 러시아를 중심으로 한 세력과 미국과 유럽을 중심으로 한 세력 간의 힘겨루기가 자리해 있다. 다양화라는 세계적 흐름에서 제2의 냉전 시대가 거부할 수 없는 흐름이 되고 있는데, 이때 구 서구세력이 신 동구세력을 견제하는 가장 폼나는 방법이 ESG 되시겠다. 예를 들면 저탄소 배출이 검증되지 않은 공급망을 통한 제품의 수출을 막는다든지, 대체 에너지나 재활용 소재의 의무 사용 기준을 높이고 그를 충족시키지 못하는 제품은 아예 생산을 금지한다든지 하는 일이 벌어질 것이다. 이때 우리처럼 낀 자들이 얼마나 준비되어 있는지에 따라 지난 50년간 이뤄왔던 번영을 이어나갈 수 있을지가 결정될 것이다. 그래서 나는 이 섹터의 투자를 반드시 담고 있고, 기존에 투자한 회사들도 모두 유럽 수준의 ESG 기준을 맞추려고 하고 있다. 10년 뒤를 위해서다.

시장이 불안할 때 진짜 기회가 찾아온다. 모두가 어려워하는 이런 때야말로 진짜 실력자가 활약할 때인 것이다. 공부하자. 그리고 준비하자. 속는 셈치고 사모펀드처럼 투자해보시길 바란다. 빨빨거리고 싸돌아다니느라, 여기저기 물어보고 다니느라 몸과 마음이 모두 건강해진다. 내 계좌도 덩달아 건강해진다.

이태리 사람들과 함께하는 우리의 자세

제목을 보고 무슨 씻나락 까먹은 소리인가 하신 분들, 내가 국제 결혼이라도 했나 하시는 분들은 오해 마시라. 나는 서구적 마스크를 갖고 싶지만 정말 딱 한국인처럼 생겼고, 아내와 아이들 역시 누가 보아도 한국인이다. 그런데 갑자기 무슨 '이태리 사람' 이야기냐고?

먼저 요즘 시절 이야기를 좀 하자. 최근에 투자와 관련해서 우여곡절 끝에 신사업에 투자하신 회장님들, 그리고 이 어려운 시기에도 확장 전략을 펼치시는 애국자 대표님들께서 자주 하는 청탁이 있다.

"김 대표, 좋은 사람 좀 구해줘."

"좀 젊은 경영진들 없을까?"

"경력직 신입사원들까지는 김 대표가 모르지?"

"요즘 직원들, 도통 무슨 생각을 하는지 모르겠어."

높으신 분들이 '괜찮은 젊은 사람들'을 이렇게나 찾는데, 어째서 뉴스에서는 매일 청년 실업률이 치솟고 대졸자 취업률은 OECD 회원국 가운데 최하위권이라고 떠드는 걸까? 둘 중 하나가 잘못된 정보인 걸까? 정답은 '둘 다 맞다'다.

90년대 초반 일본에는 '프리터족'이라 불리는, 특정한 직업 없이 아르바이트로만 돈을 버는 젊은이들이 급증했다. 일하고 싶을 때 일하고, 모은 돈으로 언제든 훌쩍 해외여행을 떠날 수 있는 멋지고 쿨한 젊은 언니 오빠들의 모습은 당시 일본에 유학 중이던 나에게 문화적 충격이자 동경의 대상이 됐다. (아, 나도 집시처럼 일할 때만 일하고 자유롭게 떠나고 싶다. 욜로~ 파이어!) 하지만 역시 too good to be true, 일본의 불황이 심화하며 자의 반 타의 반으로 프리터 생활을 하는 사람들이 많아졌고, 프리터족은 안쓰럽고 미래가 걱정되는 신세대의 모습으로 정의가 달라졌다. 20여 년이 지난 지금은 아예 구직을 포기하는 '니트족'까지 생겨났다.

한국이 일본의 경제 추이를 따라가는 모습은 저출산 고령화에 이어 청년취업 부문에서도 나타난다. 청년층이 원하는 직업과 실제로 있는 기회 사이에 괴리가 커져가고 있고, 한국형 프리터족도 일찌감치 나타났다. 서울, 강남권에 사무실이 있으면서 9 to 5의 건강한 업무 시간을 칼같이 지키고 연봉은 억대를 지향하면서도 나의 개인 생활을 존중해주는 일자리의 수요와 공급은 기대를 처절하게 빗나가고 있다.

다 아는 우울한 이야기를 왜 이렇게 장황하게 하느냐고? 지금부터 내가 할 이야기, '세상이 변했고, 우리의 투자 역시 달라져야 한다'는 이야기가 바로 여기에서 시작해야 하기 때문이다.

한국산産 이태리 사람들

요즘 내가 투자할 산업을 접할 때 그리고 투자를 집행하면서 조직 관련 이슈를 접할 때 가장 강조하는 이야기가 우리는 이제 '이태리 사람들'과 살아야 한다는 점이다. 2022년도 한국의 1인당 GDP는 3만 2,422달러로, 이탈리아의 3만 4,776달러를 바짝 뒤쫓고 있다. 이제 태어나고 있는 우리 아이들의 사고방식은 내가 태어났던 1인당 1,000달러 시대보다 30배 더, 우리 회사에 주축으로 일하는 1980년대 후반~1990년대 초반 태어난 세대보다는 3.5배 더 부유한 시대에서 시작한다. 이제 나를 비롯해 구세대 꼰대들이 신세대를 이해하려면, 그들이 우리가 지난 40여 년간 겪은 한국 사람보다는 배낭여행을 통해 만났던 이탈리아 사람들과 더 유사한 뇌 구조를 가지고 있다는 사실을 받아들여야 한다. 외식시장의 성장, 와인 시장의 확대, 골프와 테니스 및 조깅 인구의 증가, 명품 리셀링 마켓의 탄생 등 지난 5~10년간 새로이 자리 잡은 수많은 트렌드는 '한국산 이태리 사람들'(이탈리아가 아니다!)의 확대가 만들어낸 결과다. 이렇게 신세대들을 이제까지 우리가 알던 한국인보다는 외국인에 더 가깝다고 정의하고 시작하면 우리의 꼰대 인생은 조금 더 편안해지게 된다.

그럼 앞으로 이런 한국산 이태리인들과 함께하는 미래에 투자자로서 우리는 무엇을 해야 할까? 한번 시장과 조직의 측면에서 조명해보자.

변화하는 고객들

투자자로서 제일 중요하게 살펴야 할 지점은 '변화하는 고객'이다. 그런데 이 지점은 참 모호하기 그지없다. 나와 우리 아이들은 여전히 새우깡을 먹고, 삼다수를 마시며, 월드콘을 즐긴다. 대체 뭐가 달라진 걸까?

B2C에서 고객의 행동과 선호도는 잘 변하지 않는다. 입맛이 변하는 데는 보통 1세대가 걸린다고 하며, 그마저도 인종이나 민족에 따라 변하지 않는 것들이 있다. 그런 면에서 식음료 사업은 상당히 방어적이고 안정적인 (그래서 성장이 항상 도전받는) 투자 대상이다. 그러면 어디에서 변화를 찾아야 할까?

① 행동의 변화: 채널의 변화

나는 구매/판매 채널의 변화가 가장 유의미하게 관찰할 수 있는 영역이라고 본다. 구매 및 판매 채널의 변화는 통상 대규모 투자와 규제상의 변화를 동반하는데, 그래서 한번 잘못 엮이면 정말 쓰디쓴 맛을 보게 된다.

내가 몇 년 전 투자한 ㉮회사는 우리 밥상에 매일같이 올라오는 제품을 판매하는, 누구나 좋아할 만한 카테고리에서 1~2등을 다투는 회사였다. 지방에서 시작하여 30년이 넘는 시간 동안 전국구 브랜드로 성장했고, 제품은 경쟁 대기업 제품 대비 20~30% 정도 프리미엄을 인정받았다.

워낙 좋아하던 브랜드인데다 평소 내가 주장하는, '반드시 10년 넘은 소비재Fast-moving consumer goods, FMCG 브랜드에만 투자한다'는 개똥철학에도 딱 부합하는 투자 건이라 나는 신들린 듯 달려들었다. 전통시장과 슈퍼마켓에서 독보적인 시장 점유율을 가진 제품 라인업에 두세 가지 제품군을 더 추가해서 비용 증가 없이 매출을 날로 먹자는 전략을 세운 다음 위풍당당히 들어갔다. 짠!

첫 1년 동안 상온 유통이 가능한 신제품을 마구마구 론칭하기 시작했다. 안주류들, 동남아 식자재들, 전통 스낵류들 등 다양한 카테고리를 선보이면서 기존 영업조직을 미친듯이 몰아붙였다. 신제품 개발을 중심으로 한 경영진을 구성했고, 빠른 생산을 위해 외주 생산 파트너도 적극적으로 개발했다. 덕분에 인수한 지 1년도 안 돼 회사의 SKUStock Keeping Unit는 2배가량 증가했다. 그렇게 영혼과 내 피땀과 사랑을 갈아 넣은 ㉮회사의 첫 1년 실적은, 그러나 보기 좋게 나의 기대를 벗어났다.

앞서 이야기한 것처럼 제품력이나 브랜드에서는 문제가 없었다. 아니, 패키징과 광고 전략을 개선하면서 실제로 브랜드에 대한 소비자 충성도는 역사상 최고를 달렸다. 그런데 대체 무엇이 문제였을까? 우리는 곧 답을 찾았다. 바로 채널 전략이었다.

당시 식품 시장은 쿠팡과 SSG를 비롯해 이커머스 플레이어들이 처절한 출혈 경쟁을 벌이기 시작하던 시점에 있었다. 그에 맞추어 기존의 기득권자였던 초대형 마트들과 하이퍼마켓들도 생존을 위한 총력전에 진입했다. ㉮회사가 절대 강자로 군림해 있던 전통시장 및 슈퍼마켓 채널은 고래 싸움에 새우 등 터지는 상황이 되었다. 퍼주기식 마케팅과 배송 및 결제 혁신에 영리한 고객들의 구매 행태는 빠르게 하이퍼마켓 채널을 거쳐 슬금슬금 이커머스 사이트들로 옮겨가고 있었다. 인간은 한번 맛본 편리함을 잊지 못하는 존재이고, 그렇게 기울기 시작한 고객의 변화를 ㉮회사 하나의 힘으로 막기에는 역부족이었다. 결국 ㉮회사가 계속 전통 오프라인 채널에 집중하면서 브랜드를 강화하는 동안 '고객이 제품을 사고 싶어도 자기가 가는 채널에 제품이 없는' 비극을 맞이한 것이다.

그렇지만 살아남는 자는 적응하는 자 아닌가? 우리는 '폭망'한 첫 해를 뒤로하고 다시 시작하는 마음으로 우선 제일 큰 시장인 하이퍼마켓과 편의점 시장을 두드리기 시작했다. 똑똑똑. 엇, 그런데 이 시장도 만만찮았다.

신유통, 즉 하이퍼마켓 채널은 이마트와 롯데마트가 혈전을 벌이고 홈플러스가 고군분투하고 있었다. 그런데 골목 상권 및 전통시장을 보호한다는 명목으로 하이퍼마켓들이 영업일수 제한을 받기 시작했다. 한편 '과도한' 수수료와 마케팅 비용으로 수익성이 떨어지는 신유통 채널에서 우리가 취급하는 제품군들은 제대로 된 수익을 거두기 어려웠고, 게다가 저가 제품으로 물량을 돌려서 변동비라도 커버되면 먹고살겠다는 지방의 이름 모를 브랜드들이 시장에 마구 진입했다.

결국 우리는 신유통 채널은 제한적으로 확장하기로 하고, 차라리 온라인과 해외 수출시장에 더 집중하는 채널 전략을 세웠다. 이렇게 전략을 세우고 나니 프리미엄 제품에 맞는 인프라 개선이 우선되어야 했다. 특히 미국의 대형 채널에 유통 가능한 품질 기준 및 유기농 인증을 받아야 한다는 판단이 섰다. 그렇게 1년 넘도록 설비와 공정 및 제품 라인을 뜯어고친 끝에 3년 차부터 회사의 실적이 획기적으로 개선되기 시작했다.

그동안 한국에서의 채널 전쟁은 쿠팡의 상장과 코로나 시국을 등에 업고 온라인이 오프라인 신유통을 상대로 완벽에 가까운 승리를 거뒀다. 고객들의 온라인 구매 비중은 대세 상승기에 접어들기 시작했다. 채널의 변화는 매크로의 변화와 같아서 시대의 흐름에 따라 크게 변하고, 한번 방향을 틀면 되돌리기 어렵다. 큰 파도를 맞아 돛단배를 타고 있는 우리 투자자들은 생존형 순응 전략을 세우는 것이 현명하다.

② 선호도의 변화: 변덕

채널의 변화가 해류와 같이 거스르기 힘들다고 한다면, 브랜드의 변화는 변덕스러운 구석이 있다. 한번 제대로 구축된 브랜드는 잘 무너지지 않지만, 유행처럼 불타오르는 브랜드는 많은 경우 처참한 미래가 기다릴 수 있다. 이는 비단 소비재만 국한한 이야기가 아니라 산업재도 마찬가지다. 제품의 첫 교체 주기를 살아서 넘기지 못하면 그 브랜드와 제품의 수명은 짧을 수밖에 없다. (그런데도 투자자는 새로운 브랜드의 탄생에 환호하며, 내가 찍은 브랜드는 다를 것이라는 착각의 굴레에 빠지곤 한다. 뭐, 괜찮다. 세상은 원래 '나'를 중심으로 돌아가는 거 아닌가? 이렇게 살면 정신 건강에 좋다.)

투자할 만한 브랜드를 고를 때 내가 중요하게 보는 지표들은 다음과 같다.

● 첫 10년을 살아남은 브랜드인가?

내 주변에 있는 훈남 훈녀 후배들이 종종 결혼을 고려하면서 상담을 요청하는 경우가 있는데, 나는 꼭 봄부터 겨울까지 사계절은 꼭 지내보고, 쓴맛 단맛 신맛 다 겪은 다음 결혼하라고 이야기한다. 적어도 1년은 겪어봐야 결혼해도 괜찮을 사람인지 판단할 수 있다고 생각하기 때문이다. 결혼을 전제한 연애의 최소 기간을 1년이라고 본다면, 브랜드 투자에 있어서 생존의 최소 기간은 10년이다. 일반적으로 브랜드가 10년을 버텨냈다면 '소개-부흥-퇴색-부활'의 사이클을 한 번씩 겪어보았다고 볼 수 있다.

앞서 말했듯이 이런 규칙은 소비재뿐 아니라 산업재에도 적용된다. 아니, 더 심하다. 최종 제품이 아니라 중간재를 생산하거나, 생산 기자재 혹은 공구 등을 생산하는 제조업이라면 티어 1 혹은 티어 2 고객사의 승인이 필수적인데, 이를 위해서는 오랜 기간 제조 공정, 원가율, 품질, AS 수준 그리고 유통 조직에서의 신뢰가 전제되어야 한다. B2B 제품을 주로 생산하는 회사 혹은 브랜드가 신제품을 개발해서 5년 내 시장에 깔겠다고 호언장담하면 일단 나는 색안경을 끼고 본다.

● ROAS의 변화가 심하지 않은가?

브랜드 파워를 측정할 때는 특정 기간 동안의 매출력이 그 브랜드의 근본적인 파워(지구력) 때문인지, 특정 광고 혹은 프로모션의 힘(순발력) 때문이지 잘 살펴야 한다. 나는 투자를 100m 달리기보다는 마라톤에 더 가깝게 보고 있으므로 지구력을 훨씬 중요하게 생각한다. 그래서 특정 제품 또는 브랜드가 계단식으로 매출 성장을 이루고 있을 때면 최소 3년 이상의 ROAS 추이를 꼭 들여다보고, 매출 성장기를 전후하여 마케팅 프로모션에서 어떤 대박 사건들이 있었는지 살펴본다.

몇 년 전에 안방을 뜨겁게 달군 어느 드라마에 '헉' 소리 나는 미모의 여배우가 출연했다. 그리고 우연히 그 배우가 내가 투자한 회사의 광고모델이 되었다. 강렬한 비주얼과 더욱 강렬한 팬들의 환호에 힘입어 대박을 은근 기대했다. 그런데 공교롭게도 ㉯화장품, ㉰금융회사, ㉱식품회사 등 수많은 브랜드들이 그 배우를 광고모델로 쓰는 바람에 결국 론칭 첫 주 반짝을 끝으로 '모델은 기억나나 광고는 기억나지 않는' 불쌍한 마케팅 사례의 한 페이지를 장식하게 됐다. 그 후 나는 이상적으로 300%, 못해도 200% 이상의 지속적인 ROAS 창출이 없는 프로모션은 낭비라는 견해가 머릿속에 박혀버렸다.

ROAS가 들쑥날쑥한 제품은 일단 경영진이 일관된 성공 사례를 만들지 못하고 제품을 그저 유행처럼 흘러가는 상품으로 인지한다고 보아야 하며, 여러분은 투자자가 아닌 고객님(전문 용어로는 '호갱님')으로 남는 것에 만족해야 한다.

변화하는 직원들

한국에서 투자자로 살아남기 위해 살펴야 할 두 번째 지점은 조직 내에서 이태리 사람들, 즉 새로운 마인드와 가치체계를 장착한 신인류들과 어떻게 소통해야 하는지다.

몇 년 전 내가 ㉮그룹과 함께 사업 분할을 통해 만든 ㉯기업은 수출과 내수를 겸하는 전통 제조기업이었다. 기술적 진보가 뛰어나다거나 수출로 인해 성장이 폭발적이라든가 하는 화려함은 없었지만, 50%가 넘는 국내 시장 점유율을 갖고 40년가량 1등 브랜드로서 고객의 신뢰를 얻고 있다는 점에서 해볼 만한 투자라고 판단했다. 그래서 해외의 선도 기업에서 A 대표이사를 어렵게 설득해 모시고 왔다. A는 나이는 지긋한 편이었지만 관련 업계에서 30년 이상 경험을 쌓았고, 특히 선도 기술 및 해외 영업에 탁월한 업적을 이룬 사람이었다. 후배 경영진을 몇 년간 육성하고, 그게 잘 되면 생산 위주의 기업에서 R&D 위주의 기업으로 탈바꿈까지 할 수 있겠다는 기대가 생겼다.

새로운 대표이사에게 전권을 주고 맡긴 지 1년 정도 흘렀을까. 딜 이전부터 친분이 있던 ㉯기업의 임원 한 분이 안부차 보낸 문자에서 야릇한 반응을 감지했다.

'김 대표, A 대표님께 많이 배우고 있어, 처음부터 싹 다 새로.'

오잉? ㊓기업에서 20여 년간 뼈를 묻어오신 분이 '싹 다 새로'라니? 뭔가 '쎄~한' 기운이 느껴졌다. 파보자!

이런저런 채널들을 총동원해서 알아본 결과, 놀랍게도 A 대표이사가 취임한 지 반년도 채 되지 않은 시점부터 회사의 분위기가 악화일로를 걷고 있었다. 첫 3개월은 허니문 기간인지라 서로 조심도 하고, A 대표의 '선진 경영 기법'에 우리 구수한 기존 경영진과 파릇파릇한 신규 직원들도 신선함을 느꼈다. 그러나 잔소리도 자꾸 들으면 독이 되는 법. 매주 아침 일찍 시작되는, 이른바 'GE식 타운홀 미팅'에서는 낯선 자아비판이 계속 강요되었고, "라떼는 말이야"로 시작해서 "미국에서는 말이야"로 끝나는 훈계형 커뮤니케이션은 공감보다는 반감을 샀다. 급기야 회사 창립 이래 최초로 사무노조가 설립되기에 이르렀다. 해외파 대표이사를 가장 먼저 반긴 것이 젊은 사무직 직원들이었으나, 일방적이고, 윽박지르고, 참을성 없는 쌍팔년도 베테랑 리더십에 오히려 가장 먼저 반기를 들었다. 무엇보다도 ㊓기업의 실적이 슬슬 빠지고 있었다.

급한 마음에 나는 허겁지겁 ㉤그룹과 사태의 심각성을 논의한 후, 결국 좀 더 젊은 감성과 오픈마인드, 그리고 겸손한 '을'의 자세를 장착한 경쟁사의 퇴임 임원인 B를 새로운 대표이사로 모셨다. 부드러워 보였지만 사실은 능구렁이 100단이었던 B의 소프트 리더십은 취임 3개월 만에 사무노조를 전격적으로 없었던 것으로 하는 성과를

냈다. 물론 회사의 실적도 이후 점진적으로 개선됐다.

B 대표이사의 사례에서 주목할 만한 것이 있다. B가 젊은 사무 노조원들과 마음을 터놓고 소통해보니, 그들의 요구사항이 오직 금전적인 것에 있지 않았다는 점이다. 이때 알게 된 것들을 바탕으로 요즘 내가 유능한 한국산 이태리 직원들을 모시기 위해 사용하는 유용한 방법들은 다음과 같다.

- 회사 차량은 반 단계 더 '뽀다구' 나는 모델로 계약한다. (리스를 이용한다면 실제 비용은 큰 차이가 없다.)
- 강남이 아니라도 서울 권역 또는 서울 근교에 R&D센터, 영업본부, 전략본부 등 핵심 조직을 위치시킨다. (일단 들어오고 나서 시간이 지나면 정이 든다. 1~2년 있다가 조직이 안정되면 사옥을 이전해도 대부분 따라온다.)
- 과감하고 투명한 휴가 정책을 실시한다. (놀랍게도 돈 몇 푼 더 주는 것보다 휴가를 칼같이 보내주는 게 젊은 직원에게는 더 중요해졌다. 진짜다!)
- 직원들의 소리함을 운영하면서 대표이사가 직접 손편지까지는 아니더라도 댓글로 운영해준다. (바쁜 대표이사들에게는 미안한 말이지만, 내 인스타 댓글이라 생각하고 관리하다 보면 애정이 생긴다.)
- 퇴사자와 1:1 심층 인터뷰를 진행하고 사후 관리를 한다. (호랑이

는 가죽을, 사람은 이름을, 퇴사자는 뒤끝을 남긴다. 퇴사 예정자의 허심탄회한 제안과 고백은 앞으로 생길 퇴사자 10명을 막아준다.)

- 대표이사 및 임원의 사무실 문을 부수거나 사무실을 없앤다. 또는 사무실 크기를 줄이고 유리문으로 바꾼다. (몸과 눈에서 멀어지면 마음도 멀어지고, 이는 우리의 사무실에서도 마찬가지다.)

한편으로 내가 새로운 회사에 투자할 때 조직 간에 세대 갈등이 있는지, 원활한 직원 채용이 가능할 것인지를 파악하기 위해서는 다음의 지표들을 우선 확인한다.

- 직급별 퇴사율(입사 후 1년 내 퇴사하는 직원의 비율)
- 블라인드의 최근 피드백(최소 30개)
- 네이버 및 구글 키워드 검색(기업 입사 조건 등)

이렇게 미리 검증해보고, 일단 현재 상태가 관리할 수 있는 수준이라고 생각되면 그때부터 경쟁력 있는 새로운 직원들을 수급하면 된다.

우리의 투자 시장은 급변하고 있고, 그 난이도는 인플레의 위기를 맞아 더욱 올라가고 있다. 투자자라면 근본적이고 장기적인 변화에 눈을 맞춰야 한다. 한국산 이태리인들이 부상하는 저출산 고령화의 시대에도 투자 기회는 널려 있다. 이탈리아의 1인당 GDP를 바짝 좇고 일본의 엔저 현상 덕분에 슬쩍 따라잡았다고 자만해서는 안 된다. IMF에 따르면, 미국의 2024년 추정 1인당 GDP는 8만 5,374달러로 한국의 두 배를 훌쩍 넘긴다. 앞으로도 갈 길이 멀고 할 일은 많은 것이다.

우리 모두 낯선 신인류를 우리의 아군으로 만들고, 그들이 즐기고 사용할 만한 사업을 찾아 투자하자. 그리고 그 사업을 무럭무럭 키워 나갈 수 있는 미래의 꼰대들, 오늘의 이태리 사람들을 키워보자. (도저히 못하겠다, 모르겠다 싶으신 분들은 언제든지 나에게 연락하시길 바란다.)

불황의 공포
'R'에 겁먹지 마라

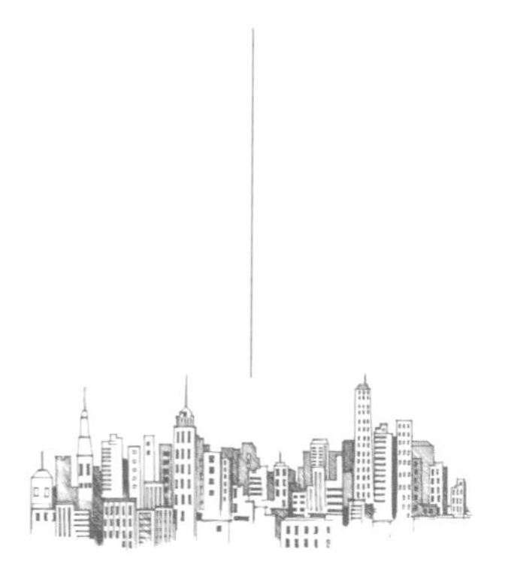

연말이면 이래저래 생각이 많아진다. 지난 거래들을 정리하는 한편으로 내년에는 또 뭘 해서 먹고 살지, 회사는 어떻게 키울지, 살은 어떻게 뺄지, 머리는 어떻게 자를지 고민이 깊다. 심란한 것은 다들 마찬가지여서 지난번 연말 모임에서는 흉흉한 소문과 이런저런 넋두리를 들었다.

"곧 R 선생Recession이 올 거야. 이제 세계 평화는 물 건너갔어. 모두 인플레의 노예가 되고 말 거야!"

코로나 시국을 지나오고, 앞으로 평생 없을 것 같은 강대국 간의 전쟁 위기를 실제로 경험하고, 올라간 기름값과 전기세, 게다가 더 올라간 소보로 빵값을 격하게 온몸으로 느끼다 보면 이런 착각을 할 수도 있다. 오잉? 착각이라고?

곧 세상이 '폭망'할 것처럼 호들갑을 떠는 말을 듣다 보면, 대체 그 시점이 언제냐 그리고 그 원인을 어디에서 찾느냐에 따라 결론이 꽤나 모호해진다는 생각을 하게 된다. 투자는 각자의 논리와 가정을 가지고 그것을 스스로 검증해보는 (즐거운, 혹은 고통스러운) 기간을 거쳐야만 결과물이 나오는 과정이다. 만약 내가 데이 트레이더라면 당장 오늘 점심 무렵에 산 주식에 벌어질 일이, 내가 사모펀드라면 투자한 회사를 4~5년쯤 경영하면서 벌어질 일이, 내가 은퇴를 준비하는 연금 투자자라면 10~20년 동안 내 나라와 지구가 망하지 않을 일이 중요하다. 결국 '내가 누구'인지, 그리고 '내가 하는 투자의 기간이 얼마'인지에 따라 투자 환경에 관한 판단은 달라질 수 있다.

그렇다면 내가 바라보는 내년부터의 세상은 과연 '폭망'일까 아닐까? 내 스탠스는 '앞으로 다가올 미래, 별거 없다, 겁먹지 마라! 그리고 상식에 충실해라!'다.

공포는 '기회를 보는 눈'을 가린다

앞으로 경제가 점점 더 어려워질 것이라는 전망은 거의 기정사실화된 듯하다. 언론, 기관, 전문가 대부분이 R이 올 것으로 예상하고 있고, 금리 상승으로 인한 금융 및 (특히) 부동산의 불안을 거의 모든 국가에서 비슷하게 걱정하고 있다. 그런데 재미있는 것은, 한 단계 더 나아가 내후년의 모습에 대해서는 뚜렷한 언급이 잘 보이지 않는다는 점이다. 대략 자명해 보이는 사실들만 추려보면 '내년은 어려워질 것 같다', '내후년은 잘 모르겠다', 그리고 '우리는 앞으로 몇십 년쯤은 더 살 것 같다' 정도겠다. 마지막 사실에 주목하자. 우리는 당장 다음 달의 카드값, 담보 대출 상환이 급한 것이 아니라면, R 선생이 찾아온다는 두려움에 호들갑을 떠는 대신 머리를 식히고 조금 더 중장기적인 트렌드에, 아니 그냥 상식에 집중하는 편이 좋을 것이다.

그 누구도 거부할 수 없는 상식, 또는 초거대 트렌드를 정리하면 다음과 같다.

① 한국의 인구는 줄어들고 있다. (2020년에 피크를 지났다.)
② 노령화는 한국과 일본뿐 아니라 전 세계적인 이슈다. (중국이 빠르게 따라오고 있다.)
③ 세계 경제는 여전히 잘 성장하고 있다.
④ 앞으로의 세계 경제 성장은 아시아가 이끈다.* (그리고 우리나라

*2050년 예상 GDP를 보면, 중국 1등(세계의 20%), 인도 2등(세계의 15%), 인도네시아 4등, 일본 8등, 이 와중에 프랑스는 10위권 밖 탈락이다.

는 아시아에 있다!)

내가 앞으로 5년 이상 경제활동을 할 것이라면 또는 10년 단위의 계획을 세우고 준비를 해야 한다면, 거대한 흐름을 보면서 당장 눈 앞의 노이즈는 거르고 갈 수 있는 '깡'이 있어야 한다.

사실은 나도 공포에 휩싸여 도대체 어째야 하나 싶은 걱정 속에 일생의 투자 기회를 놓친 적이 여러 번 있다. 눈물 없이는 들을 수 없는 내 경험담을 여기서 푼다.

2008년 초, 내가 글로벌 사모펀드 매니저의 부푼 꿈을 안고 홍콩으로 이직했을 때의 일이다. 몇 달씩 장기 출장을 다녀본 적은 종종 있었지만, 이번에는 전셋집도 빼고 차도 팔고 넘어갔다. 이렇게 한국을 떠나본 적은 (유학생이었을 때를 제외하면) 밥벌이를 하기 시작한 이후 처음이었다.

돌아보면 그 이직 타이밍은 참 기가 막힌 시점이었다. 아시다시피 2008년은 그 이름도 거창한 '세계 금융 위기Global Financial Crisis, GFC'가 시작되어 아시아를 강타할 무렵이었다. 홍콩으로 이직한 지 몇 달도 채 되지 않아 친한 업계 형들, 동료들이 회사에서 알량한 분홍색 봉투 하나를 받고 출근 즉시 잘리는 일이 매일같이 일어났다. 어떤 투자은행은 한국에서 구조조정이 힘들 것 같으니 우선 홍콩으로 발령을 내놓고, 옮기고 나면 두 달도 되지 않아 잘라버렸다. 그래서 부푼 꿈을 안고 홍콩으로 직장을 옮긴 젊은 뱅커들이 1년씩 계약한 집의 월세조차 못 내는 처지가 되곤 했다. 정말 이런 지옥이 또 있을까 싶던 시기였다.

이듬해인 2009년에는 설상가상이었다. GFC가 슬슬 잠잠해지나 싶은 시기가 오자마자 홍콩에는 역병이 돌았다. 젊고 혈기 왕성한 사람들이 더 취약한 'H1N1 Swine Flu'가 대유행하며 사람들을 한 번 더 패닉에 몰아넣었다. 물론 최근의 코로나와 비교하면 비교도 되지 않을 수준이었겠지만, 당시만 하더라도 걸리면 죽을지 모를 전염병이 홍콩 일대를 휩쓸자 온갖 흉흉한 소문이 돌았다. 거리의 상점들은 망해갔고, 집값은 폭락했고, 주식 시장은 쌍바닥 패턴을 뚫고 내려갔다.

홍콩에서 정신없는 일들이 연이어 벌어지는 동안, 나는 뜻밖에 느긋했다. '설마 이직한 지 1년도 안 됐는데 자르지는 않겠지' 하는 막연한 기대가 있었다. 그리고 '혼란한 시기에는 일단 아무것도 하지 말아보자'로 표현할 수 있는 당시 대중의 심리에 편안하게 몸을 맡겼다. 공포가 자포자기의 형태로 발현된 셈이었다. 해외 이직과 GFC 그리고 홍콩 독감으로 이어지는 2년 동안 내 투자 일지는 백지였다.

그런데 바닥을 살짝 지날 때쯤이었을까. 홍콩과 싱가포르를 오가면서 투자하던 L사모펀드의 이사이자 친구인 A가 사무실에 방문할 일이 있었다. 늘 그렇듯 커피 한 잔을 두고 투자 아이디어와 수다를 섞어서 시간을 때우는데, 어째선지 A는 엄청 바빠 보였다.

"아니, 뭐 하느라 요즘 연락도 없었어? 회사에서 나가래? 아님 딜 급하게 돌아가는 게 있어? 같이 좀 보자."

"당연히 엄청 바쁘지! 요즘 부동산 싼 게 얼마나 많이 나왔는데. 대출이 좀 빡빡해지긴 했지만 일단 잡을 수 있으면 잡아야지! 이도 저도 아니면 이사라도 가든지, 인덱스라도 얼른 사놔!"

실제로 당시 내가 월세 들어 살던 홍콩 집의 시세도 약 40% 정도 폭락한 상황이었다. 하지만 당시는 골드만을 다니든 씨티를 다니든, 아무리 유명한 투자은행의 고용계약서를 내밀어도 시중은행에서 대출을 꺼리던(이 자식 언제 잘릴지 모르잖아?) 시절이었다. 그래서 낯선 땅에서의 부동산 투자에는 선뜻 손이 나가지 않았다. 하물며 삼성전자, KT&G나 쳐다보던 나의 알량한 주식투자 경험으로는, 낯선 홍콩의 상장사들과 금융회사들이 잔뜩 들어 있는 인덱스에 손을 뻗을 수 없었다. 아, 젊은 날의 나는 이렇게 부자가 될 기회를 신나게 말아먹었던 것이다!

그래서 어떻게 되었냐고? 기약 없이 돌던 전염병은 2년이 채 되지 않아 끝났다. 일상은 놀랍도록 빨리 돌아왔고 홍콩은 금세 다시 외국인과 이전보다 더욱 더 많아진 중국 본토인들로 넘쳐나게 되었다. 40% 이상 폭락했던 홍콩의 부동산은 딱 1년 반 만에 복구된 다음 그로부터 2년 뒤에는 2배로 뛰었다. 통상 새집은 90~95%, 헌집은 85% 정도 레버리지를 해주던 당시 홍콩 부동산 시장에서, 내 친구 A는 원래 1채를 살 돈으로 당시에 5채를 마련했고, 딱 1년 만에 투자 원금의 5배를 번 다음 그로부터 2년 뒤에는 투자 원금의 11배를 벌어들이는 기염을 토했다. (변명을 하자면 나도 마냥 손가락만 쪽쪽 빨고 있지는 않았다. A와 함께 투자했던 ㉮명품회사의 실적이 불을 뿜어, 투자 후 4년도 되지 않아 3배 이상 수익을 냈고 마카오의 모 재벌가 따님이 현찰로 딱 사 갔다.)

IMF 때나 신용카드 사태가 났을 때는 너무 어려서 잘 몰랐다고 치자. 그런데 다 커서 내가 투자를 업으로 하는데 이런 기회를 놓쳤다는 게 돌아보면 너무 어이가 없다. 이때 놓친 회사들을 보면 정말 흑역사의 퍼레이드나 다름없다. 일례로 화장품 섹터에 있던 ㉯기업은 550억 원 정도 가치에 인수를 검토했는데 결국 투자심의위원회 위원 중 한 사람이 결사반대하여 접었다. 그런데 ㉯기업은 지금 2조의 가치가 넘는 회사가 되었다. 그렇다. 나는 바보 멍청이였다.

일본의 명작 애니메이션 〈암살교실〉에는 '인간은 실패를 통해 성장한다'는 언급이 나온다. 나도 이런저런 바보짓들이 쌓여서 지금의 비교적 단단한 멘털이 생겼을 것이라고, 스스로 위로한다. 이 글을 읽으시는 분들은 부디 나와 같은 실수를 하지 않았으면 한다.

공포에 지지 말고 미래의 전망을 그려보라

R 선생의 공포와 불투명한 전망 속에서도 나는 투자를 한다. 그래서 이번에는 내가 진행 중이거나 추진을 계획하고 있는 건들을 이야기해보려고 한다. 오해하지 마시라. 이런 회사나 산업에 투자하라는 이야기가 아니다. 어려운 시장에서도 희망을 놓지 말고 아이디어를 찾아서 미래를 그려보자는 뜻으로 하는 이야기다.

① 시나리오 1

침체의 공포가 조금씩 사그라들면 이제까지 소득과 저축을 키워온 아시아 사람들은 그간 쌓인 스트레스를 어디에라도 풀려고 들 것이다. 그런데 대출이자도 늘어나서 수영장 딸린 집을 사기는 어렵고 홧김에 스포츠카를 지르기도 후달린다. 그렇다면 해외여행이다. 그런데 고유가 때문에 먼 곳은 비행기 값이 만만찮다. 아, 스트레스! 그렇다면 적당히 가까운 곳을 골라 한동안 놀고 와야겠다는 생각이 든다.

여행은 인간의 본성에 가까운 행동일까? 내 생각은 매우 매우 그렇다. 소득이 늘어도 계속 집에 처박혀 있자고 마음먹는 사람은 본성이 고양이에 더 가깝다. 이런 시나리오 하에서 나는 중국인들의 대규모 근거리 해외여행 수요가 점점 더 커질 것으로 예상한다.

중국인들이 선택할 만한 여행지는 하이난, 홍콩, 마카오, 대만, 한국, 일본, 하와이, 태국, 베트남 정도일 텐데, 반대로 관광 국가 입장에서 중국 관광객의 유치가 국가적으로 중요한 나라 중 하나가 일본일 것으로 판단했다. 엔저 효과로 인해 일본 여행의 장벽이 매우 낮아졌고, 상대적으로 낮은 인건비로 인해(세상에, 내가 일본의 인건비가 낮다는 글을 쓰게 될 줄은 몰랐다!) 전반적인 서비스 물가도 안정적으로 유지되고 있다. 이른바 유럽형 경제로 바뀌어 가고 있는 일본은, 관광산업이 전체 GDP의 7.5%가량(우리나라는 아직 5%가 안 된다.)을 차지할 만큼 중요한 산업이 됐다. 참고로 중국인 중 일본에 가본 사람은 아직 1% 이하다.

결국 우리는 최근 적자를 잔뜩 내는 일본 시내 면세점 1위 회사에 겁대가리 없이 투자했다. 결과는 장담할 수 없지만, 적어도 근거리 해외여행은 자동차, 화학, 조선업 등처럼 인프라 구축이나 가치사슬에 대한 선투자 없이도 금세 정상화될 수 있다는 판단은 '상식적'이었다. 실제로 회사의 실적은 투자한지 1년 반 만에 사상 최대 이익을 내고 있다. 2019년도에 투자해두었던 인도 내 여행 플랫폼 1순위 회사의 실적도 요즘 날카롭게 상승 중이다. 코로나를 정면으로 4년 동안 맞으면서 지옥문을 여러 번 두드렸지만, 감사하게도 2024년 9월 원금 대비 25배나 성장한 기업 가치로 훌륭하게 상장되어 거래되고 있다. 제발 이 바람이 중국까지 불어야 할 텐데!

② 시나리오 2

한국(그리고 주변국의) 노동인구 대비 노령 인구의 비중이 계속 늘어서 서비스 및 생산인력의 자동화가 불가피해질 것이다. 일할 사람 구하기 힘든 건 식당이나 공장처럼 연구소 역시 마찬가지다. 그래서 단순 노동(연산 및 서비스 포함)의 자동화도 계속 일어날 것이다.

단순한 작업 로봇은 프린터나 전기 오토바이처럼 대량 생산을 통한 단가 경쟁이 '장땡'이고, 부품은 죄다 중국산인 것 같다. 그러면 결국 우리나라 기업은 자동화 설비나 연산장치에 들어가는 반도체 같은 고부가가치 제품의 생산이 남은 길인 듯한데, 여기에 TSMC가 떡하니 진을 치고 있다.

물론 삼성이나 SK가 TSMC에게 쉽사리 항복을 선언하지는 않을 것이다. 또 미국이 중국의 반도체 산업 확장에 발작적으로 반응하고 있다. 앞으로 AI 기술이 폭발적으로 발전하고, 차도 자율주행으로 운전한다고 하고, 드론도 더 많이 날아다닐 것 같고, 점점 더 사람들이 (절대로 안 야한) 동영상을 많이 보다 보니 서버 용량이 모자라서 클라우드로 더 많이 연결해서 쓸 것 같다. 반도체의 기술/생산 전쟁은 이제부터가 진짜 시작일까?

반도체 산업은 사이클 산업이다. 성장과 쇠퇴를 반복하는 것 같지만, 가격이 출렁거리는 동안 실제 생산량과 생산 능력, 그리고 제일 중요한 생산 CAPEX는 지속적으로 상승해왔다. 조선업이나 철강업과 달리 매번 세대가 달라지고 기술이 고도화될 때마다 그에 맞는 주요 설비를 다시 구축해야 하는 만큼, 생산 단계에서의 투입 비용과 관련한 산업들은 반도체 시장의 출렁임과는 별도로 꾸준히 올라가고 있다는 말이다.

물론 한국 반도체가 대만에 밀리느니, 중국에 밀리느니, 미국이 다시 들어오느니 여러 우려가 많다. 그러나 일본처럼 반도체 패권을 홀라당 놓기에 한국은 아직 마음의 준비가 되어 있지 않다. 아니, 놓을 수 없다. 우려가 많다는 건 좋은 일이다. 이런 도전 요소가 있어야 투자를 하게 된다. 내가 만년 1등이고 앞으로도 영원이 1등일 것이라면 기술 개발이나 생산 설비 확장에 과연 얼마나 투자를 하겠는가? 과연 그때도 R&D에 매출의 20%를 쏟아붓고 신도시를 만들어 공장을 고도화할까? 우리는 이런 가설을 세우고 반도체 생산 과정에서 필요한 제품, CAPEX 및 소모품 가치사슬에 투자를 확대하고 있다. 또 그렇게 믿고 나는 다음 10년 사이클을 떨리는 마음으로 기다리고 있다.

이렇듯 시나리오를 몇 개나 짤 수 있는지, 아니면 그런 시나리오를 읽어낼 수 있는지가 미래를 그려보고 대비하는 능력을 길러준다.

이는 오로지 본인의 멘털과 공부 수준에 달려 있다.

미래의 전망을 평가하는 기준

본인이 처해 있는, 그리고 종사하고 있는 산업을 자세히 들여다보면 불황이건 인플레이션이건 전쟁이건 무엇이 와도 절대 변하지 않는 메가 트렌드를 찾을 수 있을 것이다. 내가 지금 에너지를 쏟아붓고 있는 사업 또는 투자가 메가 트렌드에 맞는 것인지 판단해보고, 이를 활용할 방법을 고심해보면 투자의 방향을 조금 더 명확히 잡을 수 있을 것이다. 겁먹을 필요 없다. 투자는 '상식'의 영역 안에 있다.

그렇다면 내가 관심 있는 사업에 미래가 있는지 확인하려면 어떻게 하면 될까? 아이러니하게도 요즘처럼 아주 빡빡한 금융 환경이 저 질문에 대한 '상식적인' 해답을 아주 명확하게 준다.

① 성장성을 유지했는지 확인한다.

불황이 왔다고 바로 매출이 빠지거나 성장세가 푹 꺾인다면 이제까지의 수요는 근원적 수요가 아니라 '유행'이 아니었는지 의심해봐야 한다. 불황에도 명품을 위주로 판매하는 백화점들의 실적은 탄탄하게 유지되고 있다. (특히 S 백화점의 실적은 감동적이다! 코로나가 끝날 무렵 기준, 4분기 사상 최대 이익을 내면서도 PER은 겸손하기 그지없는 5.8배였다!) 그러나 우후죽순처럼 활황을 누렸던 라이브커머스 기업들은 최근 매출 유지에 어려움을 겪고 있다. 즉 라이브커머스라는 구매 행동은 고객의 '근원적인 행동 변화'일지 '유행'일 뿐인지 고민할 필요가 있다. 시장이 뜨거울 때는 어디나 사람이 우르르 몰린다. 진정한 위너는 위기 상황에서 빛을 발한다.

② 마진 구조를 유지 또는 개선했는지 확인한다.

최근 환율이 십수 년 만에 최고치를 경신하고 저 멀리 연이어 벌어지는 전쟁 때문에 원자재 물가도 널을 뛰면서 마진 구조가 망가진 기업들이 잔뜩 늘어났다. 이 와중에 마진을 유지할 수 있다면 그야말로 특A++급 회사라고 할 수 있겠다. 비용을 고스란히 고객에게 전가할 만큼 서비스나 제품의 경쟁력, 브랜드의 힘이 크다는 증거이기 때문이다.

만약 괜찮은 A급이나 B++급인데, 남들처럼 마진이 빠진 회사라면 어떻게 판단해야 할까? 이때는 그 마진의 유동성이 얼마나 영속적일지, 아니면 반대로 휘발성이 있는지에 따라 결론이 달라진다.

수입 원재료에 대한 의존도가 높고 원가 상승분에 대한 판가 이전에 시간이 조금 걸리는 사업적 특성을 갖는다면, 어려운 시기의 마진 하락은 단기적일 가능성이 높다. 이런 회사들이 마진 하락기를 잘 견뎌낸다면 그 비용구조를 한 번 더 개선해서 다음 사이클에서 이익률을 훨씬 더 높일 가능성이 크다. B2B 사업, 그중에서도 화학 산업이 대표적이다.

나는 이런 기업들을 만날 때면 마진 하락에도 불구하고 시장점유율이나 매출 상승이 유지되는지를 살펴본다. 수입 원가나 원재료 가격 스윙에 따라 이익과 손실의 출렁임이 클수록 작은 경쟁사들은 사이클을 못 버티고 망해버린다. 난이도가 좀 있는 편이지만, 그래서 이런 사이클을 타는 회사는 때로 투자자들에게 큰 수익을 가져다주기도 한다.

이번에는 제일 곤란한, 그래서 누구도 이야기하기 싫은 주제를 콕 짚어보자. 지금 에너지를 쏟아붓고 있거나 투자 중인 사업의 이익이 팍 줄었고 성장도 멈춰버린 기업이라면 어떻게 해야 할까? (먼저 고백하자면 이런 기업을 바라보는 내 눈은 조금 편향된 편이다. 그러니 적당히 걸러서 읽으시길 바란다. 또 사례가 너무 많아서 이 부분은 두루뭉술하게 쓰려고 한다.)

돈을 태움으로써 매출과 시장점유율을 늘리려는 계획을 실천 중인 회사에 투자하고 있거나, 또는 직장으로서 적을 두고 있다면 다음의 질문을 스스로 해보길 바란다.

① 앞으로 12~18개월 동안 버틸 수 있는 자금 계획이 마련되어 있는가?

② 회사가 필요할 때 구조자금 재조달Rescue Financing을 해줄 수 있는,

우호적인 기관 주주들이 있는가?

③ 현재 사업모델을 근본적으로 재검토하려는 시도가 있는가?

셋 중 둘 이상의 질문에 '예스'라고 대답할 수 없다면, 불행히도 미래는 파도를 뚫고 갈 만큼 밝지 않을 수 있다.

나는 이 질문 중에서 특히 ②를 매우 중요하게 보는데, 그 이유는 주주들이 회사의 지속 가능성을 내 일처럼 걱정해주고 같이 뛰어줄 만큼 창업주와 경영진이 살뜰히 챙겨왔다는 뜻이기 때문이다. 투자에서 물론 가장 중요한 것은 사업모델이겠지만, 그에 버금갈 만큼 중요한 것이 경영진의 역량이다. 주주들이 경영진을 충분히 믿어왔다면, 장기 기관 투자자들은 쉽게 손절하지 않는다. 그리고 이를 통해서 사업에서 매우 매우 중요한, 거버넌스와 리더십이라는 경영의 핵심 역량에서 지금의 경영진이 얼마나 높은 점수를 받고 있는지 알 수 있다. 우호적인 주주 구성, 특히 기관 주주 구성은 경영진의 실력을 방증하는 기준이 된다.

여기서 한술 더 떠서 진짜 A급이 될 수 있는 경영진이라면 어려운 시기를 사업모델의 근본적인 재검토를 위한 기회로 삼는다. 애플, 아마존, 디즈니, 스타벅스, 삼성전자, LG전자는 모두 이런 위기의 시기에 재도약을 이뤄냈다. 다시 한번 이야기하지만, '겁먹지 않는 것'이 정말 중요하다.

공포는 조바심과 함께 온다. 조바심은 시야를 좁히고 선택을 서두르게 만든다. 그러나 '겁먹지 말자'. 잠시 멈추고, 주변을 돌아보고, '상식'을 바탕으로, 긴 호흡으로 기회를 찾아보자. 그래서 앞으로 2년도 안 되어서 없어질지 모를 'R 선생'에게도 통하는 전략을 세우자. 당장 떠오르지 않는다면 공부를 하자. 이도 저도 어려우면 다 접고 인도나 인도네시아나 베트남을 쳐다보자. 그것도 어렵다고? 그렇다면 차라리 전문가에게 맡기고 동남아 휴가 계획을 세워보시길 바란다. 젊은이들이 바글바글하고 인플레의 위험이 전혀 느껴지지 않는 기회의 땅에서 견문을 넓히고 오시라. 발 마사지는 덤이다.

리더의 휴가가 가지는 전략적 의미

시간은 누구에게나 공평하다. 하지만 달력의 첫 장이 바뀌는 시기는 사람마다 다른 의미가 된다. 누군가에게는 희망찬 새 출발이고, 다른 누군가에겐 나이 앞자리가 바뀌는 우울한 시점이겠다. 내 경우엔 휴식과 재충전이다. 재벌 총수님들이나 각국 수장들처럼 '신년 구상'을 위해 스위스로 떠난다느니, 켄터키에 있는 가족 농장에 간다느니 하는 수준은 아니지만, 몇 년 전부터 눈 딱 감고 가족들과 2주씩 여행을 간다.

한때는 나도 휴가를 불안과 죄악의 근원으로 치부하며 몇 년간 쓰지 못한 휴가 일수가 얼마나 쌓였는지 곧잘 자랑삼아 이야기하던

'꼰대'였다. (물론 다른 부분에서는 지금도 꼰대다.) 그러던 내가 왜 갑자기 휴가를 긍정하게 되었을까? 사실 조금 더 정확하게 이야기하자면 나는 'Work Hard & Play Hard'의 예찬론자가 됐다. 휴가가 주는 전략적 의미를 깨달은 이후부터다.

내가 열흘이 넘는 장기 휴가를 가기 시작한 것은 홍콩에서 외국 금융기관 소속으로 일하기 시작하면서부터였다. 거기서는 직원들에게 강제로 휴가를 부여하며 최소 2주간 절대로 사무실에 들어가지도, 그리고 컴퓨터를 켜지도 못하게 했다. (물론 야금야금 일하는 사람들도 있었다.) 겉으로는 직원들의 '워크 앤 라이프 밸런스 유지'라는 그럴듯한 명목이 있었지만, 얼마 지나지 않아 그 2주간 휴가자들 중 일부를 선별하여 감사 및 내사를 진행한다는 것을 알게 됐다.

식민 지배를 체계화한 영국계 금융기관의 경험에서 비롯된 것이었을까. 실제로 감사를 해서 누군가를 적발해내는 것은 부차적인 목적으로 보였다. 그보다는 매년 한 번씩 회사가 나의 컴퓨터와 전화 기록 및 카드 사용 내역을 샅샅이 뒤져볼 수 있다는 사실이 주는 압박감, 사실을 확인할 수는 없지만 누가 무슨 잘못이 털려서 어떻게 되었을지 모른다는 불안감, 그렇지만 나의 소중한 휴가는 공식적으로 보장되고 보호된다는 안도감이 뒤섞여 직원들이 조직에 충성하고 감사하는 묘한 상태를 갖게 만드는 게 제일 큰 의도가 아니었는가 싶다.

어쨌거나 나는 이 시기에 장기간의 휴가를 가지며 몇 가지 중요한 의미를 발견했다. 사례로 확인해보자.

조직의 연속성

㉮그룹은 내가 여러 해 동안 컨설팅하고 투자도 했던 기업이다. 수십 년 동안 승계가 이루어지면서 형제와 사촌 간 다소 복잡한 오너십과 경영 의사결정 체계를 갖고 있었다. 당연히 긴장 관계가 존재하여 어떤 계열사는 누구한테, 어느 정도의 의사결정은 누구한테까지 받아야 하는지 시시콜콜한 프로토콜이 있었고, 각각의 라인과 의사결정자를 적절히 찾아내지 못하면 곤란을 겪게 됐다.

당시 나는 ㉮그룹의 ㉯사업부에 투자하고 있었는데, 의도치 않게 희귀한 경험을 하게 됐다. 실사를 본격적으로 진행한 뒤 어떤 자산과 어떤 인력을 분리하여 가져올지 한참 협상 중에 해를 넘기게 됐다. 그런데 투자 후 회사를 경영해주기로 약속했던, 내 눈에는 99점짜리로 보였던 카리스마 넘치는 계열사 대표 A가 갑작스러운 이유로 회사를 떠났다. 투자심의위원회에서 잔뜩 추켜세워두었던 핵심 경영진이 사라지자 나는 '멘붕'에 빠졌다. 그런데 그룹은 전혀 당황하지 않았다. 오히려 대비하고 있었다는 듯 A의 공식 사임일에 다른 계열사에서 재무를 담당하던 뉴페이스 B를 떡하니 대표로 임명했다. 나는 회장님을 찾아가 읍소라도 해보려 했으나 이미 신년 외유

차 저 멀리 유럽으로 떠나버린 뒤였다. 아무리 매각하기 전까지는 매각된 게 아니라지만, 이 그룹은 이렇게 큰 의사결정을 딜 중에 덜컥 해버리는가 싶었다. 아직 어리고 경험이 적었던 나는 이 위기를 극복하지 못했고 딜은 내 손을 빠져나갔다.

이후 나는 그룹과 다른 거래들을 진행하며 ㉯사업부가 어떻게 돌아가는지 듣곤 했다. 2년쯤 지났을까. 다른 펀드가 ㉯사업부에 투자한다고 들었는데, 우리가 처음 고려했던 가치평가의 2.3배가 넘는 금액이었다. 세상에, 도대체 무슨 일이 있었던 것일까?

㉯사업부는 새로운 대표인 B 아래서 2년 만에 2배 가까이 성장을 이뤄냈다. 시장이 좋았던 것도 있지만, 그보다는 내 눈에 너무 샌님 같고 까칠해보였던 그 '재무쟁이' B 대표가 조직을 알차게 이끌어온 것이었다. 급하게 회사를 떠난 A는 물론 카리스마가 대단한 리더였다. 하지만 그 밑의 영업, 마케팅, 생산 담당 허리들 역시 내가 예상했던 것보다 훨씬 탄탄했다. 조직은 새로운 리더를 맞이할 준비도, 세부 조직들의 역할 분담도 이미 충분히 되어 있었다. 거기에 목표를 꼼꼼히 짜는 스타일인 B가 대표로 오자 조직의 역량이 배가된 것이었다.

또한 그룹 의사결정 구조의 특성상, 적당한 의사결정은 B 선에서 빠르게 처리되고 있었다. 누가 어디까지 의사를 결정할지 정해둔다는 것은, 다시 말하면 어지간한 내용은 누군가가 밑에서 의사결정을 내릴 수 있도록 배분해둔다는 뜻이었고, 대표 또는 오너 한 사람이 모든 의사결정을 도맡지 않는다는 뜻이었다.

이때를 기점으로 나는 다재다능한 '다기능 CXO'를 선호하게 됐고, 종국적으로는 '작은 대표' 스타일의 전략을 추구해오고 있다. 이런 전략은 조직의 연속성, 그리고 속도감 있는 세대교체를 가능하게 한다. 전략과 생산도 아는 CFO, 재무와 인사도 아는 COO 등을 CEO와 함께 꾸림으로써 유사시 CEO를 대체하거나, 또는 다음 투자에서 CEO로 쓸 수 있는 인재를 육성할 수 있게 된다.

이런 일은 비단 C레벨에서만 일어나는 것이 아니다. 지금 우리가 보유하고 있는 포트폴리오 회사 중에서도 최초 투자 시점에서 차장 또는 팀장을 맡은 사람이 과감히 CXO로 올라가서 팀장급이지만 임원의 업무를 하는 케이스가 매우 많다. 이는 승진과 더 많은 역할에 열망이 있는 직원들이 모인 조직에 활력을 불러일으킨다.

물론 부작용도 있다. 하나의 역할만 파고드는 이들에게 또 하나의 역할을 요구하는 것은 상당한 압박이 된다. 일례로 내가 몇 해 전에 투자한 회사는 1년 만에 창업 공신 대부분이 회사를 떠나버렸다. 하지만 덕분에 '제발 귀찮게 하지 마세요' 스타일의 직원을 솎아낼 수 있었다. 이런 의미에서 '위임Deligation'은 내가 운영 중인 회사의 핵심 평가 기준이기도 하다.

조직의 연속성을 파악하는 방법

자, 그러면 어떻게 하면 조직이 연속성을 마련해두고 있는지 파악할 수 있을까? 내가 새로운 회사나 조직을 만날 때 그 리더에게 물어보는 질문이 하나 있다.

"대표님, 대표님의 유고 시에 누구를 다음 대표로 삼으면 적절할까요?"

당연히 황당하고 무례한 질문이다. 하지만 분명한 것은, 이 질문에 리더의 입에서 0.1초 만에 답이 나오지 않는다면 그 조직은 연속성에 관한 대비가 되지 않았다고 판단할 수 있다. 10여 년 전, 당시 내가 투자를 검토하던 한 기업의 회장님에게 이 질문을 했을 때 이런 답변을 들었다.

"무슨 그런 질문이 있습니까. 이 회사가 곧 나고, 내가 곧 이 회산데."

그 회장님에게는 번듯한 아들도 있었고, 그때까지 나와 여러 달 동안 함께 일을 해오고 있던 A++급 CFO도 있었다. 특히 후자를 대표로 앉혀도 될지 궁금해서 물어본 질문에 나야말로 당황스러운 대답을 들었다. 그렇지만 덕분에 이 회사는 회장 없이는 적절한 경영이 불가능하다는 점, 그리고 이 회장님은 회사를 아들에게 물려주거나 상장할 준비는 안 되어 있다는 점을 알게 됐다. 결국 거래는 결렬됐고, 그 회사는 지금도 서서히 쇠락의 길을 걷고 있다.

질문이 너무 극단적이라고? 그러면 조금 더 온건한 방법이 있다. 어지간한 조직이라면 당장 가능한 방법이다. 바로 리더에게 '장기 휴가'를 줘버리는 것이다. 장기 휴가라면 대체로 1주가 넘는다. 우리가 속한 비즈니스의 세계에서 1주가 넘는 리더의 빈자리는 당연히 표가 난다. 그렇지만 그 양상은 서로 다르게 나타난다. 지금까지 여러 포트폴리오 회사를 경험해온 바로는 유형을 대략 네 가지로 구분할 수 있다.

① 백업이 확실하게 있어서 회사는 잘 굴러가고 리더는 이메일과 메시지만 이따금 보내는 경우
② 휴가인데도 이런저런 방법으로 직접 간섭하고 진두지휘해야 직성이 풀리는 경우
③ 밑에서 알아서 챙기고 일은 돌아가는데, 가끔 트러블이 발생하고 팀원들이 불평하는 경우
④ 리더가 장기 휴가를 아예 거부하는 경우

가장 좋은 것은 ①이다. 조직을 끌어간다는 면에서는 ②도 나쁘지 않다. 시시콜콜 챙기려면 직원들에게 수행할 미션을 내렸다는 것이고 이렇게 시달리면 조직은 단단해진다. ③은 단기적으로는 제일 진상이다. 부하들에게 존경받지 못하고, 그런데도 일이 돌아간다는 것은 없어도 무관한 사람이라는 뜻이다. 그렇지만 장기적으로는 리더의 빈자리를 메꾸다 보면 팀원 중에서 슈퍼스타가 탄생하곤 한다. 제일 나쁜 것은 ④다. 리더가 휴가를 가지 않는 것은 손에서 일을 놓지 못하겠다는 불안증의 방증이다. 부모가 다 큰 자식을 매일 대학교까지 차로 태워주고 밥도 떠먹여주는 셈이다. 이는 조직이 성장할 수 있는 기회를 뺏는다. 게다가 리더가 휴가를 가지 않으면 직원들에게도 휴가를 가지 말라는 무언의 메시지가 전달된다. 결국 조직의 생산성이 점점 떨어진다. 도저히 일을 손에서 놓지 못하고 휴가를 거부하셨던 리더들이라면 반성하시길 바란다.

휴가 중에 리더가 해야 할 일

이번에는 휴가를 떠나 실컷 퍼질러 자고 실컷 퍼먹고 실컷 돈 쓰고 오신 리더들이라면 마찬가지로 반성하시길 바란다. 휴가를 떠난 리더가 해야 할 일은 그런 게 아니다.

식상한 표현이지만, 하루하루 똑같은 궤적을 따라 쳇바퀴 돌리는 삶을 살던 우리는 일상을 떠나면 큰 그림, 숲, 지구, 미래를 봐야 한다. 내가 지금 운영하는 사업에서 새로운 먹거리가 있을지, 이 사업을 굴릴 더 좋은 방법이 있을지, 만약 내가 아니라면 누가 이 일을 맡아서 할 수 있을지 고민해봐야 한다. 이런 생각 없이 앞만 보고 가면 어떤 분야의 사업이건 존망이 위협받는 시점에 이른다.

자신에 관해서도 고민해야 한다. 지금 하는 이 일만이 내 길인지, 이 일을 언제까지 할 것인지, 하고 싶은 다른 무엇이 있는지, 새로운 것에 대한 갈망과 지식이 나에게 있는지, 과감하게 새로운 영역으로 들어갈 수 있는지, 그럴 만한 배짱과 기반이 나에게 있는지 생각해 보는 것이다. 이런 사고야말로 집이나 회사가 아닌 곳에서 할 만한 최고의 사치다. 나는 매년 이런 사색과 공상의 시간이 기대된다. 새해는 새로운 생각을 몰고 오는 시간이며, 그런 생각을 즐길 시간을 나에게 주어야 하는 것이다.

리더들이여, 그리고 리더가 되고 싶은 자들이여. 멀리멀리 휴가를 떠나라. 그러면 새로운 세상이 펼쳐진다. 그 상상과 경험을 가지고 돌아오라. 그동안 우리의 사랑스러운 조직들은 무럭무럭 어른이 되어 있을 것이다.

가업승계를 꿈꾸는 회장님들을 위한 안내서

오해가 있을까봐 미리 이야기하지만, 지금부터 이야기할 내용은 부자들을 위한 것이 아니다. 아는 사람은 알겠지만 나는 흙수저, 그중에서도 IMF 외환위기를 거치며 쫄딱 망한 '진흙탕 수저' 출신이고, 물려줄 가업도 없을뿐더러, 내 일을 내 아이들에게 이어받게 할 생각은 더더욱 없다. 그러니 마음 편하게 읽어주시길 바란다.

몇 년 전에 나는 휴가차 비행기로 24시간이나 걸리는 남반구의 어느 오지에서 눈사태와 돌풍을 피해 스노보드를 타다 왔다. 정확하게 말하면 스노보드를 타는 아이들을 위해 스노체인을 꼈다 뺐다 하며 낡은 밴을 몰고 매일 몇 시간씩 꼬불꼬불 절벽길을 운전하고, 집에 돌아오는 길에 장을 보고, 집에서는 밥하고 빨래하고 애들 씻기기를 반복했다. 휴가 일수가 늘수록 피곤이 쌓이고 흰머리가 늘고 얼굴이 초췌해지는 것이 신비롭다. 귀국 길에는 예상 못한 돌풍에 비행편이 취소되어 덕분에 눈길을 뚫고 옆옆옆 도시에 가서야 비행기를 탔다. 나흘 연속 눈과 비에 시달리면서 매일 새벽 4~5시에 일어나 하루에 다섯 시간씩 운전했더니 혓바늘이 돋았다.

그래서 결국 휴가는 어땠냐고? 흠, 당연히 최고였다! 첫째 딸은 스케이트보드를 타다 다치고서도 아무렇지 않게 스노보드를 탔고, 심지어 나는 힘들어 죽을 것만 같은 절벽을 씩씩하게 타고 내려왔다. 둘째 녀석은 한술 더 떠서 엄마와 아빠와 누나가 자리를 비운 사이에 남들이랑 같이 산에 올라가 씩씩하게 스노보드를 타고 나무와 바위 사이를 돌아다녔다. 그림엽서에나 어울릴 것 같은 경치의 산속에서, 눈에 넣어도 안 아플 우리 아이들과 (그리고 당연히 와이프느님과) 함께 이런 시간을 보낼 수 있다는 건 너무나 소중한 추억이다.

미국의 경제학자 밀턴 프리드먼Milton Friedman은 자본주의 체제에서 인간을 움직이는 가장 주된 동기는 바로 '가족'이라고 말했다. 좋은 시스템 안에서 가족을 꾸리겠다는 열망, 우리의 아이들이 더 좋은 곳에서 살게 하겠다는 희망으로 인해 기술을 발전시키고 자본을 투자하며 사회를 더 살기 좋은 곳으로 바꾸어나간다는 것이다. 또한 그는 인간은 자기 자신이 얻을 가치보다 자식이 누리게 될 효용의 가치를 더 높이 산다고 말했다. 간단하게 말하면 인간은 자식이 자신보다 더 잘 살기를 바라는 마음이 동기가 되어 시장경제를 움직인다고 보았다. 자식이 있는 사람이라면 어찌 이 말에 동의하지 않을 수 있을까. 내가 하고 있거나 알고 있는 것 중 좋아 보이는 것들, 내가 온갖 정성과 피땀을 쏟아 이룬 것들을 내가 가장 사랑하는 사람에게 주는 것. 이는 어쩌면 종족 보존의 근본적인 본능에 따른 행동이다.

이번에 이야기할 내용은 기업의 소유주가 자식이 있을 때 가업승계, 즉 어떻게 후계 구도를 짜고 어떻게 후계자를 키우고 어떻게 사업을 물려주어야 할지 또는 어떻게 엑시트해야 할지에 관한 것이다. 만약 가업승계 시 절세하는 법이나 그 이상에 관한 내용을 기대하셨다면 나보다는 이 분야의 전문가에게 들으시길 바란다.

누구에게 물려줄 것인가

내가 알고 있는, 주변의 거의 모든 회장님들, 창업가들, 그리고 자산가들은 나에게 묻는다.

"김 대표, 세금 좀 적게 내고 합법적으로 물려줄 방법이 있을까?"

그러면 나는 대답한다.

"있을 수 있죠. 근데 자식들이 물려받고 싶어 하나요?"

십수 년쯤 전 이야기다. 내 학교 후배인 A군은 잘생기고 똘똘하고, 결혼도 일찍 하고, 유럽의 명문대학원을 졸업하고, 미국에서 잠깐 일하다가 그 회사의 아시아 HQ가 있는 싱가포르로 가 승진을 거듭한 전도유망한 청년이었다. A군의 아버지는 일찍이 지방에서 금속 가공 제조업체를 세워 자수성가하신 분으로, 마침 나와 동향이어서 한 다리 건너면 다 아는 집안이었다. 덕분에 승승장구하는 A군의 이야기를 들을 때마다 내가 오히려 으쓱하곤 했다.

그런데 어느 날 뜻밖의 소식을 들었다. A군이 돌연 귀국해서 지방의 중소도시에 정착했다는 이야기였다. 자초지종을 들어보니, 제조업을 운영하시던 아버지가 갑자기 암 투병을 시작하셨는데, 외동아들에 평소 성실하고 효심이 깊었던 A군이 아버지의 병구완을 하고 가업을 이어달라는 뜻 또한 따르기 위해 귀국한 것이었다. 결국 A군은 본인의 커리어와는 동떨어진, 금속가공 제조업체의 낙하산 전무로 제2의 커리어를 시작하게 됐다. 마침 컨설턴트로 경험해보았던 산업인지라 나는 A에게 오지랖으로 이런저런 조언을 해주었다. 그런데 1년이 채 되지 않은 시점에 또 갑작스러운 연락을 받았다. A군이 회사를 인수해달라고 한 것이다.

6개월여 만에 만난 A군의 상태는 말이 아니었다. 강성 노조를 처음 접해본 A군의 멘털은 이미 출타 중이었다. '화이트칼라 인텔리 소년'이 감당하기에는, 쇠 깎는 소리가 끊이지 않는 공장 환경과 아버지의 병구완이 벅찼던 것이다. 급기야 그는 과도한 스트레스로 갑자기 한쪽 눈의 시력이 급격하게 나빠지는 질병을 겪기 시작했다. 급작스럽게 그리고 원치 않게 받은 아버지의 사업, 제조업 경험 부족과 나이 많은 기존 경영진과의 케미 부재, 아버지의 병구완, 거기에 평온한 외국 생활을 동경하는 와이프와 외국인 학교를 보내던 아이들의 교육 때문에 생전 처음 하는 주말 부부 생활까지. 내가 보기에도 A군의 가업승계는 아버지의 욕심 그 이상도 이하도 아니었다.

결국 A군은 아버지를 설득했고, 한 6개월을 찾아다닌 끝에 같은 지역의 다른 중견그룹에 회사를 매각했다. 그 후 A군은 싱가포르로 돌아가 본인이 잘할 수 있는 소비재 마케팅 사업에 다시 매진했고, A군의 부모님은 그를 따라가 싱가포르에서 치료를 받고 있다.

비슷하지만 버전이 다른 상속 이야기는 나에게 무수히 많다. B 회장님은 운동선수가 되고 싶어 유학 중이던 아들을 억지로 한국에 데리고 와서 비서실장에 앉히고, 경영수업인지 잔소리인지 출장 수행원 시키는 건지 훈련시키는 건지 모를 몇 년을 겪게 했다가 부자가 서로 의절할 뻔했다. C 회장님은 세 아들에게 '아빠가 알아서' 골고루 사업을 나눠주었는데, 이게 마음에 들지 않았던 아들 중 하나가 해외로 도피하여 스스로 창업을 했고, 십수 년이 지나서야 부자와 형제들이 극적으로 화해했다. 반대로 D 회장님은 어릴 때부터 딸에게 음악을 시켜서 해외의 손꼽히는 대학과 대학원까지 졸업시키고 교수를 준비하게 했는데, 돌연 딸이 음악이 너무 싫었다며 20여 년 넘게 하던 음악을 때려치우고 경영대에 가서 결국 아버지의 사업을 물려받은 경우도 있다.

20여 년간 지켜봐온 바로, 자식들에게 가업승계가 가장 잘 이루어지는 경우를 순서대로 따지면 다음과 같다.

① 처음부터 가업승계를 하고 싶어 한, 부지런한 자녀.
② 공부는 좀 덜 했지만 인성이 좋은, 그리고 부지런하며 딱히 다른 욕심이 없는 자녀.
③ 다른 쪽에 관심을 두었지만, 뒤늦게 가업승계에 뜻을 둔 자녀.
④ 이것저것 기웃거렸지만 딱히 결과가 없었던 자녀.
⑤ 가업승계가 싫어서 망해도 좋으니 다른 것을 하겠다고 우긴 (똑똑한) 자녀.
⑥ 아무 뜻도 없고 일도 딱히 해보지 않은, 게으른 자녀.

전문직 공부를 시작한 자녀는 가업승계의 좋지 않은 선택지 중 하나다. 의사, 약사, 변호사, 회계사(는 좀 다르려나), 체육인, 예술가, 교수, 연예인 등을 꿈꾸거나 길을 걷고 있는 자녀는 그냥 그 길을 잘 가도록 지원해주는 편이 좋다. 그리고 객관적으로 보았을 때 자녀가 좋은 경영진이 될 자질이 보이지 않거나 준비가 되지 않았다면 차라리 주주나 자산가 또는 건물주의 길을 걷도록 준비해주는 것을 추천한다.

자녀에게 경영자의 자질이 없더라도 꼭 가족 중 누군가에게 가업을 물려주고 싶다면, 한번 사위나 며느리를 고려해보라고 이야기하고 싶다. 실제로 적지 않은 그룹의 회장님들이 전략적으로 똘똘하고 '말 잘 듣는 사람'을 찾아서 자식과 결혼시켜 가족으로 만든 후 기업과 자녀를 맡기는 경우가 많다. 어설픈 자녀들보다 성공 확률도 아주 높다. 내가 개인적으로 보아온, 성공적으로 정착한 사위들은 하나같이 성품도 아주 좋고, 아내와 자식들에게도 살갑게 잘한다. 나는 그들의 '인성'을 성공의 가장 큰 요인으로 보는 편이다. 머리는 좋은 경영진으로 보완할 수 있다. 하지만 회장인 장인어른의 그늘 밑에서 운전기사와 비서의 밀착 감시를 받으면서, 출퇴근 시간은 물론 신용카드와 핸드폰 사용 내역이 24시간 내내 보고가 올라갈 수 있다는 압박을 이겨내며 경영수업을 받는다는 것은 보통 인성으로는 절대, 절대, 절대 해낼 수 있는 일이 아니다. (나처럼 고집쟁이에 비뚤어진 외동아들 캐릭터는 절대 불가능하다.) 어쨌거나 이런 사람을 발견해 자식과 결혼시켜 기업을 물려주는 방법은 어떤 규모의 기업이라도 종종 관찰되는 검증된 방법이다.

가업승계의 원칙

후계 삼을 사람을 객관적으로 관찰하고, 판단하고, 그들의 의사를 확인한 후 가업을 승계하는 것은 실상 새로운 세대의 경영진을 미리 육성하고 검증한다는 점에서 경영의 중요한 의사결정 중 하나다. 그래서 나는 가업승계가 얼마나 부드럽게 잘 이루어지고 있는지를 오너의 진짜 실력을 방증하는 요소로 본다. 내 자식들이나 경영진들이 후계를 둘러싸고 서로 싸우고 있다면 그건 결국 경영 능력이 하수라는 뜻이다.

자, 그렇다면 어떻게 해야 가업승계를 참 잘했다는 소리를 들어볼 수 있을까? 내가 피땀 흘려 일궈낸 가업을 자녀가 물려받을 수 있게 하려면 어떻게 해야 할까? 정답은 없겠지만 내 개인적인 시각에서는 다음과 같은 원칙을 들 수 있겠다.

① 우리 조직의 신입사원으로 커리어를 시작하게 하지 말라.

사실 이 원칙은 내가 지난 20년간 알고 지내는 회장님이나 창업주들과 이야기를 나눌 때 가장 많은 의견 충돌이 일어난 부분이다. 그분들 중 딱 절반은 '조기교육 신봉자'다. 자녀가 학교를 졸업하자마자 한시라도 빨리 내 회사로 데리고 와서 내가 직접 경영을 가르치며, 회사의 임직원들과 거래처 사람들과도 친분을 쌓게 하고 그 산업에 뼈를 묻게 해야 한다고 보는 쪽이다. 나머지 절반은 '젊을 때 고생은 사서 해야 한다' 주의다. 적당히 우호적인 다른 그룹 계열사에 신입사원으로 보내든지, 아예 생판 모르는 남의 회사에서 일을 시작하게 한다든지, 컨설팅이나 투자은행 또는 회계자문사에서 주니어로 박박 구르게 한다든지, 슈퍼마켓이나 창고에서 블루칼라 노동자로 일을 시작하게 하는 경우다.

조기교육의 방식을 따른다면 다음과 같은 조건을 만족하는 경우엔 별다른 문제가 생기지 않는다. 자녀들의 성정이 순할 것, 그 기업 안에 다양한 계열사와 부서 및 해외 지사가 있을 만큼 조직이 커서 자녀가 다양한 경험을 할 수 있을 것, 오너의 자녀가 자기랑 승진을 경쟁한다고 해서 기죽지 않는 경영진들이 있을 것. 그러면 이렇게 조기교육을 받은 자녀는 큰물에서 한번 헤엄치고 온 우물 안의 비교적 행복한(?) 개구리가 될 수 있겠다. 그러나 국내 기업 대부분은 해외 조직을 둘 만큼 규모가 크지 않은 경우가 많고, 그 결과 자녀가 큰물을 겪기 어려울 가능성이 크다. 그런 개구리를 모시기에는 배알이 꼬이는 경영진과의 갈등이 생길 수 있다.

그래서 나는 자녀들이 젊을 때 고생을 사서 해야 한다는 주장을 강하게 지지한다. 이 경우 장점은 다른 회사의 말단으로 박박 구르면서 일을 제대로 배울 수 있고, 게다가 물려받을 회사보다 더 큰 회사와 조직에서 일을 체계적으로 배울 수 있다면 추후 세대교체가 일어난 후 가업을 한 단계 업그레이드할 수 있다는 장점이 있다. 실제로 우리나라 20대 대기업의 3세나 4세들이 유수의 컨설팅 회사에 막내로 들어가 몇 년간 구르다 부모의 회사로 돌아가는 경우가 종종 있다. 이렇게 훈련받고 돌아간 차세대들은 대부분 훌륭한 경영진으로 성장했다.

물론 이 경우에도 단점은 있다. 자칫 큰물에서 놀게 했다가 외동인 자녀가 친구들과 창업하고는 부모의 회사를 물려받기 싫다고 하는 일이 생길 수도 있고, 자녀들이 직장 밑바닥 생활에 학을 떼고는 일찌감치 직장을 때려치우고 투자를 가장한 건물주 또는 아마추어 골퍼 생활을 시작해버리는 경우도 있다. 그러나 자녀가 일과 회사 운영이 맞지 않다고 한다면, 회사는 전문경영진에게 맡기고 유럽형 패밀리오피스 형태로 자산 관리 회사의 주주로 남게 하는 것도 나는 적극적으로 권장한다.

② 기본적인 재무와 투자 개념을 반드시 교육해라.

제조업 기업의 오너가 자녀에게 공장에서 일을 시작하게 하는 경우가 있다. 그런데 요즘은 이렇게 하면 자녀들이 일을 금방 때려치우려고 한다. 그러면 생산, 기술개발, 유통 쪽에서 일을 시키면 될까? 이 분야는 오랜 기간 그 회사에서 육성한 경영진을 중용할 것을 추천한다. 내가 권하는 분야는 회계와 재무다. 숫자 공부, 회계 공부는 회사를 물려받든 자기가 따로 회사를 차려서 나가든 기본이 되는 공부다. 가업승계를 준비한다면 자녀에게 재무 공부부터 시켜야 한다.

지금은 부활했지만 한때 역사 속으로 사라질 뻔한 ㉮그룹이 있었다. 오너의 두 아들 중 둘째를 나는 대학교 때부터 알고 지냈는데, 늘 형들에게 깍듯하고 술버릇도 좋고 얼굴도 잘생겨서 다 가진 녀석이라 생각했다. 그러던 중 회장님의 건강에 이상이 생기자 그룹에서는 부랴부랴 두 아들을 불러들여 가업승계 교육을 시키기 시작했다.

문제는 그 시작이 국내 생산 부문과 미국 판매 지사였다는 점이다. 제조업을 기반으로 하는 ㉮그룹이므로 한 명의 왕자님은 현재 제일 중요한 곳에, 다른 한 명의 왕자님은 미래에 성장할 수 있는 곳에 미리 파견한다는 명분이 있었다. 그러나 실상은 당시 실세로 자리 잡고 있던 그룹 CFO가 회장님의 장악력이 약해진 틈을 타서 그룹을 꿀꺽하려고 음모를 꾸민 것이었다. CFO는 회장님이 눈을 감기까지 4~5년 동안, 회계와 재무에 관한 지식과 훈련이 부족했던 두 아들의 눈을 가리고 여기저기서 꿀 빨기와 자금 세탁 및 사업 빼먹기를 시전했다. 그 와중에 재무구조가 서서히 악화되면서 추진하던 신사업이 삐끗하자 그룹은 급속도로 어려워지기 시작했다. 결국 채권단 주도로 주력 계열사를 강제로 매각당했고, 그룹의 외형은 3분의 1 이하로 쪼그라들었다. 뒤늦게 돌아온 두 아들은 그 후 15년 넘게 고생고생하여 ㉮그룹을 작지만 내실 있는 기업으로 다시 살려냈다.

③ 너무 늦게 물려주지 마라.

가업승계는 손자들이 너무 크기 전에, 그리고 자녀들이 노안이 오기 전에 완료해야 한다. 물론 이렇게 이야기할 때마다 회장님들은 발끈한다.

> "아니, 김 대표. 내가 이제 겨우 60 중반인데. 아직 블루티에서도 티샷 할 수 있단 말이야!"

회장님의 용력과 기력은 인정한다. 그런데도 내가 한 발짝 빠른 세대교체를 추천하는 이유가 있다. 자녀가 비교적 젊은 나이에 회사를 물려받으면 첫째로 기존 경영진과 부드러운 교감을 만들 수 있고, 둘째로 새로운 것을 시도할 에너지가 충분히 남아 있으며, 셋째로 그 진행 과정에서 실패를 한두 번 겪더라도 극복하고 재기할 여유가 있기 때문이다.

내가 가까이 뵙는 회장님 중에서도 아직 너무 정정해서 자녀가 40대 후반이 넘도록 힘없는 비서실장처럼 쓰는 경우가 종종 있다. 10년쯤 전까지만 해도 이런 경우에 큰 문제는 없었지만, 이제는 세상이 바뀌었다. 온갖 스타트업들이 전통 산업을 위협하고 있고, 20대나 30대의 패기 넘치는 창업자들이 죽음을 두려워하지 않고서 그보다 더 용감한 VC와 사모펀드를 등에 업고 덤비고 있다. 정년 퇴임까지

15년도 안 남은, 거의 평생을 온실 속에서 '뽀다구'나게 커왔던 중년의 2세대들이 젊고 겁 없는 도전자들과 싸워 이길 것이라 기대하는 것은 부모의 착각일 수 있다.

나의 지난날을 되돌아보면 몸 사리지 않고 물불 가리지 않고 일한 때는 30대 중반에서 40대 중반 무렵이었다. 에너지 레벨이 이처럼 높은 시기에 본인이 살짝 무서운, 그러나 매우 중요한 의사결정을 할 수 있어야만 거기서 배우고 더 큰 경영진으로 클 수 있다. 실제로 30대부터 40대 초반에 승계를 완료한 기업들이 다음 세대의 먹거리를 더 적극적으로 찾고, 또 부모와의 사이도 틀어지지 않는 사례를 많이 봐왔다. 반대로 자녀가 50이 넘어서야 사장이나 회장직을 물려주는 그룹들은, 그사이 50대 후반에서 60대 초반이 된 창업 공신 중역들이 떡하니 자리 잡아 이사회를 정치판으로 끌고 가는 모습을 종종 보이곤 했다. (내가 이사회 멤버로 그들 사이에 끼어서 누구 편을 들기도 애매하고, 누구 편을 들었다가 미운털이 박혀서 고생한 적도 한두 번이 아니다.)

무엇을 물려줄 것인가

자녀에게 사업을 물려줄 때, 마음 같아서야 성장도 하고 안정적이면서 승계받기도 편하고 앞으로 경쟁자가 없는 사업을 세금도 많이 안 내고 날름 물려주고 싶은 생각이 간절할 것이다. 당연히 현실에 그런 것은 없다. 그럼 내 손에 있는 사업이 딸랑 하나밖에 없다면 그걸 바로 물려줄 것이냐? 당연히 그러면 안 된다. 그러면 도대체 어쩌란 말이냐?

① 세상에 없던 새로운 길은 고생문의 지름길이다.

우선 절대 추천하지 않는 것은 '세상에 없던 새로운 것'이다. 종종 신시장을 개척한다든지, 선진 문물을 들여온다든지, 미국이나 유럽 또는 일본에서 10년 앞서서 시장이 생겼다고 하며 신사업을 작게 시작하고 이것을 자녀들에게 맡기는 경우가 있는데, 이건 그냥 개고생의 진흙탕 길을 열어주는 것이다.

외국계 컨설팅 업체의 부사장을 하고 있던 내 대학원 동기 B는 월급 파트너라는 따뜻한 온실 안에서 십수 년 동안 적지 않은 돈을 벌어들였다. 그런데 어느 날 미팅룸에서 어느 기업의 창업주인 C와의 커피타임 중에 인생을 바꾸는 대화를 나누게 됐다.

"B 대표, 지금 당신이 하는 일이 당신이라서 하는 거야, 아니면 회사 간판이 있으니까 하는 거야? 그거, 진짜 당신 거야?"

똑똑하고 고집도 있던 B는 당시를 내게 설명하면서 이렇게 표현했다. "입으로는 뭐라고 하고 싶은데, 망치로 머리를 맞은 것 같아서 아무 말도 못하겠더라고."

B는 얼마간의 고민 후 C를 찾아가 "살짝 늦은 것 같지만 지금이라도 뭐라도 해보려니 아이템을 좀 주십시오"라고 조르기 시작했다. C는 몇 가지 아이템을 던져줬고, B는 그중에 '세상에 둘도 없는, 그러나 진짜라면 이 세상을 바꿀 수 있는 획기적인 제품'의 판권을 골랐다. 고개를 갸우뚱하던 C는 두 번째 의미심장한 얘기를 했다.

> "이런 신제품은 보기는 멋있지만 힘든데…. 돈 버는 거랑 사업 아이템은 아무 상관이 없거든."

당시에는 그 말이 무슨 뜻인지 모른 채, B는 '완전 연소를 유도해서 내연기관의 연비를 10% 이상 올려주는 첨가제' 사업을 시작했다. 그는 경영학 석사 및 컨설턴트 출신답게 기술을 꼼꼼히 검증했다. 그리고 놀랍게도 6개월이 넘는 실증기간 동안 검증된 데이터를 정리해서 관련 업체를 찾아다니며 기술 영업을 시작했다. 내 말은 못 믿어도 데이터는 믿을 수 있지 않겠냐는 희망을 품고서.

그러나 현실은 녹록지 않았다. 들어도 믿기 힘든 기술은 숫자로도, 논문으로도 그 선입견을 뚫기가 쉽지 않았다. 상식을 벗어난 신시장을 컨설팅 출신의 투자자가 만들어가는 것은, 이른바 성장에 대한 가성비가 나오지 않는 사업 아이템이었다. 사업 초기 몇 년간 수

억 원을 까먹은 다음에야 B는 C의 의미심장한 말을 이해했다.

B는 제품에는 자신이 있었고, 그래서 무언가 달리 써먹을 방법이 없나 이리저리 궁리해보기 시작했다. 그러던 중 제품을 첨가했을 때 완전 연소가 유도되면서 '배기가스의 배출 자체가 줄어든다'는 사실을 깨달았다. B는 협심증 치료제로 개발된 비아그라가 부작용으로 인해 오히려 다른 용도로 더 잘 팔리게 된 케이스에 착안하여, '배기가스 중에서 황의 배출을 줄여주는 탈황제'로 전략을 바꿔 보기로 했다. 이 분야는 이미 수십 년간 시장이 잘 형성되어 있던 터였다. 다시 업체를 돌던 B는 몇몇 공장에서 가격만 맞으면 납품해보라, 샘플을 한번 써보겠다는 답을 들었다. 이후 사업은 고정비를 커버할 수 있는 최소 규모로 성장하기 시작했다. 그리고 몇 년쯤 지나 B는 단골을 중심으로 '연비 개선' 기능을 홍보하기 시작했고, 4년 차부터는 사업이 성장 궤도를 바라보는 단계에 접어들게 되었다.

② 반드시 사업을 물려주어야 하는 것은 아니다.

가업승계에서 또한 고심해서 결정해야 하는 것이 경영권을 물려줄 것인지, 아니면 가업을 통해서 나오는 현금 창출 능력Cashflow 또는 지위Status를 물려줄 것인지다. 직접 경영을 수행하는 대표이사직을 고집하지만 않는다면 1년의 반을 해외에서 생활하면서 봉사활동과 기부를 실천하는 멋진 주주의 삶을 물려줄 수도 있다.

주주로서의 의사결정 참여와 이사회 멤버로서 혹시나 겪을 수 있는 법률적 리스크로부터도 자유롭게 해주고 싶다면 자산으로 물려주는 방법도 있다. 즉 본사 건물이나 공장 땅을 물려주고 매각 후 재리스sales-and-lease-back의 형태로 수년에서 수십 년간 현금 흐름을 고정시켜주는 것이다.

이것도 불안하다면 브랜드나 영업권을 물려줘도 된다. 브랜드 사용료나 해외 판권을 보유하는 회사를 만들어서 이것만 패밀리오피스 형태의 구조로 만들고, 경영에 관심 없는 자녀들이나 손자 손녀들까지 지분을 주고 초장기 현금흐름을 창출시켜줄 수도 있다.

몇 년 전에 나는 뉴욕에 있는 록펠러가家의 패밀리오피스에 직접 찾아가본 적이 있다. 그렇게 목도한 록펠러 창업주 손자들의 삶은, 부동산 개발자라기보다는 작은 투자회사의 홍보 담당 또는 비영리 단체의 인상 좋은 명예 이사회 멤버의 모습에 더 가까워 보였다. 후덕하게 생긴 그의 자산은 수조 원에 이를지 모르겠으나, 경영 및 소유와는 철저히 그리고 우아하게 분리되어 있었다. 어쩌면 이런 패밀리오피스 형태의 소유구조가 상속에 대한 의무감이 유난히 큰 우리나라에 오히려 아주 적절한 구조가 아닐까 생각했다.

나는 가업승계를 자식의 앞날을 걱정하는 부모의 당연한 본능에 따른 행위라고 본다. 법이 정한 한계 안에서, 우리의 자녀들이 하고 싶은 일을 찾아볼 수 있도록 기회를 주고, 자식이 나보다 조금 더 쉽고 편안하게 행복한 삶을 추구할 수 있는 방법을 찾는 것은 어쩌면 세상 모든 부모의 의무일지도 모른다.

그러나 나 자신이 부모에게 크게 뭘 받아본 적이 없는 입장에서 가업승계만이, 그리고 돈만이 꼭 능사는 아니라고 이야기하고 싶다. 세상은 넓디넓고 새로운 일들이 얼마든지 우리의 자녀를 기다리고 있다. 그렇다면 우리가 감당해줄 수 있을 만큼 고생과 실패를 미리 시켜주자. 그리고 그렇게 넘어졌다가 툴툴 털고 스스로 일어날 수 있는 경험을 선물해주자. 그렇게 쌓아가다 보면 우리의 자녀는 내가 피땀 흘려 이룬 것보다 수십 배, 수백 배 더 큰 무언가를 이룰 수 있을 것이다. '큰 것'이 꼭 돈일 필요는 없는 것 아닐까?

5장.
사모펀드식 선발 선수 기용의 비밀

황금알을 낳는 대표이사를 찾아 쓰는 법

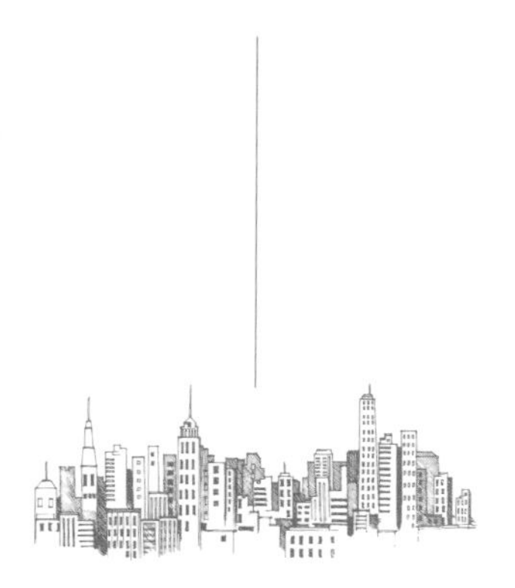

최근에 연락과 만남 빈도가 눈에 띄게 늘어난 분들이 있는데, 이른바 중견그룹 또는 기업의 젊은 오너들이다. 나이는 30대 중후반, 유학파이거나 지방 유지 출신이고, 직접 창업을 해본 경우가 대부분이다. 나는 이런 '젊은 피'들과 어울리는 게 너무 재미있는데, 이 친구들이 나를 완전 어르신 취급을 하는 데는 개인적으로 불만이 있다! (얼굴이 문제인가, 머리숱이 문제인가. 친구가 되고 싶다, 여러분!)

이 친구들이 가장 자주 물어보는 단골 질문이 있다. 바로 '대표이사'에 관한 질문이다.

"사모펀드들은 대표이사를 어떻게 뽑나요?"

"형님, 이번에 회사 하나를 인수하는데 대표이사 시킬 만한 분 좀 소개시켜 주세요."

"이번에 자회사 하나를 상장시키려는데, 대표이사는 밖에서 모실까 합니다. 어떻게 하면 될까요?"

"회사 직원들이 좀 마음에 안 드는데, 어디까지 얘기해야 잔소리가 아닐지 모르겠어요. 제가 잘하고 있는 걸까요?"

정리하면 '어떤 대표이사가 좋은 대표이사인가?', '그런 대표이사는 어떻게 발탁하나?', '나는 좋은 대표이사인가?' 정도가 되겠다. 하지만 나라고 어떻게 건건이 뾰족한 수를 내놓겠는가. 그냥 물고기를 잡는 법을 가르쳐드릴 수밖에. 그래서 이번에 풀어놓을 이야기, '대표이사를 잘 골라서 잘 쓰는 원칙' 되시겠다.

제1원칙: 필요하다면 대표이사를 바꾸라

내 생각에 성공하는 투자의 비법은 이렇다.

① 좋은 산업에 지배력이 있(을 수 있)는 회사를 찾는다.

② 거기에 좋은 경영진(특히 대표이사)을 찾아 짝지어준다.

결과만 놓고 본다면야 '좋은 회사를 사서 잘 파는 것'이 성공의 조건이겠지만, 처음부터 좋은 회사였다면 애초에 잘 팔릴 테니 '비법' 운운할 것이 없다. 관건은 적당히 좋은 회사를 사서 매력적인 회사로 키워 파는 것이다.

재미있는 건 ①과 ②의 주기가 다르다는 점이다. 회사를 찾아서 투자하는 주기는 5~6년, 대표이사를 찾는 주기는 1~3년 단위다. 즉 한 회사에 투자하면 보통 한두 번은 대표이사를 교체하게 된다. (물론 무조건 교체하는 것은 아니다. 나와 함께 일한 대표급 경영진 중 가장 오래 직을 유지하시는 분은 연차가 12년을 훌쩍 넘었다.)

경영진의 교체 주기는 왜 이렇게 짧을까? 대답은 간단하다. 대표이사의 수명이 투자 수명보다 짧기 때문이다.

회사의 대표이사를 고를 때 알아두어야 할 첫 번째 원칙은 '회사의 성장 단계에 따라 그에 걸맞게 대표이사를 교체할 필요가 있다'는 사실이다. 나는 이를 십수 년 전부터 흠모하며 따랐던 ㉮그룹의 A 대표님께 직접 배웠다.

㉯회사는 ㉮그룹이 신사업을 추진하며 유럽계 ㉰기업과의 합작법인Joint Venture, JV으로 만든 곳이었다. ㉯회사의 사업모델은 유럽 및 홍콩 시장에서는 검증되었지만, 한국 고객의 정서와는 잘 맞지 않아 적자를 거듭했다. 뒤돌아보면 90년대에는 이렇게 망한 JV가 참 많았다. 해외에서 성공한 사업모델을 가져오려 하면 겹겹이 쌓인 국내

규제 환경 때문에 쉽사리 도입하기 어렵고, 막상 규제를 뚫고 나서 한국식으로 된장도 넣고 참기름도 치려고 하면 브랜드 아이덴티티 운운하여 JV 파트너가 제동을 걸고는 했다. 이 와중에 섹터는 쑥쑥 크고 있으니 함부로 접을 수도 없어 진퇴양난에 빠졌다가 결국 망하는 결과에 이르곤 했다.

㈏회사는 ㈎그룹 내에서 꿔다놓은 보릿자루 같은 신세이긴 했지만, 야금야금 사업모델을 바꾸면서 간신히 살아남았다. 그런데 이렇게 만성 적자에 시달리던 ㈏회사를 우리 같은 사모펀드가 인수를 검토할 만큼 돌려놓은 것이 바로 A였다. A는 사업 극초기에 신사업 담당 본부장을 맡았는데, 처음 몇 년간은 삐걱거리는 JV를 어떻게든 고쳐보려고 하다가, 안 되겠다 싶어 ㈎그룹 회장님을 잘 꼬셔서 JV의 유럽 회사 지분을 비교적 비싼 값에 되사오고, 그때부터는 브랜드, 서비스, 제품 믹스, 확장 방법까지 모두 뜯어고쳤다. 사업모델을 한국식으로 바꾸는 데 성공한 것이다.

원금 회수의 기회가 다가오자 ㈎그룹은 과감히 ㈏회사의 매각을 결정했다. 이를 계기로 당시 30대였던 내가 ㈏회사의 실사에 들어가게 되었다. 그러던 중 한 가지 이상한 사실을 발견했는데, 창업한 지 6~7년밖에 되지 않은 어린 회사에 창업 공신이 별로 남아 있지 않았던 것이다.

"A 대표님, 처음 같이 시작했던 분들은 다시 그룹으로 되돌아가셨나 보죠?"

별다른 생각 없이 드린 질문에 A의 눈빛이 헤어진 첫사랑을 떠올리는 마냥 흐려졌다. A는 한숨을 푹 쉬고는 다음과 같이 말했다.

"거의 다 내보냈어요. 두 번 정도 갈아엎었죠."

㉯회사는 JV로 꾸려지는 만큼, 당시 본부장이었던 A는 영어도 좀 하고, 서류도 좀 잘 만들고, 현장도 잘 다니며, 매장을 폼 나게 잘 뽑아낼 수 있는 이들로 팀을 꾸렸다. 그런데 이렇게 시작한 신사업이 과투자와 한국 정서에 맞지 않는 사업모델로 인해 적자에 시달릴 때, 초기의 경영진은 대기업 마인드로 적자 폭을 줄이는 데만 집중했다.

돈만 까먹는다는 그룹의 눈총에 시달리던 A는 결국 강한 '창업자 마인드' 없이는 근본적인 개선이 불가능하다는 결론을 내렸다. ㉮그룹 회장을 설득해 JV 지분을 되사옴과 동시에, '폼 나는 팀'에서 '흙먼지 먹는 팀'으로의 체질 개선에 들어갔다. 처음 이 사업을 같이 시작한 버터 냄새 나는 창업 공신들은 거의 다 내보내고, 양판점, 도매상, 잡화점 가맹사업을 실제로 해본 '시장통' 경영진으로 싹 다 교체했다. 최초의 팀이 만들어둔 '폼 나지만 나랑은 상관없는' 매장들은 다음 세대 경영진을 통해 '재미있고 흥미로운' 매장으로 거듭났다. 비로소 ㉯회사는 작지만 성장하는 재무제표를 만들 수 있게 되었다.

그렇지만 한숨 돌리는 것도 잠시였다. 수십억 원대이던 매출이 몇 년 만에 500억 원대로 성장하고, 서울 내 10개 남짓했던 매장이 수도권까지 30개로 늘어나자 이에 따른 문제들이 불거지기 시작했다. 경영 계획, 매장과 본사 관리 인력, IT, 온라인 사업, 직원 교육, 브랜딩, 공급망 관리 등 수많은 문제점들이 여기저기서 튀어나왔다. 현장형/시장통 실무진들은 하루하루 문제점을 해결하기에 급급했다.

그사이 대표이사가 된 A는 다시 한번 결단을 내릴 수밖에 없었다. 제2의 창업 공신이자 만년 적자사업을 흑자로 돌린, 전쟁터에서 함께 살아남은 전우 같은 임직원들을 내보내고, 1,000억 원 이상 단위의 사업을 관리해본 인재들로 회사를 다시 채운 것이다. 나는 그 시점의 ㉯회사와 A 대표를 만난 것이었다. 이 투자는 이러저러한 사정으로 아쉽게도 놓쳤다. 그런데 이후 ㉯회사는 몇 번의 볼트온 인수를 통해 지금은 조 단위 매출을 기록하는 국내 굴지의 기업으로 성장했다.

아까운 것은 아까운 것이지만, 이 일을 겪으며 배운 것과 A 대표님과의 인연은 아쉬움을 달래기에 큰 모자람이 없었다. 몇천억 원을 벌 기회를 비용으로 지불하고 배운 원칙은 바로 다음과 같다.

① 사람의 그릇은 변하지 않는다. 회사의 단계마다 그에 맞는 사람을 다시 찾아야 한다.
② 회사가 커질수록 '직접 해낼 수 있는 사람'보다 '누가 잘하는지 아는 사람'을 찾아야 한다.

재미있는 사실은 이 원칙을 정립하게 해준 A 본인이 예외에 속했다는 점이다. A는 스스로 자기 껍질을 깨고 나와 100억 원대 매출을 올리는 대표이사에서 1조 원 단위를 관리하는 대표이사로 진화했다. 내 경험상 이런 경영자를 만날 확률은 매우, 매우, 매우 희박하다. 이런 요행은 절대 바라서는 안 되고, 회사의 규모와 매출이 한 단계씩 올라갈 때마다, 그리고 주요 경영 초점이 바뀔 때마다 각 단계에 맞는 대표이사를 찾아 교체해야 한다. 특히 회사가 커질수록 한 사람의 그릇이 모든 것을 담기가 어려워지기 때문에 결국 슈퍼스타 개인보다는 조직을 잘 이끄는 리더형 대표이사가 필요해진다. 슈퍼스타 출신인 골프 티칭 프로나 야구 감독이 많지 않은 이유도 비슷하다.

지금까지 십수 년간 나는 꽃처럼 폈다가 낙엽처럼 저무는 수많은 스타트업들을 봐왔다. 저무는 이유는 대부분 대표이사의 그릇 크기 때문이었다. 업계 내에서 들리는 소식으로 그래서 모 VC는 투자를 검토할 때 창업주의 관상과 사주까지 본다고 들었다. 방법이야 어쨌

건, 결국 회사의 운명은 대표이사의 그릇이 중요하다는 이야기다.

제2원칙: 첫인상에 속지 말라

대표이사를 고를 때 고려해야 할 두 번째 원칙은 '첫인상보다 같이 일해본 사람의 오래된 인상이 훨씬 더 중요하다'는 것이다.

첫 만남에 모든 것을 꿰뚫어 보는 일은 (애당초 가능하지도 않겠지만) 엄청난 통찰력과 사전 공부, 그리고 전략적으로 잘 준비된 질문들이 필요하다. 그런데 진짜 문제는 이 모든 것을 잘 준비했더라도 대표이사에 지원하는 정도의 후보라면 면접자가 무엇을 보고 무슨 대답을 기대하는지 잘 알고 있다는 사실이다!

내가 종종 속았던 경우가 있으니 바로 영업으로 큰 대표이사 후보들이었다. 나도 영업을 좋아하다 보니 사람 만나서 수다 떨기 좋아하는 두세 명이 모이면 시시덕거리며 즐거운 첫 만남을 갖게 된다. 그러나 이런 후보들은 대표이사로서 반드시 필요한 '현실적 비관주의' 또는 '현실 인식Sanity Check'에 대한 감수성이 낮을 가능성이 크다. '으쌰으쌰', '할 수 있다' 주의가 머릿속에 강하게 박힌 영업형 대표이사가 선임되면 초기에 검증되지 않은 전략을 이것저것 시도해 보다가 돈과 시간을 까먹는 경우가 꽤 많다. 이후로 나는 첫 만남에서는 서로를 소개하고, 회사의 상황에 꼭 필요한 스타일의 리더인지, 꼭 필요한 스킬이 구비되어 있는지만 확인한다. 첫 만남에서 적정선은 두 번째 만남을 갖고 싶을 만큼이면 충분하다고 본다.

그렇다면 대표이사를 고를 때 속지 않을 방법은 과연 무엇일까? 나는 '평판 조회Reference Check'를 활용한다. 우선 첫 만남에서 호구조사를 하며 공통의 지인이 있는지 반드시 알아본다. 지인을 통해 후보자에 대한 평가를 들어볼 수 있고, 후보자와 지인이 속한 그룹을 참조하면 어떤 사회생활을 했는지도 쉽게 유추할 수 있기 때문이다. 공통의 지인이 있다고 하면 후보자의 대학교 단짝, 회사 사수, 승진시킨 사람, 같이 잘린 사람, 수제자, 심지어 옛날 여자친구까지 찾아서 그들의 이야기를 들어본다. 보통 서너 명쯤 찾아내면 일관적인 메시지가 나오는데, 이를 내가 받은 첫인상과 이력서상의 경력까지 조합해보면 그 후보자의 앞날을 대충 짐작해볼 수 있게 된다.

다만 평판 조회를 할 때 조심해야 할 것이 있다. '내가 모르는 사람'이 '내가 모르는 후보자'에 관해 내리는 평가나 험담은 귀담아듣지 말아야 한다는 점이다. 이는 앞서 말한 성공하는 투자의 비법 두 가지 중 좋은 경영자를 찾는 과정을 생판 모르는 남에게 의지하는 셈이다.

대표급 인사를 찾다 보면 생각보다 많은 경우에 후보자의 사생활에 관한 검증되지 않은 소문을 듣게 된다. 직원을 팼다는 둥, 법인카드를 멋대로 썼다는 둥, 술 먹고 여직원에게 손을 댔다는 둥, 바람을 폈다는 둥, 도박에 빠져서 빚더미에 앉았다는 둥 지난 약 20년간 내 귀에 들어온 음해성 소문만도 잔뜩이다. 물론 이런 소문이나 음해가 없는 깔끔한 후보자면 가장 좋겠지만, 아니 땐 굴뚝에도 연기가 날 수 있는 것이 이 바닥이고 보니 이제는 그 진위를 판단하는 나름의 방법도 생겼다.

① "그룹의 인사팀을 통해서 확인했다."

: 십중팔구 음해다. 보통 정치적 싸움 중이던 반대편 인사가 후보자를 밀어내려고 조장한 누명이기 쉽다. 애초에 인사팀을 통해 개인 정보를 빼돌렸다는 말 자체가 신빙성이 없다. 이런 패턴의 음해는 80% 이상 거른다.

② "전 직장 동료한테 들었다."

: 이 역시 소스와 사실 여부가 상당히 의심스럽다. 많은 경우 그 동료라는 사람도 풍문을 들어 전한 경우가 많다. 그 직장 동료라는 사람이 직접 겪은 일인지, 들은 얘기라면 누구에게 들었는지 알아보아야 한다.

③ "블라인드에 글이 떠 있다."

: 인터넷에 뜬 얘기는 진위가 가장 의심스러운 정보 중 하나다. 인터넷에 따르면 외계인이 납치된 미국인이 지금까지 수백 명이 넘고, 엘비스는 아직 살아 있으며, 미국 대선은 조작됐다. 그런 글을 믿을 바엔 차라리 당사자에게 한번 물어보는 것이 낫다. 실제로 내가 겪

었던 후보자들 중 인터넷에 뜬 풍문이 진실로 드러난 경우는 거의 없었다.

제3원칙: 간판에 휘둘리지 말라

내가 뽑았거나 뽑을 뻔했던 대표이사들 가운데 나중에 크게 실패했거나 실패로 끝날 뻔했던 사람들을 보면 대부분 국내 20대 그룹 최고 경영진이었거나, Fortune 500에 포함되는 글로벌 기업의 한국/아시아 최고 경영진 출신이었다. 이런 분들은 스펙은 물론 나무랄 데 없었지만 다음과 같은 단점을 한두 가지 이상 갖고 있었다.

① 뒷받침해주는 똑똑한 참모와 조직이 없으면 본인 스스로 무언가를 할 수 없다.

② 자존심이 강해 실패에 대한 힐난이나 사모펀드 주주들에게 듣는 잔소리를 용납할 수 없다.

③ 늘 스펙 좋은 사람들하고만 일해서 스펙이 떨어지는 '현장 중심' 경영진을 무시한다.

이러한 세 가지 단점은 인터뷰를 통해서 검증하기는 매우 어렵다. 게다가 본인도 이를 모르고 취임했다가 '어이쿠' 하고 도망치거나 말아먹는 경우가 많다.

예전에 내가 ㉣기업을 인수하고서 해외 수출을 키우기 위해 글로벌 기업인 ㉤사의 COO를 대표이사로 전격 영입한 적이 있는데, 그렇게 훌륭하고 에너지 넘치시던 분이 딱 5개월 일하고는 번아웃이와 퇴사 의사를 전해왔다. 자기 눈에 차는 직원이 없다 보니 똘똘이 스머프 혼자 좌충우돌하다가 조직에 적응하지 못하고, 결과는 결과대로 안 나오고, 불평을 거듭하다 서로 얼굴 붉히는 일만 벌어진 경우였다. 이후로 나는 글로벌 기업 최고 임원 출신은 대표이사로 영입하길 꺼리게 됐다.

간판의 가장 큰 문제점은 정말이지 화려해 보인다는 점이다. 내가 제일 꺼리는 유형은 3년 주기로 이름만 들어도 알 만한 외국계 기업 또는 대기업의 자회사를 옮겨 다니는 사람이다. 경력만 보면 무척 화려하지만, 내막을 자세히 들여다보면 3년 만에 밑천이 다 드러나서 냉큼 다음 호구를 찾아 옮기는 경우가 대부분이다. 멋들어진 직장 다섯 군데 경력보다는 진국인 지방 중견기업 한 곳에서 15년간 뼈를 갈아 넣은 분들이 훨씬 낫다. 이런 분들은 현장도 알고, 오너 조직이 가진 장·단점도 알고, '나에게 기회만 주어진다면'이라고 갈아둔 칼과 에너지도 남아 있다. 화려하진 않지만 진짜 실속 있는 대표이사 후보감이다.

경력 간판 말고 학벌 간판도 보지 말아야 할까? 좋은 학벌은 '기본'은 해준다. 학벌이 좋다는 것은 이 사람이 머리가 나쁘지 않고 학교 다닐 때 성실했다는 사실을 드러낸다. 즉 슈퍼스타라기보다는 안전자산에 가깝다. 특히 SKY 출신이라면 네트워크가 비교적 단순하여 검증하기 쉽고, 자존심도 있어 돈 사고도 잘 일으키지 않는다.

내가 가장 이상적인 대표이사로 뽑는 사람은 '조직 생활과 창업을 같이 해본 사람'이다. 스타트업 대표이사처럼 조직 생활 없이 창업만 해본 사람은 극 초기 회사 정도는 맡길 수 있다. 하지만 우리 같은 사모펀드가 관리하는 회사를 맡기기에는 후보의 이력/성향과 회사의 성장 단계가 맞지 않아 탈락시킨다. 반면에 대기업 또는 컨설팅, 투자은행, 회계법인 같은 전문 법인 경험을 바탕으로 창업을 해본 사람이라면 체계와 아이디어가 균형을 이룬다. 이와 비슷하게 창업해서 엑시트를 한 번이라도 해본 사람 역시 안정적이고 믿을 수 있는 대표이사 후보가 된다.

대표이사를 뽑는 방법

자, 이제까지 대표이사를 고르는 원칙을 이야기했다면, 이제부터는 실제로 대표이사를 뽑는 방법에 관해 이야기해보려 한다.

① 하수: 처음 보는 헤드헌팅 회사에 의뢰한다.

헤드헌팅 회사를 활용하는 게 나쁘진 않다. 나도 우리 회사 직원을 뽑을 때 늘 이용하는 헤드헌팅 회사가 있다. 이것이 요점이다. 헤드헌팅 회사를 이용할 때는 반드시 '단골'인 곳이어야 한다. 헤드헌터 회사는 채용된 사람이 받을 연봉에서 일정 퍼센티지를 비용으로 받는다. 이 때문에 후보자의 가치를 부풀리거나, 당장 회사에서 필요한 단계보다 무리하게 높은 단계의 '비싼' 후보자를 추천할 가능성이 있다. 뜨내기가 아닌 단골이라면 이런 장난을 치기는 어렵다. 또 우리가 생판 처음 보는 사람에게 대뜸 대표이사 자리를 주어 맡길 수 없는 것처럼, 생판 처음 이용하는 헤드헌팅 회사에 대표이사 후보 추천과 평가를 맡길 수는 없는 노릇이다. 게다가 평판 조회 등의 절차를 헤드헌팅사에 의존하다 보면 정작 뽑는 회사가 후보자에 대한 실사를 소홀히 하게 될 수도 있다. 따라서 내 스타일을 잘 이해하고 믿음을 가질 수 있는 단골 헤드헌팅사를 만들어야 한다.

② 중수: 경쟁사 대표이사를 데려온다.

경쟁사의 월급쟁이 대표이사를 스카웃하는 것은 좋은 전략에 속한다. 영업 헤드, 기술개발원장을 데려오는 것도 좋다. 다만 이 경우 주의할 점이 있다. 사람을 데려온다고 해서 경쟁사의 브랜드나 영업조직, 고객사, 제품 기술이 따라오는 것은 아니라는 점이다. 그래서 고만고만한 기술과 제품을 경쟁하는 분야에서 대표이사의 화려한 인맥과 개인기가 잘 통하는 산업에서만 유효한 전략이라 할 수 있다. 또 사람을 데려오는 과정에서 송사에 휘말리거나, 무리하게 빼오면서 필요 이상의 비용을 지출하는 불상사가 생길 수 있으므로 주의해야 한다. 그렇지만 금융업종, 영업 위주의 소비재, 상품화된 생산재 등의 산업에서 무난하게 써먹을 수 있는 전략이다.

③ 고수: 다른 업종의 2~3인자를 찾아서 키운다.

난이도가 제법 있지만 통하기만 하면 효과가 폭발적인 방법이다. 2~3인자란 특히 오너가 직접 대표를 맡는 회사에서 실무는 다 맡지만 그늘에 가려져 있는 사람을 의미한다. 통상 컨설턴트 출신 경영진이 일반 대기업 또는 중견기업에서 실무경험을 쌓는 중인 경우가 많다. 이들을 데려올 때는 동종업계보다는 유사 업종에서 찾는 것이 '전략의 창조성'을 극대화할 수 있다는 점에서 더욱 좋다. 물론 이를 위해서는 내가 영위하고 있는 업의 본질을 꿰뚫고 있어야 한다.

사례로는 미디어 산업 출신인 슈퍼스타 임원 B를 식품회사 ㉣에 투입하자 개인적으로 알고 지내던 연예인을 식품 브랜드 광고에 출연시켜 대박을 낸 경우, 리테일 전문 그룹에서 M&A를 담당하던 임원 C를 화장품 회사 대표이사에 임명하여 대박을 낸 경우 등이 있다. B2B와 B2C, 제조와 유통, 내수와 수출 등 큰 틀에서 활용 가능한 경험을 가진 유능한 경영진에 베팅해보는 게 주효하다고 하겠다.

같은 맥락에서 나는 사모펀드 운용역 출신을 경영진으로 쓰는 것도 아주 좋아한다. 역시 매수측Buy-side에서 쓴맛을 경험한 경영진은 위기에도 강하고, 숫자와 영업 및 마케팅 모두에 능하다. 바로 내 주변에서 아주 아끼는 후배 둘이 경영진으로 탈바꿈하여 회사를 몇 배씩 키워가고 있다.

④ 없수: 직접 경영한다.

내가 가장 선호하지 않는 경우는 오너가 직접 경영하는 것이다. 이들은 경영이 산으로 가더라도 스스로 물러나지 않는다. 또 회사가 자신의 그릇보다 더 커졌을 때 회사를 자기 한계 속에 가둬놓는다. 이 글을 읽는 오너들 가운데 꼭 자신이 경영을 직접 해야겠다고 생각하는 분이라면 자기 그릇을 알고 언제 물러나야 할지를 파악하거나, 아니면 피나는 노력을 통해 자기 그릇을 깨고 더 큰 세상으로 나올 각오를 하시길 바란다.

해외에서 오너 패밀리는 세대가 내려갈수록 경영을 맡기보다는 투자자로 변모하는 것을 훨씬 선호하는 편이다. 매일 출근할 필요도 없고, 투자를 통해 이것저것 해보고 싶은 것을 다 해볼 수도 있고, 회사의 성장 단계에 따라 경영진을 수시로 교체할 수도 있다. 생각보다 장점이 훨씬 많으니 한번 고려해보는 것을 추천한다.

회사나 상황마다 필요로 하는 대표이사는 다르다. 그런데도 대표이사에 앉힐 인재는 늘 부족하다. 내 눈에 좋은 인재는 남의 눈에도 좋아 보이는 법이고, 어제 훌륭했던 우리 대표라도 오늘 우리 회사에는 맞지 않을 수 있기 때문이다. 무한경쟁에 접어든 대표이사 찾기에서 성공하려면 단단한 원칙 하에 나만의 창의성을 발휘하는 것이 무엇보다 중요하다. 남들이 주저하고 두리번거릴 때 한 걸음 빨리 인재를 찾아보자. 평판을 꿰뚫어 볼 수 있는 눈을 키워보자. 그래서 나를 대신해 내 조직을 맡아줄 대표를 찾을 수만 있다면 나의 여름휴가는 1주에서 10주로 늘어날 수 있다. 오늘과 내일을 바라보고 안성맞춤인 그릇을 찾아보자. 그리고 내가 그 그릇이어야 한다는 강박에서 벗어나자. 바로 그때, 하와이가 여러분을 기다릴 것이다!

사모펀드가 선택하는 CEO가 되는 트랙

경영권 인수와 소수 지분 투자를 동시에 한다는 것은 무척 다양하고 많은 종류의 기업과 사람을 만나야 한다는 것을 의미한다. 특히 투자 유치의 경우 가장 먼저 만나는 분과 제일 자주 만나는 분은 재무통이다. 그래서 일하다 보면 제일 많이 쌓이는 것이 최고재무책임자CFO의 명함이다.

안타까운 사실은 CFO들의 역할과 책임에 비하면 직업으로서 그들의 수명이 꽤 짧다는 점이다. 전문가이기 때문에 그저 전문가로서 커리어를 마치는 것을 당연하게 생각해야 한다면 나는 너무 억울할 것 같다.

CFO의 미래

CFO가 자신의 커리어 수명을 늘리기 위해서는 어떻게 해야 할까? 당연히 CFO 이후의 커리어를 준비해야 할 것이고, 내 견해로는 CEO가 다음 단계에 해당한다고 본다. 그러나 그 사례는 많지 않다. 지금까지 투자자로서, 컨설턴트로서, 그리고 친구나 동료로서 내가 지켜봐온 이들 가운데 CFO의 명예와 멍에를 동시에 벗어버리고 성공적인 CEO가 되는 사람은 많아야 20% 정도밖에 되지 않는다.

한 가지 사례를 보자. 몇 년 전 나는 중소기업 하나를 인수했다. 그 기업은 해외에서 매출이 50% 이상 발생하고 있었고 특히 미국과 동남아 매출이 연 20% 이상씩 성장하고 있었다. 아직 규모는 크지 않았지만 글로벌한 사업이기 때문에 CFO는 자금, 회계, 세무, 예산관리 등 다양한 재무 관련 경험을 쌓고 영어까지 능통한 해외파가 적절하다고 판단했다. 신임 CFO가 활약을 펼치고서 몇 년이 지나면 한국 사업을 통째로 맡길 심산이었다. 그래서 영입한 것이 A였다. 그는 이름만 들으면 곧 알 수 있는 외국계 기업 출신 재무전문가였다. 헤드헌팅 회사의 강력한 추천에 삼고초려까지 하여 성공한 스카웃이어서 기대가 아주 컸다.

그러나 결과는 매우 비참했다. 40대 초반의 슈퍼스타급이라고 평가받던 A는 조직과 시스템이 아직 갖추어지지 않은 중소기업에 적응하는 것에 실패했다. 신규 조직 구축이 마땅치 않자 그는 답답한 나머지 자기 몸을 갈아댔다. 외국계 기업 출신이 받는 기대에 부응하고자 멋진 보고자료를 만들다 보니 매일 밤 야근이 필수였다. 그러다 보니 새롭게 맡게 된 사업에 대한 이해나 조직 적응은 뒤로 밀렸고, 결국 3개월도 지나지 않아 A는 번아웃에 빠져 조기에 퇴사하고 말았다. 나는 이런 '멋진 분'들이 입사 후에 번아웃으로 내몰리는 부적응 사례를 두어 번 겪고 나서는 대기업이나 외국계 기업 출신을 곧바로 사모펀드 투자사에 데려오는 행위를 아주 꺼리게 됐다.

그럼 성공적인 사례는 없었을까? 당연히 있다. B는 30대 후반에 중견그룹에서 차장급으로 근무하며 사업개발을 담당했다. 컨설턴트 출신으로 혈기 넘치고 불도저 같은 매력에 나는 흠뻑 빠졌다. 처음에는 B가 있는 회사에 대해, 나중에는 그가 알 만한 산업에 관해 이것저것 이야기를 나누면서 어느 정도 확신이 생겼다. 몇 년이 지나 나는 인수한 회사의 CFO이자 2인자급 본부장으로 그를 영입했다.

사실 B는 현금관리, 회계 결산 및 세무 등 재무 관련 업무 경험이 적어 CFO가 되기에 딱 맞는 인물이 아니었다. 그런데 그는 재빨리 조직 내에서 각 세부 기능을 맡아줄 수 있는 자기 사람을 찾기 시작했다. CFO가 되고 나서야 CFO의 기본 역할을 갖추기 시작한 것이다. 그는 전략을 하던 눈으로 재무를 바라보며 영업과 기술 부문 그리고 신사업 및 M&A를 이끌기 시작했다.

당연히 첫 6개월은 야근의 연속이었다. 그동안 그는 새롭게 만난 사람들에게 끊임없이 배움을 구했다. 사모펀드 주주의 전략을 이해하는 데 많은 시간을 할애하며 본인이 약한 부분은 컨설팅 회사에 적극적으로 도움을 구했다. 그렇게 4년이 지나 B는 이사, 상무, 전무의 초특급 승진을 거쳐 투자금 회수를 성공적으로 달성했다. 당연히 기존에 일하던 회사 연봉의 수십 배에 달하는 성과급을 받았고, 지금은 나와 두 번째 투자 회사의 CEO 자리를 같이 검토하고 있다.

CFO가 CEO 자리를 준비해야 하는 이유

사람들을 만나다 보면 CFO에 아주 적합한 사람들이 있다. 꼼꼼하고, 숫자에 밝고, 재무 관리 기법을 알고, 금융 상품에 대한 직·간접적인 경험이 있고, 다양한 금융회사와 친분이 있고, 업무 훈련과 경험을 일류라 불리는 곳에서 받은 사람들이 그들이다. 그런데 이들 가운데 이른바 'CEO 트랙'을 밟는 사람은 극히 소수다.

나는 투자 기업의 CFO를 뽑을 때 CFO 자리를 거쳐 CEO로 갈 사람을 찾는 편이다. 십수 년 전 컨설팅을 할 때 이른바 '전략적 CFO'의 역할에 맞는 조직 재구성 프로젝트가 인기를 얻은 적이 있다. 사모펀드는 가성비 좋은 미래의 CEO 후보로서 CFO를 매우 선호한다. 사모펀드는 짧게 치고 빠진다는 인상이 강하지만, 사실 사모펀드가 투자 대상 기업을 물색하고 실제로 투자에 나서서 투자금을 회수하는 데까지 전체 기간은 10년이 넘는 일이 허다하다. 여기에는 마라톤처럼 장기적 전략이 필요하다.

사람에 대한 투자도 마찬가지다. 생판 모르는 사람을 업계 전문가랍시고 대표이사로 모셔서 호흡을 맞추고 사업모델을 변경하고 매각을 완료하는 작업을 3~4년 안에 모두 해내기란 쉽지 않다. 미리 여러 CEO 후보를 확보해두고, 그들과 미리 각각의 전문성에 부합하는 투자 기회를 논의하고, 투자를 집행하자마자 그간 논의해왔던 새로운 전략을 펼치는 것이 이상적이다.

이런 의미에서 나에게 CFO는 강력한 CEO를 양성하기 위한 첫 번째 단추와 같다. 숫자에 기반한 분석과 관리가 되는 CEO는 사모펀드가 투자하는 회사에서 필수 불가결한 조건이다. 따라서 전현직 CFO가 노려야 하는 다음 단계는 당연히 CEO여야 한다고 생각한다.

CFO가 CEO로 자라는 법

그렇다면 어떻게 준비하면 될까? 여러 가지가 있겠지만 제일 중요한 것은 CFO의 업무를 뛰어넘어 사업에 대한 호기심과 열정을 갖는 것이라고 본다. 순혈주의를 고집하는 CFO들은 종종 전문성의 함정에서 빠져나오지 못한다. 자신은 CEO나 영업을 '견제'하는 역할을 하면 충분하다고 생각하는 경우가 있다. 물론 아주 큰 조직이라면, 다국적기업Multinational Corporation, MNC의 한국 지사 같은 구조라면 그럴 수 있다. 그렇지만 사모펀드가 투자하는, 그래서 5년 이내에 2배 이상의 성장을 이뤄내야 하는 회사라면 칸막이 칠 겨를이 없다. 사업에 몰입하고, 새로운 역할을 배우려는 자세야말로 사모펀드가 투자한 기업의 CFO가 갖추어야 할 마음가짐이다.

마음가짐이 준비되었다면 기술적인 면에서 보강이 필요하다. 사모펀드가 투자하는 기업은 필요한 모든 기능별 조직을 갖추기 어려운 점이 있다. 따라서 기업의 체질 개선을 위해 투자 초기에 반드시 잡고 가야 하는 활동들, 예를 들어 원가 개선, 공장자동화, 전사적자원관리Enterprise Resource Planning, ERP 및 경영정보시스템Mnagement Iformation Sstem, MIS 구축, 핵심성과지표KPI 제도 개선 및 그에 따른 성과 평가와 보상체계 구축, M&A 및 해외 지사 설립 등에 관해 CFO가 주도 혹은 관리를 맡아야 한다.

이런 일들을 잘 해내려면 재무통이기만 해서는 불가능하다. 오히려 전통적인 재무 활동은 팀장급 혹은 야심 있는 과 · 차장급에 과감히 맡길 수도 있어야 한다. 결국 사모펀드 주주가 CEO를 육성하기 위해 CFO에 투자하는 만큼, CFO도 자기 팀원들이 CFO가 될 수 있도록 애정과 시간을 쏟아야 하는 것이다.

CFO의 다음 커리어로 CEO가 되는 것만이 능사는 아니다. 그렇지만 CFO가 CEO를 능가하는 돈을 벌거나, 조직을 거느리거나, 명성을 쌓기는 힘들다. 커리어의 상승을 노리는 CFO라면 마땅히 CEO 자리를 노리는 것이 옳다.

C레벨들이여,
먼저 인간이 되자

요즘 이런저런 채널을 통해 많은 분에게 이것저것 질문이 들어오고 있다. 그중 이른바 '회장님'들이 제일 많이 물어보는 질문이 있다. 바로 오늘 아침에도 들은 질문이다.

"김 대표, 어떻게 하면 좋은 경영진을 구성할 수 있을까?"

기본적으로 나는 'CEO-CSO-CFO' 삼위일체를 골자로 하는 팀 구성을 제일로 친다. 이번에는 그 가운데 내가 가장 관심 있게 보는 CFO를 예시로 삼아 이야기해보려 한다.

당신이 유능한 CFO를 뽑으려 한다면 무엇을 가장 중요하게 보아야 할까? 한번 리스트를 나열해보자. 학력, 나이, 경력, 기술/자격증, 리더십, 꼼꼼함, 인성, 연봉, 기업 공개IPO, Initial Public Offering 또는 투자 유치 경험, 재직 중인 회사, 향후 희망 진로, 남들의 평가 등등이 있겠다. 자, 당신은 이 가운데 무엇을 가장 중요하게 보겠는가?

이 질문에 나는 0.01초 만에 답할 수 있다. '인성', 조금 더 구체적으로 말하면 '정직함'이라고 할 수 있겠다. 놀라운가? 물론 이렇게 생각하는 이유는 내가 일정 수준 이상인 후보들을 물망에 올려놓고 고려하기 때문이기도 할 것이다. 그래도 최종적인 결과는 마찬가지다. 나는 화려한 경력과 실력을 갖춘 '독사'보다는 정직하고 사람을 끄는 매력이 있는 분을 절대적으로 선호한다.

반대로 나는 금전 사고 이력, 나쁜 술버릇, 복잡한 사생활, 속을 알 수 없는 성격, 행동보다 말이 앞서는 허언증 환자, 돈에 대한 너무 강한 집착을 극도로 기피한다. 이 가운데 가장 쉽게 체크할 수 있는 것은 '나쁜 술버릇'과 '돈에 대한 집착'일 것이다. 지금부터 내 마음의 상처로 남겨진 사례를 들추어보겠다.

개인기 뛰어난 '젊은 피' A의 술주정

몇 년 전 소비재 유통을 주로 하는 ㉮회사에 투자한 적이 있다. 그때 새롭게 경영진을 구성하며 CFO 자리에 조금 파격적인 인사 채용을 시도했다. 당시 30대 후반이었던 A씨는, 어린 나이에도 불구하고 이미 작은 회사에서 CFO를 해본 경험이 있었고 유수의 대학을 졸업하자마자 CPA를 취득해 회계사이자 컨설턴트로서 다양한 섹터에서 일한 경험이 있었다. 이런 경력 덕분에 '10년만 더 고생하면' 최고 경영진이 될 자질이 보였던 꿈나무였다.

당시 ㉮회사를 경영하던 기존 대주주인 B대표는 그의 기용을 반대했지만, 나는 A씨를 적극 옹호했다. 이제부터 조직을 젊고 역동적이게 바꾸자는 나의 대의에 밀려 결국 B대표도 동의했다.

얼마 지나지 않아 A씨가 우리와 함께 일하게 되었다는 소문이 시장에 돌았다. 당시 A씨가 일하던 그룹, 그리고 A씨를 스카웃하려고 눈도장을 찍어두고 있었던 몇몇 대기업 오너들이 우리에게 연락해 "똑똑이 빼 가서 너무 부럽네", "비슷한 친구 추천 좀 해달라" 등등 필자의 어깨에 뽕이 들어갈 만한 칭찬을 듬뿍 보내왔다.

본부장 자리를 꿰찬 A의 첫 2년은 그야말로 화려한 개인기의 연속이었다. 소비재 산업의 관리 경험을 살려 신제품 출시를 주도하고, 볼트온 M&A를 발굴해 실행하고, 그렇게 인수한 계열사 중 하나의 대표이사를 겸직하면서 서울과 지방을 오가는 슈퍼 CFO 역할을 했다. 자기 조직을 꾸리는 것도 게을리하지 않아 전략팀을 신설하고 같이 일했던 외부 인재들을 하나둘씩 데려오기 시작했다. 문제는 거기서부터 시작됐다.

2년 동안 A는 회사의 다양한 조직에서 원망과 불평을 불러일으켰다. 이제는 회장님으로 직함을 바꾼 기존 대주주 B대표는 A를 "네 편 내 편으로 나눠 조직에 분란을 불러일으키고 나이 든 직원들을 존중하지 않는 버릇 없는 청년"이라 말하며 여러 차례 선수교체를 요청해왔다. A와 함께 채용한 ㉮회사의 CEO 역시 A가 함께 일하기 어려울 만큼 '성격이 드세고 말이 잘 통하지 않는다'는 어려움을 토로했다. 급기야 그가 '내 편이 아니다'라고 분류한 기존의 우수한 직원들이 줄퇴사하는 사태가 발생했다.

나는 혼란에 빠졌다. 어쩌면 내가 틀렸을 수도 있겠다는 생각이 들기 시작했다. 해결할 방법을 물색했고, 답은 소통이라고 판단했다. 그래서 우리 팀과 우리가 투자한 다른 회사의 믿을 만한 경영진들이 모이는 사적인 자리에 A와 ㉮회사의 CEO를 여러 번 초대했다. 스킨십 전략으로라도 버릇없는 천재를 겸손한 젊은 리더로 만들고자 했다. 이때까지도 나는 A에게 애정과 기대를 걸고 있었다.

곪은 곳은 들여다보면 금방 찾게 된다. A에게 공을 들이는 한편으로 그가 일으켰던 문제를 들여다보면서, 나는 그에게 심각한 주사가 있고 다소 어려웠던 어린 시절 때문에 돈에 대한 집착이 지나치다는 것을 알게 됐다. 그리고 그가 단기간에 많은 돈을 벌기 위해 다른 사업을 준비하려 한다는 이야기를 들었고, 그로 인해 경영진으로서 근본적인 신뢰를 얻지 못하고 있다는 것도 알게 됐다.

그러던 어느 날, A의 술주정 사태가 또 터졌다. 수습하기 쉽지 않을 사건이었다. 주말 밤을 꼬박 새우며 논의한 끝에, 나와 CEO는 결국 지난 3년간 회사 성장의 일등 공신 중 하나였던 A를 경질하기로 했다. 워낙 여러 중책을 맡고 있었기 때문에 상당 기간 회사가 혼란에 빠질지도 모른다는 두려움이 있었다. 그러나 성격 서글서글한 CFO를 새로 뽑고, CEO에 대한 리더십 코칭을 같이 붙이면서 조직은 빠르게 안정을 되찾았다. 이후 ㉮회사는 해마다 30% 수준의 실적 상승을 보였다. 이 일로 내가 얻은 교훈은 아무리 일을 잘한다 해도 주사가 나쁘고 돈에 집착하는 CFO는 좋은 경영진이 되기 어렵다는 판단이었다.

성격이 불같은 C의 고생담

비슷하지만 결말이 달랐던 사례가 있다. ㉯그룹에서 본부장으로 근무하던 C는 내가 컨설턴트 시절부터 알고 지내던 학교 선배였다. 그는 똑똑하고 리더십 있고 일에 대한 열정이 넘쳤다. 문제는 성격이 불같다는 점이었다. 그는 회사 내 정치도 참 서툴렀다. ㉯그룹에서 C에게 숙청당한 간신형 경영진들은 끈질기게 살아남아 틈만 나면 C에게 '술 문제가 있다'는 둥, '직원을 때린다'는 둥 조직적으로 온갖 모략을 해댔다.

마침 우리는 ㉰그룹과 함께 회사를 인수하면서 CFO를 추천하게 됐고, 나는 즉시 C를 모시기로 했다. 문제는 여기서부터 벌어졌다. 레퍼런스 체크를 하는 과정에서 C에게 흩뿌려진 온갖 모함이 ㉰그룹 사장단의 귀에 들어간 것이다. 주주간 계약 때문에 수용해야 한다는 것을 알면서도, ㉰그룹의 모 사장은 정말 혼신의 힘을 다해서 다양한 경로를 통해 C에 대한 반대 의견을 피력했다. 그러나 나는 확고한 믿음이 있었다. 10년 넘게 C를 알고 지내며 그의 사람 됨됨이, 정직함, 일에 대한 열정, 젊은 날의 성공과 그에 따른 역경을 통해 쌓은 경험을 믿었다. 나는 C를 적임자라고 계속 밀어붙여 결국 CFO 자리에 앉혔다.

이는 C에게 마냥 좋은 일일 수는 없었다. 그의 관점에서 보면 본의 아니게 미운털이 박힌 채 새로운 커리어를 시작한 상황이었다. ㉰그룹에서 그의 초반부 생활은 고난의 연속이었다.

C가 정말 어떤 사람인지 알려준 것은 시간이었다. 4년쯤 지나 우리가 엑시트를 할 무렵 C는 누구보다 ㉰그룹에 성공적으로 안착한 사람이었다. 됨됨이와 실력을 묵묵히 행동으로 보여준 덕분이었다. 처음에 그를 강력히 반대했던 모 사장은 C의 팬클럽 회원이 됐다. C가 어떨마 사람이라는 도장이 뚜렷하게 찍혀 있었음에도, ㉰그룹에서는 그에게 계열사 대표이사로 남아줄 수 있겠느냐고 묻기도 했다. C는 지금도 나와 함께하고 있다. 수년 전 우리가 인수한 회사의 대표이사로서 역동적으로 활동하는 중이다.

믿을 수 있는 C레벨을 뽑는 방법

나는 지금도 가끔 꿈을 꾼다. 잃어버린 탕아인 A가 새사람이 되어 나에게 돌아와 인생의 3막을 시작하는 것을. 그러나 그것은 말 그대로 꿈일 뿐일 것이다.

나는 훌륭한 CFO의 가장 큰 자질을 '정직함'과 '성실함'이라고 생각한다. 기술이나 지식은 시간과 기회가 있으면 익힐 수 있다. ESG 경영이니, IPO 경험이니, 인수 합병이니 하는 것은 노력을 기울이면, 기회만 주어진다면, 이 글을 읽는 현직 CFO 혹은 후보자 누구든 금세 익힐 수 있다. 그러나 몸 안에서 우러나오는 정직함, 자기가 하는 일에 대한 자부심, 자기에게 주어진 일을 성취하고자 하는 성실함은 배울 수 있는 것이 아니라 타고나는 것이다. 특히 돈을 만지는 직업인 CFO라면 정직함은 그 어떤 것과도 바꿀 수 없는 자질이다.

자, 이제 질문이 떠오를 것이다. 어떻게 하면 정직한 CFO를 알아볼 수 있을까? 만능 열쇠는 아니지만, 내가 쓰는 몇 가지 체크리스트가 있다.

① 술을 마시면 사람이 어떻게 변하는지 확인한다.

② 일이 먼저인지 돈이 먼저인지 확인한다.

③ 가정생활이 안정적인지, 그래서 뒷돈의 유혹에 무너질 리스크가 없는지 확인한다.

④ 그 사람을 따르는 이가 있는지 확인한다.

술자리 면접은 여러 기업에서 전설처럼 이야기되는 오래된 후보자 검증 방법이다. 그런데 어펄마에서는 지금도 입사하는 모든 직원이 술자리 면접을 본다. 물 따르기부터 수저 놓기, 주문 등 하나하나 행동을 잘 관찰해보면 말보다 훨씬 중요한 정보를 얻을 수 있다. 비슷한 이유로 임원 후보의 레퍼런스 체크를 할 때는 상사뿐만 아니라 동료와 부하직원들의 생생한 피드백도 확인한다. 많은 이들이 '강약약강', 즉 강자에게 약하고 약자에게 강한 태도를 보인다. 보스에게는 알랑방귀를 뀌고 부하에게는 본성을 드러내곤 한다. 사람의 본질은 아래쪽에서 더 잘 보인다.

가정도 중요하게 본다. CFO도 사람인지라 집이 시끄러우면 일에 집중할 수가 없다. 그렇다고 반려가 있고 자식이 있는 사람만 좋은 후보라는 말은 절대 아니다. 내가 아끼는 CFO 중에도 싱글인 분, 중년의 연애를 즐기시는 분, 딩크족 등 다양한 분들이 있다. 가정은 하나의 형태를 예시로 든 것뿐이다. 요점은 사랑하는 사람들이 있고 그래서 사랑받을 줄도 아는 사람이 사랑을 줄 수 있다는 것이다. 회사도 조직도 사랑을 먹고 큰다.

정직하고 됨됨이가 좋고 성실한 CFO 후보를 찾았다면 다음 단계는 후보자의 장점을 살리고 단점은 극복할 수 있는 팀을 짜주는 것이다. 회계가 약하면 노련한 회계 팀장을 붙여주고, IPO 경험이 없으면 유능한 뱅커를 소개해주고 과장급 정도에서 IPO 언저리 경험이 있는 팀원을 넣어주면 된다. 그렇게 시작하고 나면 기술과 지식은 금세 익힐 수 있다.

체크리스트와 반대로, 후보자를 살필 때 내가 개의치 않는 요소가 있다. 바로 학력, 나이, 출신 기업, 그리고 성별이다. 이를 왜 살필 필요가 없는지는 수많은 훌륭한 분들이 좋은 말씀들을 남겨주셨기 때문에 따로 언급하지 않겠다.

솔직하게 말해서 나는 좋은 경영진을 구성하는 데 비법이 따로 있지는 않다고 생각한다. 비슷하게 일 잘하는 사람들이라면 성격 좋고 잘 어울릴 만한 사람들을 모아주고, 그들이 열심히 일할 수 있도록 쓸데없는 것들은 치워주고, 자원이 필요한 곳에는 투입해주면 된다. 좋은 사람들이 모이면 좋은 회사가 된다.

그러니 CFO들이여, 좋은 인간이 되자. 나 역시 내가 더 좋은 인간이 되기를 바라마지않는다. 자신을 뒤돌아보자. 나는 혹시 주정뱅이가 아닌가, 부하들이 진심으로 존경할 만한 사람인가, 사랑하는 이들과 행복하게 살고 있는가. 그리고 주변에 좋은 사람들은 미리미리 찜해두자. 좋은 사람들끼리 좋은 일을 일구다 보면 돈은 따라오기 마련이다.

'부캐' 있는 C레벨의 경쟁력

이 글을 읽는 분들 가운데 특히 CFO인 분들께 여쭌다. 몇 년 전 핫했던 '김갑생 할머니김'과 '이호창 본부장'을 아는가? 아니면 '부캐'가 무엇인지 아는가? 모르는 CFO라면 10초간 반성하고 이 글을 읽어보자.

사실 별것 아닌 이야기다. '부캐'란 쉽게 말하자면 사이드 프로젝트 혹은 본업만큼 재미있고 잘할 수 있는 부업 정도로 이해하면 되겠다. 멀쩡히 최고재무책임자라는 중책을 맡은 사람에게 부캐라니, 무슨 뚱딴지같은 이야기일까? 이유는 간단하다. 새로운 시대에 기업들은 새로운 도전을 맞이하게 됐고, '부캐'를 장착한 CFO들의 구원이 필요해졌기 때문이다.

시대가 변했다. 단기적으로는 코로나로 인한 원격 근무 및 그로 인한 IT 보안 문제, 탄력적인 인력 수급 및 인건비 관리 문제가 있었다. 중기적으로는 저 멀리 서구에서 불어오고 있는 거대한 ESG의 파도, 코인 이코노미가 주는 새로운 펀딩 채널의 탄생, 쿠팡으로 발발한 나스닥 상장 등 다양한 토픽들이 대두됐다.

그럼 기업에서 이런 일들은 누가 챙겨야 할까? CEO? 글쎄. 총무팀장? 아니다. ESG 본부장 같은 직위는 아직 낯설다. 그런데 '본캐'에 충실했던 CFO라면 누굴 하나 콕 찍어서 일을 떠맡기기엔 애매하고도 중요한 이슈가 있다는 점을 눈치챌 것이다. 야심만만한 CFO에게는 지금이 기회라는 점도.

본캐에 충실한 CFO, A의 이야기

사모펀드 매니저로서 경영진을 구성하다 보면 본캐에 충실한 S급 CFO와, '호기심 천국'이자 '에너자이저' 스타일인 A급 CFO 사이에서 고민할 때가 종종 있다. 사례를 들어보자.

3년 전, 나는 ㉮회사에 투자하면서 전통파 CFO였던 전무 A를 말 그대로 삼고초려를 해서 모셨다. 그는 국내 15대 대기업에서 산전수전 공중전을 다 겪었고, 여러 번 부도 위기를 넘길 만큼 위기관리 및 다양한 자금 확보 전술에 능했다. 여러 군데 금융기관의 시니어들과도 오랜 기간 좋은 관계를 맺고 있었다. 투자 당시 ㉮회사는 성급하게 성장 전략을 추진하면서 운전자본이 묶여 흑자 도산 위기에 처해 있었고, 기존 오너는 이를 해결하려고 제3금융권 및 사채 자금을 끌어왔다가 신용에 문제가 있는 회사로 외부에 알려진 터였다.

인수하고 첫 9개월 동안 정말 매달 부도가 나는 게 아닌가 싶었다. A는 거의 매일 밤을 새워가며 자료를 만들고, 금융기관을 찾아다니며 급한 불을 껐다. 개인기까지 발휘해서 주거래 은행을 교체하고, 신용평가사에 적극적으로 대응하여 신용등급을 받고, 이를 기반으로 새로운 파이낸싱 상품을 개발해서 자금을 조달하고, 수년간 친분이 있던 한 제조업 회장님을 찾아가 매입 대행을 통해 운전자본 부담을 경감시켰다. 이 모든 걸 거의 혼자 해내느라 첫 1년이 지난 뒤에는 원치 않던 체중 감량까지 달성했다. 덕분에 투자한 지 1년 정도 지나자 회사는 점차 안정을 되찾았다. 그러나 A의 진정한 위기는 이때부터 찾아왔다.

부도의 위기를 벗어나자 회사의 화두는 생존에서 성장으로 바뀌었다. 자금조달과 관리라는 전통적이고 다소 루틴한 업무에서 국내외 성장 도모로 전략을 변경해야 했다. 그중에서도 모바일 커머스 및 당일 배송을 기반으로 하는 물류 전략의 전환, 이런 전략 변화에 따른 사업 계획 수립 및 원가 관리가 중요한 토픽으로 자리 잡았다. 커머스 회사 등을 인수 검토하고 인수 실사를 하면서, 익숙하지 않은 업무에 A의 당당한 눈빛은 점차 힘을 잃어갔다. A의 전공을 벗어난 이슈들의 검토 기간이 길어지고 그에 따라 경영진의 의사결정이 지연되면서 C레벨 임원들 간의 의견 조율도 잘 이루어지지 않게 되었다. 회사의 '기존 업무'가 잘 굴러갈수록 CFO의 입지는 역설적으로 작아지게 됐다. A는 이른바 '고독한 해결사' 스타일이었고, 새로운 토픽에 관해 다른 팀들의 도움을 청하는 데 익숙하지 않았다. 2년이 지났을 무렵, A는 결국 사일로Silo 속에 갇혀 있다가 본인의 전공을 더 필요로 하는 기업으로 자리를 옮겼고, 그 빈자리는 팀장급 인력들이 메꾸게 되었다.

CFO인지 CSO인지 알 수 없는 '하이브리드' 이사 B 이야기

B는 내가 4년 전쯤 투자한 ㉯회사의 CFO를 지냈다. 그는 우리 팀들과 개인적인 친분은 있었지만, 다른 벤처캐피털의 포트폴리오 기업에서 CFO로 차근차근 경력을 쌓고 있었다. 그런데 그 회사는 개발한 제품의 매출이 잘 나오지 않으면서 구조조정에 들어갔고, 우리는 평소 찜해둔 B를 열심히 설득해 ㉯회사의 CFO로 모셨다.

B는 원래 해오던 산업과 분야와는 상이한, 다소 생경한 회사의 CFO가 되었다. 그는 맨땅에 헤딩하면서 문제를 하나하나 풀어나갔다. 재미있는 것은 그가 문제를 풀어가는 태도였다. 그는 '모르는 건 무조건 물어보고, 못하는 건 맡긴다'는 입장을 취했다. 해외 수출은

기존 담당자가 못하니 자기가 하고, 국내 영업은 자기가 못하니 흰 머리 가득한 영업통 부사장님을 모시고 왔다. 마케팅은 바쁘니 젊은 업계 후배들을 데려와 팀을 꾸렸고, M&A는 너무 정신이 없으니 같이 일했던 팀장을 업어 와서 CFO 밑에 자그마한 조직을 만들었다.

㈏회사는 오프라인에서 온라인으로, 국내 영업에서 수출 지향 기업으로 전환하고 있었다. 변곡점마다 B는 자기 사람을 하나둘씩 데리고 오기 시작했다. 급기야 새로운 사장도 모셔왔다. 이제 B는 해외시장 영업과 전략기획, 재무까지 담당하면서 이제 CFO인지 CSO인지 부사장인지 모를 모호한 직급으로 불리고 있다. 이 회사를 엑시트하면 나는 B에게 CEO를 한번 맡겨보려고 한다.

CFO가 부캐를 키워야 하는 이유

CFO의 '본캐'가 맡을 역할은 자금조달과 관리일 것이다. 하지만 기업의 성장 속도에 따라 '부캐'로 업무 영역을 확장해야 할 필요도 있다. 지금처럼 산업의 트렌드가 시시각각 변하고 기업이 늘 새로운 도전을 해야 하는 시기에는 B처럼 새로운 영역에 적극적으로 뛰어드는 CFO의 역할이 더욱 필요하다. 그럼 원래 내성적이고 전통적인 역할을 잘하는 CFO들은 다 어쩌란 말이냐? 방법이 있다. 당연히.

지금까지 본캐에 충실해왔던 CFO라면 앞으로는 부캐를 키우는데 힘을 쏟아야 한다. 먼저 부캐의 콘셉트를 잡아야 하는데, 중장기적 관점에서 우선 추천하는 것은 ESG와 블록체인이다.(물론 내년쯤이면 생각이 바뀔 수 있다.) 당연히 인사 관리나 IT, 보안 등도 좋은 토픽이다. 하지만 ESG와 블록체인을 먼저 꼽은 것은 이것이 아직은 한국에서 주류로 올라서지 않았지만 서구의 주류 자본에서는 이미 무시할 수 없는 새로운 흐름이라는 점, 그래서 자금 유치와 관련하여 반드시 고려해야 할 부분이라는 점에서다.

기업의 자본 유치와 1금융권 혹은 외국계 자금으로의 부채 조달에 있어 ESG는 앞으로 최우선 고려사항에 들어갈 것이며, 블록체인은 빠르면 5년, 늦어도 10년 안에 자본 조달의 중요한 축으로 자리 잡을 것으로 예상된다. 우리 펀드만 하더라도 거창하게 ESG 위원회가 있고, 매년 유럽계 펀드출자자가 좋아할 만한 ESG 리포트를 내고, 투자 건마다 ESG 실사를 한다. 돈을 마구마구 쓰고 있다!

단기적으로는 급변하고 있는 법률, 그중에서도 자본시장법과 세법에 대한 엣지Edge를 구축하는 것이 좋다. 우리 회사만 하더라도 승진한 팀원들이 법률이나 회계, 세무 관련 다양한 교육을 받는 것을 의무화하고 있다. 나 역시 수년 전부터 바이오 투자를 하기 위해 서울대학교 최고경영자 과정에서 6개월간 공부도 하고 수료증도 받고 사진도 찍고 했다. 돈이 많이 든다고? 요즘 온라인 교육이 넘쳐나고 있다. 나는 대면이 좋다고? 각종 협회나, 증권사나, 전국경제인협회나 KOTRA나 여기저기 너무 좋은 프로그램들이 널려 있다.

본인이 스스로 부캐를 구축하기 힘들다면 부캐로 삼을 새싹들을 키우는 것도 방법이다. CFO가 전격적으로 힘을 실어준다면 그 사람을 위해 영혼과 야근을 바칠 만큼 열정적인 블록체인 꿈나무, ESG 꿈나무, 이커머스 꿈나무들이 있다. 적절한 사람을 발탁해 그들을 잘 관리하고 키워냄으로써 나의 '재무 한 우물'이라는 약점을 메꿀 수 있다면 충분히 훌륭한 리더십 사례가 될 것이다.

CFO가 준비하는 부캐는 인생의 새로운 막을 열어 본캐가 되기도 한다. C는 내가 몇 년 전 투자를 검토한 외국계 기업의 한국 자회사 CFO이자 부사장이었다. 그는 우리와의 딜이 무산된 뒤 이런저런 과정을 거쳐 회사를 나오게 되었다. 그는 십수 년간 쌓아온 '한국 제조 - 미국 수출' 경험, 소비재 영업 조직 관리 및 사업 펀딩 역량을 살려 건강기능제품 회사를 공동 창업해 이제는 어엿한 수출기업 오너가 됐다. ㉰그룹의 CFO 조직에 있던 상무 C는 수년간 자회사 관리 측면에서 다양한 임원 교육 프로그램을 기획하다가, 몇 해 전부터는 그룹에서 나와 재무 관리, 성과 관리, 조직 관리에 초점을 맞춘 리더십 프로그램을 운영하는 직무교육회사의 인기 강사이자 대표가 됐다.

인생 100세 시대가 왔다. 100살까지 일하라면 너무 가혹하지만, 부캐가 본캐가 되기에는 충분한 시간이다. 나도 대표 펀드매니저 자리를 후배들에게 물려준 후에는 공기 좋은 곳에 요가원을 내고 수련

하면서 투자심의위원회 의장이 되는 것이 꿈이다.

자, 이제 호흡을 가다듬고, 눈을 감고, 일곱 번째 차크라에 기운을 모아보자. 맑은 정신과 강한 체력이 새로운 성공의 길을 열어줄지 누가 알겠는가?

사모펀드와 몸값을 협상하는 법

춘삼월 봄이면 풀과 나무는 꽃을 피운다. 아이들은 학교에 가고, 처녀와 총각은 소개팅 일정을 잡고, 골퍼들은 창고에 누워 있던 클럽을 꺼낸다.

이 시기에 기업인들은 연봉협상 자리에 앉는다. 그러면 사모펀드 업계에 있는 사람들은 무엇을 할까? 나의 경우에는 1년 365일 연중무휴다. 매년 돌아오는 연봉과 보너스 결정에 더해, 회사와 펀드가 커질수록 주야장천 팀원들과 새로운 경영진들을 뽑아대야 한다. 요즘은 포트폴리오 회사의 팀장, 부장, 심지어는 차장급까지도 직접 면담해 뽑고 있다. 대기업 인사팀장이 된 건 아닌지 착각마저 들 정도

다. 그 결과 정말 다양한 나이와 배경을 가진 분들의 '몸값' 데이터가 쌓이고 있다.

괜히 몸값 이야기를 꺼낸 게 아니다. 자, 이제 천기누설의 시간이 왔다. 사모펀드는 도대체 어떻게 피투자회사 경영진의 몸값을 협상할까?

사모펀드가 후보자의 몸값을 매기는 법

지난 십수 년 동안 나는 경영진 후보자들과 수없이 몸값 협상을 해왔다. 이때 먼저 협상장에서 처음 언급하는 내용에 따라 후보들의 성향을 두 가지 부류로 구분하고는 했다.

첫 번째는 "지금 회사에서 (혹은 전에 있던 회사에서) 얼마를 받고 있으니 이거 플러스 얼마 더 주세요"를 제시하는 유형이다. 실제 사례를 살펴보자.

A는 컨설팅 회사에서 몇 년간 트레이닝을 받았고, 유학도 다녀왔고, 국내 10대 기업에 속하는 ㉮그룹에서 M&A와 포트폴리오 관리 업무로 몇 년간 경력을 쌓았다. 나는 그를 학생 시절부터 알아왔다. 태생적으로 공격적이지는 않지만 꼼꼼하고 인품이 좋아서 잘 훈련만 시키면 CFO 후보로 적격이라고 생각해왔다. ㉮그룹에서 어떤 경험을 쌓는지 가까이서 지켜보며 A를 업어 올 기회를 바라본 지 3년쯤 되었을 때, 마침 ㉮그룹이 다소 힘들어지면서 이 친구에게도

이직의 생각이 싹트게 되었다. 인생은 타이밍 아닌가? 잽싸게 당시 투자 검토 중이었던 ㉯사의 CFO 자리를 제안했다.

그런데 돌아온 답변은 "연봉은 얼마나 더 받을 수 있을까요? 좀 생각해볼게요"였다. 대기업의 따뜻한 품속에서 상대적으로 높은 연봉(기본급)과 법인카드에 익숙해진 A에게 사모펀드라는 정글은 너무 낯선 곳이었다. A는 결국 20대 기업에 속하는 그룹으로 살짝 더 높은 연봉과 타이틀을 약속받고 이직했고, 보장받은 2년을 채운 후 다시 한 단계 낮은 그룹으로, 또 다른 그룹으로 옮기기를 거듭해서 지금은 '행복한 급여생활자'로 자리 잡았다.

두 번째는 "회사가 성공적으로 엑시트를 하면 나는 얼마나 벌 수 있나요"를 묻는 유형이다. 앞서 이야기한 ㉯사에서 처음 생각해뒀던 A가 응하지 않자, 나는 좀 더 작은 컨설팅 회사에서 경험을 쌓았지만 훨씬 돌쇠 분위기에 행동파인 B에게 ㉯사에 합류할 것을 제안했다. 근무지가 지방에 있어서 주말부부 생활을 감내해야 했지만, ㉯사를 글로벌 회사로 키우겠다는 우리의 전략에 B의 가슴이 뛴 듯했다. 연봉 협상 테이블에서 그는 내가 제일 사랑하는 말을 던졌다.

"이번 건 잘 만들어서 대표님 팀이랑 평생 함께하고 싶습니다!"

물론 B에게 꽃길만 있었던 건 아니다. 그는 초기 조직 구조조정을 주도하며 동시에 컨설팅 프로젝트를 진행했다. 태어나서 처음 접해 보는 산업을 배워나가는 것도, 홀로 지방에 내려가서 주말부부 생활을 하는 것도 힘에 부쳤을 것이다. 4개월간 극심한 스트레스로 구안와사까지 올 정도로 B는 자신을 불태웠다.

그 결과는 어땠을까? ㉯사는 지난 4년간 코로나19에도 불구하고 2.5배 성장했다. 경영권이 순조롭게 매각된다면 그간 지방에서 고생한 핵심 경영진은 본인 연봉의 수십 배를 보너스로 챙길 것이다. 물론 이 포트폴리오를 가진 B는 다음 포트폴리오에서 더 높은 직급과 역할로 우리와 인연을 이어나갈 것이다.

이 이야기의 요지는 A와 B, 그들의 선택이 하나는 옳고 하나는 그르다는 것이 아니다. 내가 이야기하고 싶은 것은, 사모펀드에 조인하고 싶거나 사모펀드가 투자한 포트폴리오에 이직을 고려 중인 분들이라면 자신이 A와 B 중 어느 유형에 해당하는 가치관을 지니고 있는지 스스로 알아야 한다는 점이다. A 유형, 즉 이른바 고정급이 중요한 '채권형 가치관'은 대기업·외국계 기업·공기업이 적합하다. 그러나 B 유형, 즉 덜 확실하더라도 더 커다란 한 방을 노리는 '야수의 심장'을 가진 사람이라면 사모펀드와 함께하는 것이 좋다.

사모펀드의 기업 투자는 길어야 6년, 짧으면 3년 안에 승부가 나는 게임이다. 3~6년간 고정급을 10% 더 받아봐야 잘 된 투자에서 받을 수 있는 성과급의 1%도 안 되는 경우가 허다하다. 연봉 2억 원인 대기업 전직 임원이 10% 더 받고 와봐야 6년이면 1억 2,000만 원이다. 세금을 제하고 나면 훨씬 더 적다. 그에 비해 사모펀드가 투자하는 기업의 핵심 인력이 받는 성과급은 스톡옵션 기준 4~10% 정도 된다. 예를 들어 1,000억 원짜리 회사가 2,000억 원이 되었다고 하자. 1,000억 원 가치 증가분의 4%면 40억 원이다. 반절만 받아도 연봉의 10배는 거뜬하다. 다시 말하지만 이는 성과급이다. 월급 및 상여금과 별개로 받는 돈이다. 무엇이 더 이득인지는 수학이 아니고 산수 문제다.

물론 이렇게 질문하는 분도 있다. "사모펀드는 피도 눈물도 없어서 성과가 안 나오면 바로 잘리지 않습니까?" 나의 대답은 "그렇다"다. 그런데 요즘 어지간한 국내 기업 임원의 처지 역시 마찬가지 아닌가?

프레임을 조금만 바꾸어 생각해보면 '과거 연봉 대비 얼마 더'라는 계산법이 왜 맞지 않는지 또렷이 보인다. C레벨 후보자를 노리는 사람이라면 한번 내가 지원하는 기업의 오너라고 가정해보자. '매출 얼마짜리 회사에 인건비 총액을 얼마 쓸 수 있고, 거기서 얼마짜리 임직원을 몇 명 고용해서 얼마나 빨리 성과를 낼 수 있을까? 그러면 오너인 나는 C레벨들에게 어떤 일들을 기대하고, 그 대가로 얼마를 줄 수 있을까?' 이런 생각을 이어가다 보면 내가 과거에 얼마를 받았는지는 크게 중요치 않다는 생각에 이를 것이다. 결국 내가 얼마나

'중요한 자산'인지, '몇 사람의 몫을 할 수 있는지'가 제일 중요하다.

사모펀드에서, 혹은 사모펀드가 투자한 포트폴리오 회사에서 제2의 커리어를 고려하시는 분들께 말씀드린다. 월급은 마약이고, 투자업은 정글이다. 본인이 정글에서 살아남을 수 있는 '야수'를 가슴에 품고 있다면 도전하시라. 헤드헌터를 통해서든, 지인 찬스를 통해서든 제발 "나 왕년에 베이스 얼마 받았는데 그 이상은 받아야 되겠다"는 말씀은 하지 마시라. 그런 분들은 미국행 비행기를 타고 월급 많이 주는 기업으로 가시면 된다. 그래도 꼭 이 사모펀드 정글에 들어오시겠다고 하면, 협상의 핵심은 월급이 아니라 엑시트 보너스, 그리고 다음 딜에서 나의 위치라는 점을 말씀드린다. 기본급 협상할 시간에 열심히 성과를 만들 테니 돈 벌면 왕창 나눠달라고 하는 게 낫다. 성과 목표를 정하고, 거기서의 나의 기여도를 정하고, 그 초과분의 얼마를 달라고 협상하시라.

글을 맺으며

중년의 아재개그가 듬뿍 담긴 졸필을 읽어주시느라 고생들 많으셨다. 나 역시 본업을 하면서 따로 긴 글을 써낸다는 것이 쉬운 일은 아니었다. 하지만 이 일을 꼭 해내야 할 이유가 있었다.

사모펀드는 오늘날 우리가 먹는 밥, 타는 차, 입는 옷, 바르는 화장품, 듣는 음악, 들여다보는 핸드폰, 사용하는 컴퓨터, 그 안의 반도체, 하다못해 매일 버리는 쓰레기와 폐기물까지 우리의 일상 모두를 아우른다. 세상에 주식, 채권, 금, 코인, 부동산 등의 투자를 알려주는 책과 유튜브 채널들은 무수히 많은데, 사모펀드에 관해 제대로 알려주는 책과 유튜브 채널이 없다는 것은 참 이상한 일이다. 그래서 이 책을 쓰며 내가 희망한 것은 첫째로 무수한 오해와 누명에 싸여 있는 사모펀드의 진짜 모습을 알리는 것, 둘째로 직업으로서 사모펀드는 어떤 흙수저라도 뛰어들 수 있고 잘해나갈 수 있다는 사실을 알리는 것이었다.

특히 후자와 관련해 나는 개인적으로 아쉬운 점이 있었다. 컨설팅을 하던 내가 우연히 사모펀드 업계에 들어온 뒤 수없이 많은 좌충우돌을 겪었다. 그렇게 19년이란 세월 동안 투자를 해왔고, 그 성공과 실패의 경험은 모두 내 삶의 더께가 됐다. 하지만 지금 돌아보면 굳이 겪지 않아도 됐을 실수와 실패도 여럿 있었다. '그때 누군가 이걸 미리 가르쳐줬더라면' 하는 안타까움을 느낀 적이 한두 번이 아니다. (혹시 어떤 존재가 나를 다시 태어날 수 있게 해준다면 꼭 전생의 기억을 남겨달라고 해서 사모펀드 업계의 제왕이 될 것이다!) 이런 아쉬움이 우리 후배 사모펀드 매니저들에게는 남지 않도록, 이 책이 도움을 줄 수 있었으면 한다. (그리고 다들 떼돈을 벌어 나에게 맛있는 걸 사줬으면 한다.)

끝으로 밤에는 짬짬이 글 쓰느라 정신이 없고 주말에는 골프와 출장으로 바빴던 나를 잘 살아있게 지켜준 와이프느님과, 눈에 넣어도 안 아플 만큼 예쁘면서도 나를 똑 닮은 귀여운 아이들, 온종일 볼일만 보는가 싶은 일곱 마리 동물들, 서울-대구-울산 식구 여러분, 늘 나 때문에 고생 많은 우리 직원 및 경영진 여러분, 그리고 무턱대고 큰 자금을 맡겨주신 수많은 LP느님들께 감사의 말씀과 사랑을 꼭 전하고 싶다. 또 이 책을 쓰게 된 계기를 마련해주신 한국경제신문의 멋진 기자님들께도 감사의 말씀을 올린다. 정말 마지막으로, 번아웃이 와 모든 것을 놓아버리고 싶을 때도 늘 어딘가에서 든든히 지켜봐주시는 (제발 말 좀 걸어주세요.) 하나님께도 감사를 바친다.

김태엽

사모펀드 투자와 경영의 비밀

초판 1쇄 발행 2024년 10월 25일
초판 8쇄 발행 2025년 3월 27일

지은이 김태엽
펴낸이 신현만
펴낸곳 (주)커리어케어 출판본부 SAYKOREA

출판본부장 박진희
편집 양재화 손성원
마케팅 허성권
디자인 육일구디자인

등록 2014년 1월 22일 (제2008-000060호)
주소 03385 서울시 강남구 테헤란로 87길 35 금강타워3, 5-8F
전화 02-2286-3813
팩스 02-6008-3980
홈페이지 www.saykorea.co.kr
인스타그램 instagram.com/saykoreabooks
블로그 blog.naver.com/saykoreabooks

ISBN 979-11-93239-16-2 03320

SAY KOREA는 (주)커리어케어의 출판브랜드입니다.